러시아 지방연구 V

시베리아연방지구

경희대학교 러시아지역연구팀

KHUP 경희대학교 출판국

이 책은 지난 2년 동안 경희대학교 러시아지역연구팀이
수행해 온 연구의 성과물이다.

이 책은 2002년도 학술진흥재단의 지원에 의하여 연구되었음
(KRF-2002-072-BS2072)

목차

머리말

오늘날 국제사회는 빠르고 복잡하게 변화하고 있다. 이런 변화가 우리에게 한편으로는 불확실한 환경에 대응해야 하기에 도전이고, 다른 한편으로는 20세기의 부정적인 정체성을 극복하고 발전할 수 있는 기회가 될 수 있다. 역사적으로 한국의 운명은 지정학적인 특성으로 인해 종종 외부환경에 의해 결정되곤 했다. 그 과정에서 우리 자신이 부정되고 왜곡되면서 부정적인 정체성(minus identity)이 형성되었다. 이제 우리는 20세기 후반부터 형성되고 있는 새로운 국제환경에서 부정적인 정체성을 극복하고 새로운 발전을 모색할 수 있는 기회를 갖게 되었다.

최근 한국과 러시아간 교류가 다방면에 걸쳐 확대, 발전되고 있다. 이런 측면은 한반도 발전에 중요한 의미를 지니고 있다. 20세기의 한반도 운명에 결정적인 영향을 미쳤고, 향후 한반도에 중요한 영향을 미치는 나라가 러시아이다. 국권상실과정, 남북분단과정, 냉전체계에서 러시아적 요소는 우리에게 부정적이었지만 앞으로 러시아적 요소는 긍정적인 측면에서 한국의 발전에 중요한 역할을 할 것으로 기대된다. 한국과 러시아의 관계가 상호의존적으로 발전할 가능성이 매우 크기 때문이다.

냉전이후 우리의 국가발전전략 수립 과정에서 러시아의 정치적, 안보적, 경제적 측면이 중요한 역할을 하고 있다. 우리의 생존뿐만 아니라 발전적 측면에서도 러시아적 요소가 존재한다. 러시아는 한국의 국가안보 및 남북관계에도 적지 않은 영향을 미칠 수 있는 국가이며, 세계의 자원, 환경의 보고이며, 유라시아 물류의 통로이다. 나아가 유라시아 대륙과 태평양 세력을 연결시키는 교량적 위치의 활용이 우리 국가발전 전략의 주요개념으로 대두되고 있기 때문에 러시아와의 관계는 한국에 있어서 중요하다.

역사적으로 한국과 러시아의 관계는 150여년 전으로 거슬러 올라간다. 부정적이든 긍정적이든 양국관계가 확대됨으로써 그에 대한 연구도 적지 않게 진행되어 왔다. 각론적인 수준의 연구뿐만 아니라 점차 종합적인 연구도 시도되고 있다. 그렇지만 대부분의 연구가 중앙수준에서 진행됨으로써 러시아의 전체상을 이해하는데 한계가 있었다. 이런 경향은 중앙의 통제적 차원, 중앙집권적인 국가주도 차원에서 사회현상을 이해하려는 근대적 패러다임과 관련된다고 볼 수 있다.

러시아 지방 수준에서의 연구 필요성을 두 가지 측면에서 살펴 볼 수가 있다. 세계화, 지방화 추세라는 보편적인 측면과 러시아의 특수적인 측면에서 러시아의 지방에 대한 이해가 필요한 시점이다. 오늘날 보편적 측면에서 지구촌의 시대가 도래 하고 있다. 근대이후 국가라는 개념으로 통일되었던 영역이 한편으로는 지방화(localization), 다른 한편으로는 세계화(globalization)로 인해 서서히 약화되어 가고 있다. 탈근대, 탈냉전, 세계화 경향이 대두되면서 지방은 중앙을 거치지 않고 세계와 접촉하게 되었다. 즉 이런 세방화(glocalization)과정에서는 근대적 국민국가의 영역 못지않게 지방의 영역이 주요하게 대두되고 있다. 한편 특수적 측면은 러시아 국가성 형성과 관련하여 제기되고 있는 러시아 지방화 경향이다. 소련 붕괴 후 러시아연방이 해체위기를 맞으면서 국가권력의 수직적 배분과정이 러시아 정치의 주요요소가 되었다. 러시아 국가성의 형성 과정에서 지방의 영역 및 중앙과 지방의 관계는 본질적이게 되었다.

러시아 헌법에 따르면 러시아는 공화국 통치형태의 연방제 국가로서 연방은 다양한 권리를 갖는 러시아 연방 주체들로 구성되어 있다. 러시아에는 89개 연방 구성주체가 있으며, 주체는 21개 공화국(республика), 49개 주(область), 6개 변강주(край), 2개 연방시(город федерального значения), 1개 자치주(автономная область), 10개 자치구(автономный округ)로 규정된다. 러시아의 연방조약(Федеративный Договор)과 연방헌법에 따르면 러시아의 연방체계는 2가지 원칙, 민족원칙 (национально-территориальный)과 지역원칙(административно-территориальный)에 근거하고 있다. 89개 주체로 구성되어 있는 행정체제는 다시 7개 연방지구로 묶여져 기능적 측면에서 중앙의 통제를 받고 있다. 연방지구에는 중앙에서 파견한 대표가 행정을 총괄하는 형태를 띠고 있다. 이는 구소련 붕괴 이후 제대로 작동을 하지 않고 있는 국가관리 체제를 회복하기 위한 시도이다.

러시아에서 연방을 구성하는 단위(支邦)인 'субъект(主體)'는 지방(地方)을 뜻하는 'регион(region)'과 동의어로 사용되고 있다. 일반적으로 지방 이라는 개념에는 다양한 의미가 함축되어 있다. '지방'이라는 개념은 강한 위계를 전제하며 항상 '중앙'과 대비되어 사용되면서 중앙과 대비되는 '주변부

지역', '농촌', '발전되지 않은 지역'등의 의미를 내포하고 있다. 여기서 '지방'과 '지역'이라는 개념은 종종 혼용되어 사용된다. '지역 활성화'와 같은 관용적인 표현이 있는가 하면 문화적인 측면에서 '지방'이라는 용어가 사용되기도 한다. 러시아에서 정치적, 경제적, 사회적 부분에서 지방(地方)이라는 용어는 본래의 지방(地方)과 연방의 구성단위인 지방(支邦)과 혼용되어 사용된다. 이는 러시아에서의 지방화(регионализация)의 경향은 근본적으로 연방 주체와 관련되기 때문이다. 따라서 중앙-지방의 관계, 지방자치, 지방정부, 지방엘리트(региональная элита), 지방선거(региональные выборы)와 같은 경우 '지방'이라는 용어가 러시아연방을 구성하는 지방 즉 러시아의 연방주체(субъект Российской Федерации)를 의미한다. 하지만 러시아 헌법에 따르면 지방자치(местное самоуправление)는 연방주체 이하인 지방행정 단위, 즉 도시, 농촌거주지역과 기타 구역에 해당한다.

본 연구는 러시아 '공간'의 지방적 특성에 대한 총체적 분석을 목적으로 한다. 러시아 '공간' 및 '공간'간 관계에 대한 보다 정확한 분석은 사회과학, 자연과학간의 학제 간 연계 하에서 가능할 것이다. 그런데 학제 간(interdisciplinary) 연구에서 진행된 주제도(主題圖)의 분석은 별도의 방법론에 근거하기에 그 한계점이 있다. 따라서 본 연구는 이런 한계점을 극복하기 위하여 기존의 요소 환원주의(reductionism)적 연구방법에 의하여 도출된 자료를 복잡성(complexity) 패러다임으로 범위를 재구성하여 러시아 지방의 특성들을 파악하고자 한다.

경희대학교 러시아지역연구팀은 2002년부터 학술진흥재단의 지원 하에 연구의 공간적 범주로서 러시아 지방에 대한 연구를 수행하고 있다. 지난 2년간 본 연구팀은 러시아 지방특성에 대한 분야별 자료조사를 위해 러시아 현지를 방문하고 3차례 세미나를 거쳤다. 1단계 연구는 분야별 연구방법에 근거하여 각 지방의 특성을 파악하는 것이다. 즉 보편으로 분해 및 분석(解析)하는 귀납적 일반화(inductive generalization)단계이다. 1차적으로 구조적인 子시스템(89개 연방주체)은 기능적인 分시스템으로 고찰된다. 에너지를 중심개념으로 하는 자연시스템, 권력을 중심개념으로 하는 사회시스템, 정보를 중심개념으로 하는 문화시스템이 분석의 국면, 즉 분 시스템이 된다.

자연시스템 관계항목은 토양, 기후, 지형, 자원; 사회시스템 관계항목은 역사, 생활환경, 경제, 교통, 산업, 정치과정, 정치형태, 선거경향; 문화시스템 관계항목은 언어, 종교, 세계관, 신화, 의례, 정체성, 표현상징군 등으로 열거할 수 있다. 이 단계에서 중요한 것은 요소환원주의 (reductionism)적 방법으로 경험적인 자료를 수집하여 분류하는 것이다. 이런 분류체계는 '왜(why)'에 대한 설명(explanation)보다는 'what(무엇)'에 대해 '기술(description)'하게 된다. 이 자료들은 일반화된 관념들을 상호 제약 하에 둠으로써 실재세계에 대한 하나의 합리적 해석체계를 구축하는 '기술적 일반화(descriptive generalization)', 즉 일반화된 모델을 구체적이고 특수한 영역에 적용하여 '결과'의 해석보다는 '과정'의 성격을 항상 새롭게 해석하게 되는 '유비적 일반화(analogical generalization)'를 위한 첫 단계 작업이다.

공동연구의 1단계 작업을 마무리하면서 러시아 지방연구 시리즈를 출간하고자 한다. 시리즈는 이미 구획된 러시아 지역의 연방지구를 기준으로 하여 총 7권으로 구성된다. 이 시리즈는 지방특성의 이해에 있어서 필수적인 기초 자료를 제공할 것이다. 이 공동연구를 시작한지 2년이라는 시간이 흘렀다. 짧은 시간에 다양한 전공자들이 공통 주제로 연구하는 과정에서 많은 어려움도 있었지만, 소박하나마 결실을 보게 되었다. 이 연구가 러시아의 이해와 연구, 특히 러시아 지방연구에 도움이 되기를 기대한다. 아울러 연구시리즈 출판을 맡아 준 경희대학교 출판국에게 감사드린다.

러시아 지역연구팀

연구책임자 권 세 은

일러두기

1. 러시아어 고유명사의 한글표기

러시아어 고유명사를 한글로 표기할 때, 가능하면 원어민의 발음과 유사하게 표기하되 다음과 같은 원칙을 유지한다.

1) 모음표기:

- 모음약화는 허용하지 않는다.

  예: Ростов-на-Дону 로스또프 나 도누

- 모음 'e'는 자음 뒤에서는 'ㅔ', 음절의 맨 앞과 'ь', 'ъ', 다른 모음 및 'ш', 'щ'뒤에서는 'ㅖ'로 표기한다.

  예: Липецк - 리뻬쯔크, Екатеринбург - 예까쩨린부르크,
  Грибоедов - 그리보예도프, Ингушетия - 인구셰찌야

- 모음 'ы'는 'ㅣ' 로 표기한다.

  예: Тыва - 띠바

2) 자음표기

- 된소리를 허용하며 자음동화를 반영한다.

  예: Татарстан - 따따르스딴, Новгород - 노브고로트

  그러나 Ленинград(레닌그라드)처럼 우리 사회에 고착화되어 사용되는 표현은 그대로 둔다.

- 자음 'п', 'т', 'к'는 모음 앞에서는 'ㅃ', 'ㄸ', 'ㄲ'로, 공명음 앞에서는 'ㄲ', 'ㄸ', 'ㅃ'로 표기하고, 어말이나 장애음 앞에서는 'ㅍ', 'ㅌ', 'ㅋ'로 표기한다.

  예: Пенза - 뻰자, Казань - 까잔, Красноярск - ㄲ라스노야르스크,
  Брянск - 브랸스크

- 자음 'б', 'д', 'г'는 모음 앞에서는 'ㅂ', 'ㄷ', 'ㄱ'로, 다른 유성음 앞에서는 'ㄱ', 'ㄷ', 'ㅂ'로 표기하고, 어말이나 장애음 앞에서는 무성음화를 적용하여 'ㅍ', 'ㅌ', 'ㅋ'로 표기했다.

예: Бaйкал - 바이깔, Дон - 돈, Гагарин - 가가린, Брянск - 브랸스크

- 자음 'с'는 모음 앞에서는 'ㅆ', 다른 자음 앞이나 어말에서는 'ㅅ'로 표기한다.

예: Саранск - 싸란스크, Ставрополь - 스따브로뽈

- 자음 'з'는 모음 앞에서는 'ㅈ', 다른 자음 앞에서는 'ㅈ', 어말이나 무성음화가 일어나는 곳에서는 'ㅅ' 로 표기한다.

예: Загорск - 자고르스크, Берёзовский - 베료조프스끼, Кавказ - 까프까스

2. 연방 주체 명칭 표기

1) 러시아 주체 명칭에 대한 다양한 표기가 있지만 다음과 같이 통일한다.
республика - 공화국; область - 주; край - 변강주;
город федерального значения - 연방시; автономная область - 자치주;
автономный округ - 자치구.

2) 민족단위로 구성된 연방주체(공화국, 자치주, 자치구)의 명칭은 고유의 명칭을 그대로 유지한다.
예: Республика Татарстан - 따따르스딴 공화국,
Республика Саха(Якутия) - 싸하(야꾸찌야) 공화국

3) 민족단위가 아닌 연방주체의 명칭은 주도의 명칭을 사용한다.
예: Читинская область - 치따주, Пензенская область - 뻰자주,
Ленинградская область - 레닌그라드주

4) 연해 변강주(Приморский край)나 유태인 자치주(Еврейская автономная область)처럼 이미 고착화되어 사용되는 경우는 그대로 유지한다.

시베리아연방지구 개관

시베리아연방지구는 알타이 공화국, 부랴찌야 공화국, 띠바 공화국, 하까시야 공화국, 알타이 변강주, 끄라스노야르스크 변강주, 이르꾸쯔크주, 께메로보주, 노보씨비르스크주, 옴스크주, 똠스크주, 치따주, 아긴스크 부랴쯔크 자치구, 따이미르(돌가노-네네츠) 자치구, 우스찌-오르딘 부랴쯔크 자치구, 에벤크 자치구 등 16개의 연방주체로 구성되어 있으며 중심지는 노보씨비르스크(Новосибирск)이고 대통령 전권대표는 레오니트 바지모비치 드라체프스끼(Леонид Вадимович Драчевский)이다.

시베리아연방지구의 총 면적은 511만 4천 800㎢로서 러시아 전체 면적의 30%를 차지한다. 인구는 2천 79만 2천 500명으로 러시아 인구의 14.2%를 차지한다(2000년 기준). 인구밀도는 ㎢당 4.1명이다. 시베리아지구에는 총 132개의 도시가 있고 이 중 주요도시로서는 다음과 같다: 노보씨비르스크(Новосибирск), 옴스크(Омск), 끄라스노야르스크(Красноярск), 이르꾸쯔크(Иркутск), 바르나울(Барнаул), 노보꾸즈네쯔크(Новокузнецк), 께메로보(Кемерово), 똠스크(Томск), 울란-우데(Улан-Удэ), 치따(Чита).

시베리아연방지구는 러시아 전체 천연자원의 1/3, 연료와 에너지의 3/5이 매장되어 있는 자원의 보고 지역이다. 이 곳에는 석탄, 석유, 천연가스, 철 등을 비롯하여 금, 백금, 알미늄, 니켈, 납, 텅스텐, 몰리브덴 등의 희귀 금속들, 그리고 흑연, 운모 등 고가의 비금속들이 매장되어 있다. 또한 거대한 수자원을 보유하여 연간 러시아 전체 유량의 절반을 차지하고 수력에너지의 2/5를 담당하고 있다. 무엇보다 발달된 산업은 천혜의 자원을 사용하는 연료-에너지 산업이다. 소비에트 시기에 적극적으로 시작된 시베리아 개발은 현재 지역의 전기에너지, 금속, 화학, 목재, 기계 공업을 활성화시켜 러시아 농업생산의 1/6, 석탄 70%, 전력 22%, 철 13%, 트랙터 14%, 곡물수확용 콤바인 30%, 냉장고 40%, 세탁기 20%, 시멘트 13%, 고기 18%를 생산하고 있다.

그러나 혹독한 기후조건으로 인하여 러시아 인구의 1/7이 살고 있는 시베리아 지역의 2/3는 인구밀도가 아주 낮다. 시베리아 지구는 러시아 전체 면적의 30%를 차지하지만 인구는 러시아 전체의 14%만이 거주하고 있다. 그

나마 께메로보, 노보씨비르스크, 옴스크 주가 있는 서쪽 지역이 인구밀도가 높은 편이다. 1930년대 이후 개발과 산업발전으로 인하여 중앙과 유럽(우랄 산맥 서쪽의 러시아)지역으로부터 시베리아로의 인구유입이 늘어 인구가 꾸준히 증가하다가 최근 10년은 러시아 경제위기 이후로 상황이 역전되고 있다. 인구의 70%가 도시에 거주하고 있고 그 중 인구가 많은 대도시는 노보씨비르스크, 옴스크, 끄라스노야르스크, 이루꾸츠크, 바르나울, 노보꾸즈네쯔크, 께메로보, 똠스크이고 이 도시들은 산업과 학문, 문화의 중심지이다.

러시아 연방

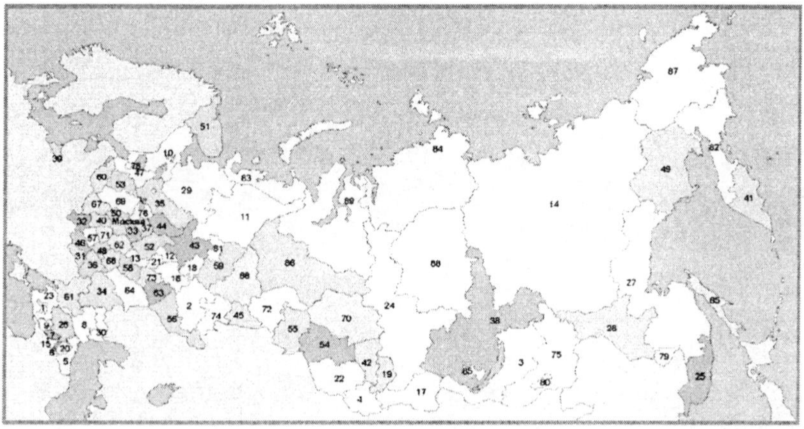

1. 아디게야 공화국 2. 바슈꼬르또스딴 공화국 3. 부랴찌야 공화국 4. 알따이 공화국 5. 다게스딴 공화국
6. 인구셰찌야 공화국 7. 까바르드-발까리야 공화국 8. 깔미끼야 공화국 9. 까라차이-체르께씨야 공화국
10. 까렐리야 공화국 11. 꼬미 공화국 12. 마리 엘 공화국 13. 모르도비야 공화국 14. 싸하 (야꾸찌야)공화국
15. 북 오쎄찌야 공화국 16. 따따르스딴 공화국 17. 띠바 공화국 18. 우드무르찌야 공화국 19. 하까씨야 공화국
20. 체첸 공화국 21. 추바시야 공화국 22. 알따이 변강주 23. 끄라스노다르 변강주 24. 끄라스노야르스크 변강주
25. 연해 변강주 26. 스따브로뽈 변강주 27. 하바로프스크 변강주 28. 아무르주 29. 아르한겔스크주
30. 아스뜨라한주 31. 벨고로트주 32. 브랸스크주 33. 블라지미르주 34. 볼고그라트주 35. 볼로그다주
36. 보로네슈주 37. 이바노보주 38. 이르꾸쯔크주 39. 깔리닌그라트주 40. 깔루가주 41. 깜차트까주
42. 께메로보주 43. 끼로프주 44. 꼬스뜨로마주 45. 꾸르간주 46. 꾸르스크주 47. 레닌그라드주
48. 리뻬쯔크주 49. 마가단주 50. 모스크바주 51. 무르만스크주 52. 니제고로트주 53. 노브고로트주
54. 노보씨비르스크주 55. 옴스크주 56. 오렌부르크주 57. 오룔주 58. 뻰자주 59. 뻬름주 60. 프스꼬프주
61. 로스또프주 62. 랴잔주 63. 싸마라주 64. 싸라또프주 65. 싸할린주 66. 스베르들로프스크주
67. 스몰렌스크주 68. 땀보프주 69. 뜨베리주 70. 똠스크주 71. 뚤라주 72. 쭈멘주 73. 울리야노프스크주
74. 첼랴빈스크주 75. 치따주 76. 야로슬라블주 77. 모스크바 연방시 78. 쌍트 뻬쩨르부르크 연방시
79. 유태인 자치주 80. 아가-부랴찌야 자치구 81. 꼬미-뻬르먀크 자치구 82. 꼬랴크 자치구 83. 네네쯔 자치구
84. 따이미르(돌가노-네네쯔) 자치구 85. 우스찌-오르다 부랴찌야 자치구 86. 한띠-만씨스크 자치구
87. 추꼬트까 자치구 88. 에벤크 자치구 89. 야말-네네쯔 자치구

시베리아연방지구

Санкт-Петербург
СЕВЕРО-ЗАПАДНЫЙ
федеральный округ
ЦЕНТРАЛЬНЫЙ
федеральный
округ
МОСКВА
федеральный округ
Екатеринбург
СИБИРСКИЙ
федеральный округ
Новосибирск
Хабаровск
ЮЖНЫЙ
федеральный
округ
시베리아지구

께메로보주
Кемеровская Область

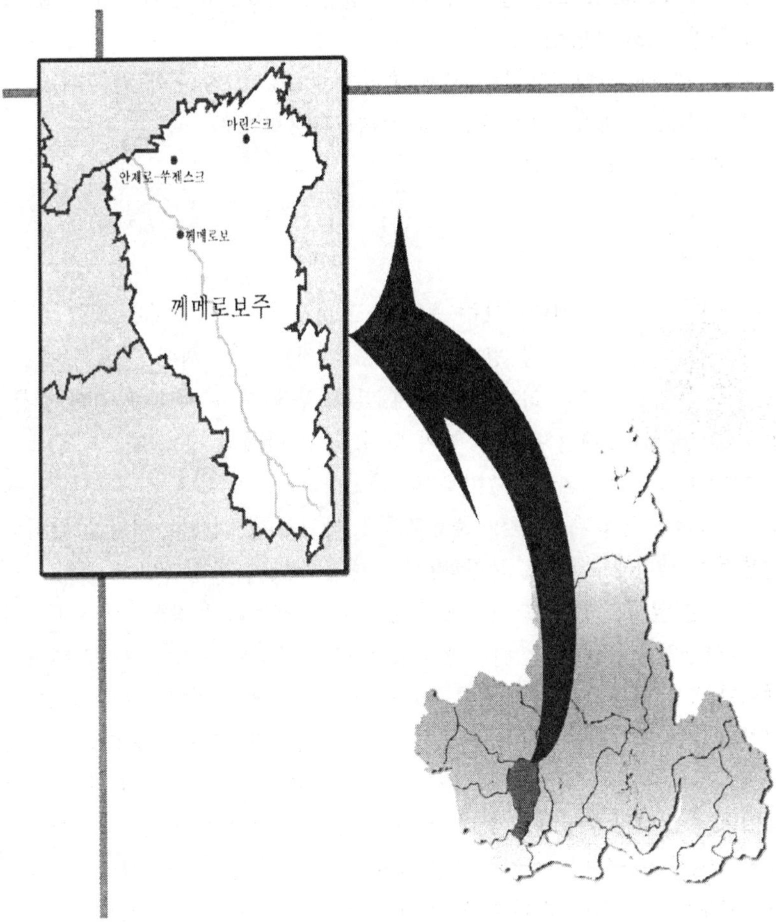

I. 개황

1. 기초정보

주 성립일: 1943년 1월 26일.
주도: 께메로보(Кемерово)
인구: 2,962,000명 (2001년 현재: 러시아연방 전체의 2.04%; 89개 주체 중 13위)
인구밀도: 31.01명/㎢
면적: 95,500㎢(러시아연방 전체 면적의 0.56%; 89개 주체 중 37위)
소속지구: 시베리아연방지구; 서 시베리아경제지구
한국과의 시차: -2시간

2. 상징

께메로보주 문장

께메로보주 문장은 프랑스식 문장 방패로 되어 있는데, 이 문장 방패는 참나무 가지로 둘러 싸여 있으며 레닌 훈장의 리본으로 엮여 있다. 문장 방패 위에는 또한 찻잔 형태의 왕관이 놓여 있다. 문장 방패의 테두리는 흑색과 황금색의 얇은 띠로 되어 있다. 문장 방패의 아래 부분은 녹색인데, 녹색은 농업과 자연의 풍요로움을 상징하며, 젊음과 희망을 나타내는 전통적인 색이기도 하다. 문장 방패의 중심에는 흑색 삼각형이 있다. 이 삼각형은 양 옆이 잘려있고 황금색의 얇은 띠로 테두리가 장식되어 있다. 이것은 석탄공업을 상징하는 버럭산이다. 버럭산 중심에는 대장장이 망치와 곡괭이가 X자 모양으로 놓여있다. 이 망치와 곡괭이는 께메로보주 공업을 상징한다. 세 개의 밀 이삭이 녹색 들판에서부터 X자 모양의 대장장이 망치와 곡괭이를 가로질러 버럭산 정상을 향하고 있다. 이 밀 이삭들은 께메로보주 농업의 중요성을 상징하고 있다. 문장 방패의 좌, 우측에 있는 적색 삼각형은 불에 달구어진 금속을 상징한다. 문장이 참나무 가지로 둘러 싸여 있는 것은 께메로보주의 지위를 의미한다. 이것은 국법에 의해 정해진 러시아 연방 주체임을 의미한다. 나무 가지 아래 부분이 레닌 훈장의 리본으로 엮여 있는 것은 께메로보주가 1967년과 1970년 두 차례에 걸쳐 상을 받았다는 것을 의미한다. 훈장 리본의 중심부에 새겨진 숫자 1943은 께메로보주의 성립 연도를 일컫는다. 문장 방패 중심 위에 놓여 있는 찻잔 모양의 왕관은 꾸즈바스의 풍요로움을 상징한다. 께메로보주 문장은 2002년 6월 7일에 채택되었다.

께메로보 주기

께메로보 주기는 파란색 띠가 있는 붉은색 장방형 천으로 되어 있다. 이 파란색 띠는 주기의 깃대 쪽에 있는데, 가로길이의 1/3을 차지한다. 파란색 띠의 상단 중앙에는 께메로보주 문장이 묘사되어 있다. 께메로보 주기는 2002년 6월 7일에 채택되었다.

3. 주요도시

노보꾸즈네쯔크(Новокузнецк): 인구 556,800명; 북위 53°45′, 동경 87°7′
께메로보(Кемерово): 인구 489,300명; 북위 55°25′, 동경 86°5′
쁘로꼬삐예프스크(Прокопьевск): 인구 233.500명; 북위 53°54′, 동경 86°43′
레닌스크-꾸즈네쯔끼(Ленинск-Кузнецкий): 인구 112,000명;북위 54°40′, 동경 86°10′
끼셀료프스크(Киселёвск): 인구 108,400명; 북위 53°59′, 동경 86°39′
메주두레첸스크(Междуреченск): 인구 104,100명; 북위 53°41′, 동경 88°5′
안제로-쑤젠스크(Анжеро-Судженск): 인구 93,500명; 북위 56°5′, 동경 86°1′
유르가(Юрга): 인구 84,600명; 북위 55°44′, 동경 84°55′
벨로보(Белово): 인구 79,400명; 북위 54°25′, 동경 86°17′
오씬니끼(Осинники): 인구 57,600명; 북위 53°37′, 동경 87°20′
베료조프스끼(Берёзовский): 인구 49,900명; 북위 55°40′, 동경 86°16′
미스끼(Мыски): 인구 43,900명; 북위 53°44′, 동경 87°47′
마린스크(Маринск): 인구 39,300명; 북위 56°13′, 동경 87°43′
또프끼(Топки): 인구 32,900명; 북위 56°17′, 동경 86°36′
뾜리싸예보(Полысаево): 인구 31,900명; 북위 54°36′, 동경 86°17′
구리예프스크(Гурьевск): 인구 28,400명; 북위 54°17′, 동경 85°56′
깔딴(Калтан): 인구 25,800명; 북위 53°31′, 동경 87°17′
따이가(Тай га): 인구 25,700명; 북위 56°4′, 동경 85°37′
따슈따골(Таштагол): 인구 24,900명; 북위 52°47′, 동경 87°53′
(인구: 2002년 현재)

4. 주요 산업 및 농업

주의 주요 산업으로 탄광업(코크스와 동력용 석탄채굴), 철강업(강철, 압연, 강철관, 레일), 비철야금업, 자동차공업, 금속가공업(화학공업을 위한 광산 설비), 화학공업(카프론 원료, 플라스틱, 합성타르, 질소비료, 화학 섬유), 경공업(모직물공업, 양잠업), 건축자재업(시멘트, 철골조립, 비광물 건축자재) 등이 발달했으며, 농업부문은 낙농업, 양금, 양봉이 발달했다.

Ⅱ. 자연환경

1. 지리적 위치와 구성

께메로보주는 19개 행정구, 20개 시, 47개 도시형마을, 235개의 농촌마을로 구성되어 있으며, 서 시베리아 평원과 남 시베리아 산악 접경지에 위치한다.

께메로보주는 똠스크(Томск)주, 노보씨비르스크(Новосибирск)주, 알따이(Алтай) 변강주, 끄라스노야르스크(Красноярск)변강주, 알따이 공화국, 하까씨야 공화국과 경계를 이룬다.

주요 하천은 오피강의 지류인 또미, 이냐강이다.

수도 께메로보시와 모스크바 간의 거리는 3,482㎞이다.

2. 기후조건

온난기후대, 대륙성 온난기후

1월 평균기온: -17 ~ -20℃

7월 평균기온: 17 - 20℃

연강수량: 300 ~ 500㎜, 900㎜(산악 지대)

식물 생장 기간: 110 ~ 120일

식생: 삼림과 스텝의 중간 지대

토양: 흑토, 회색 삼림토

삼림분포도: 57%

3. 주요 유용광물

양질의 석탄, 철광석, 망간, 갈탄, 철광석, 다금속광, 하석, 인광석 원료, 광물건축자재 등이 있다.

주요산지:

석탄: 꾸즈네쯔크(Кузнецк) 광물매장지대(꾸즈바쓰)의 서쪽 지역인 아따뜨스크, 레닌스크-꾸즈네쯔크, 쁘로꼬삐예프스크, 노보꾸즈네쯔크, 께셀레프스크, 께메로보, 안제로-쑤젠스크.

철광석: 따쉬따골스크 매장지(채굴은 쩨미르따우, 따쉬따골, 쉐레게슈).

망간광: 우신스크(남부 지역).

다금속광과 금: 쌀라이르스크 구릉지.

하석: 끼야-샬띠르스크(Кия-Шалтырск).

갈탄: 깐스꼬-아친스크(Канско-Ачинск) 광물매장지의 서쪽 지대.

Ⅲ. 정치시스템

1. 역사

께메로보주는 1943년 1월 24일에 설립되었다. 주의 중심도시인 께메로보는 1720년에 세워진 쉐글로보와 1863년에 세워진 케메로보로 구성되어 1918년에 수립되었다. 께메로보는 처음에 쉐글롭스끄로 불려졌으며 1932년 이후 철도역 이름을 따서 케메로보로 불려졌다. 이 철도역은 도시에서 멀지않은 곳에 건설되었기 때문에 도시 속 건물로 간주되었다.

도시의 발전은 1930년대의 광산개발과 코우스크 및 화학제품 공장건설과 같은 산업화 물결에 따라 이루어졌다. 께메로보 최초의 광산은 1907년에 개발되었다. 한편 지하자원 개발은 이미 17세기 초에 시작되었으며 똠스끄에서는 1604년, 꾸즈네츠끄에서는 1618년에 각각 개발되었다. 꾸즈네츠끄의 산업시설 건설은 18세기 말에서 19세기 초에 이루어졌다. 최초의 산업시설로는 똠스끄 제철공장, 가브릴로프 은(銀)용해공장, 수하린스끄 광산 등이 있다.

약 100년이 지난 후 시베리아 횡단철도의 건설로 쿠즈바스에는 철광석, 비철금속, 석탄, 목재를 이용한 새로운 산업시설이 나타나기 시작했다. 께메로보에는 2차 세계대전 기간 동안 소련 의 유럽지역에서 대규모 산업시설이 이곳으로 철수하면서 산업발전이 재도약하는 기회가 되었다.

2차 세계대전때인 1943년 전쟁이 절정에 달했을 때 전쟁수행을 위해 석탄 및 금속, 무기 등의 증산이 꾸즈바스에 있는 공장들에 의해 이루어졌다. 소련 최고회의는 1월26일에 꾸즈바스를 노보씨비리스끄주로부터 분리하고 꾸즈바스 지역에 께메로보주를 설립하는 명령을 채택했다. 새로 설립된 께메로보주는 노보씨비리스크주 영토의 17.5% 를 차지하였고 12개의 도시 중 9개, 20개의 노동자 마을 중 17개, 75개 지역마을 중 23개가 편입되었다. 께메로보주의 인구는 노보씨비르스크주 전체인구의 42%를 차지하였다.

최근 께메로보는 산업화가 급속히 진행되었는데 새로운 질소공장과 수개의 화학공장 건설과 관련된다. 오늘날 꾸즈바스는 서시베리아 지역에서 살기 좋고 인구밀도가 높은 도시 중의 하나이다. 산업화 기간 동안 께메로보주의 인구는 1.7배 증가하여 약 3백만 명이 살고 있다.

2. 정치

1) 정치 일반

집행권력 최고기관은 께메로보주 행정부이다. 행정수반인 주지사는 뚤레예프(А. М. Тулеев)이다. 께메로보주 산하의 시 및 라이온에는 자체의 행정기구가 있다. 께메로보시의 수장은 미하일로프(В. В. Михайлов)이다. 그는 1999년 12월 19일 선거에서 당선되었다.

께메로보주의 최고 입법기관은 유권자들에 의해 선출된 35명의 대의원으로 구성되는 주인민대표자회의(Областный Совет народных депутатов)이다.

2) 선거

(1) 께메로보주 인민대표자회의 대의원 선거

인민대표자회의 대의원들은 뚤레예프를 시사하는 정치블록에 소속된 후보들이 다수 당선되었다.

(2) 러시아연방 국가두마의원 선거

1999년 12월 19일 러시아연방 국가두마의원 선거가 실시되었다. 께메로보에는 네 개의 선거구가 있다. 각 께메로보주의 개별 선거구에서 당선된 의원들은 다음과 같다.

당선자	선거구
루베좐스끼(Рубежанский П.Н.)	께메로보 선거구
이블료프(Ивлев И.А.)	레닌스끄-꾸즈네츠끄 선거구
네베로프(Неверов С.И.)	노보꾸즈네츠끄 선거구
오스따니나(Останина Н.А.)	쁘로꼬삐옙스끄 선거구

정당별 투표에 기초해서는 러시아공산당 소속 체끼스(А. В. Чекис)와 <단결당> 소속 주비쯔끼(Б. Д. Зубицкий)가 두마에 진출했다.

(3) 러시아연방 대통령 선거

2000년 3월 26일 실시된 러시아연방 대통령선거에서 유권자의 65%가 투표에 참여했다. 지역 유권자들이 보여준 개별 후보들에 대한 지지율은 다음과 같다.

후보	득표율(%)
뿌친	25.0
쥬가노프	14.9
야블린스끼	3.1
지리놉스끼	2.2
뚤레예프	51.6
찌또프	0.6
기타	0.8
모든 후보에 대한 반대	1.0

Ⅳ. 경제 시스템

1. 경제개황

께메로보주는 7개의 연방지구 중 시베리아연방지구에 속하고 12개의 러시아 경제지역 중 서시베리아경제지역에 속한다. 이 지역은 남시베리아의 남동쪽에 위치하고 있는 가장 적은 규모의 면적을 가진 지역이다.

이 지역의 공업발전의 수준, 경제의 부문별 구조와 주민들의 거주 등 모든 부분은 석탄매장지의 위치에 좌우되고 있다. 왜냐하면 시베리아의 남동부의 주요자원이 석탄이기 때문이다. 석탄 이 외에도 께메로보주에는 천연자원이 매우 풍부하여 막대한 수출잠재력과 투자 잠재력을 지니고 있는 지역이기도 하다. 이 지역이 꾸준한 경제발전을 이루기 위해서는 대외경제관계가 매우 중요하며 현재 멀고 가까운 여러 60개의 국가와 무역관계를 가지고 있다.

께메로보주는 석탄 생산부문과 더불어 야금술이 발달된 지역으로 이를 기반으로 발달한 화학과 중기계제작의 부문은 기타 다른 부문에 파급효과를 일으켜 전체적인 국민경제발전을 촉진하고 있다.

께메로보주의 지역총생산과 1인당 지역총생산을 들어보면 다음과 같다.

께메로보주 지역총생산액 추이

항목 \ 년도	1996	1997	1998	1999
지역총생산1)	47,094	45,554	46,157	68,975
1인당 지역총생산2)	15,424	15,020	15,308	23,011
지역총생산 지수3)		96.2	91.9	108.3

http://www.infostat.ru/epub.htm (검색일: 2003.1.10)

께메로보주의 풍부한 자원은 이 지역의 공업발전을 촉진시키고 관련기업을 증대시키고 있다. 예를 들어 금속가공 단지는 꾸즈네쯔크지역에 건설되어 있고 근교부근에도 두개의 금속가공 공장이 더 있다. 또한 이 지역의 석탄산업은 화학과 유색금속 가공 등 전기를 많이 필요로 하는 부문의 생산을

1) 단위: 백만 루블, 1997년까지는 십억 루블(여타 주 동일)
2) 단위: 루블,1997년까지는 천 루불(여타 주 동일)
3) 전년대비 지역총생산액 %(여타 주 동일)

위하여 주요한 근간이 되고 있다.

께메로보주의 기업부문의 지표에 있어 총 기업수와 소 기업수 그리고 공업 활동 기업수를 연도별 추이로 살펴보면 다음과 같다.

기업수 추이

항목 \ 년도	1997	1998	1999	2000
총기업수(연말)	37,780	39,236	41,098	42,762
소기업수(연말)	11,628	10,270	9,982	11,717
활동기업수	2,650	2,263	2,005	2,219

http://www.infostat.ru/epub.htm (검색일: 2003.1.10)

2. 산업

1) 공업

께메로보주의 공업을 전반적으로 이해하기 위해 공업총량에 대한 지표를 살펴보는 것은 중요하다. 그러면 총 공업생산량과 공업생산지수를 연도별 추이로 보면 다음과 같다.

총 공업생산량 추이

항목 \ 년도	1997	1998	1999	2000
총 공업생산량[4]	41,392	40,313	65,055	103,511
공업생산 지수[5]	93	96	119	108

http://www.infostat.ru/epub.htm (검색일: 2003.1.10)

께메로보주의 공업부문별 구조와 각 생산부문의 비율을 살펴보면 다음과 같다.

주요 공업생산부문별 생산비율

생산부문	께메로보주 총공업생산 비율
전기전력	11.1%
연료공업	26.8%

4) 명목가격, 단위: 백만루블, 1997년까지 십억루블
5) 전년대비 %

철강업	32.4%
비철금속	9.%
화학·석유화학	6.7%
기계제작·금속가공	5.3%
목재가공, 종이·펄프	0.5%
건재공업	1.7%
경공업	0.5%
기타	1.2%

http://www.infostat.ru/epub.htm (검색일: 2003.1.10)

이와 같은 각 부문에서 생산된 께메로보주의 생산품들은 30개가 넘는 지역으로 수출되고 있다. 석탄의 경우는 슬로바키아, 터키, 그리스 독일 등을 비롯한 변방국과 기타 외국으로 수출된다. 러시아의 주요한 페놀플라스틱 생산회사인 '또껨'(Токем)은 구 소련연방과 활발히 경제관계를 맺고 있을 뿐만 아니라 일본과 이탈리아, 벨기에, 헝가리, 독일 등의 나라로 그 생산품을 수출하고 있다. 또한 께메로보주의 아닐린염료는 유럽과 아시아, 아프리카와 미국 등의 기업에서 주요재료로 사용되고 있다.

2) 농업

께메로보주의 농업지역은 전체의 36%에 해당한다. 이 지역의 대표적인 농업단지인 꾸즈바싸 단지에는 550개가 넘는 농업가공기업이 있으며 2,500개의 사농 및 농경기업이 있다. 이들 중 80%의 기업은 이미 사유화되어 있다. 따라서 이 지역에서는 농산품의 생산이 발달되어 있다. 그리고 농업생산과 직결되어 있는 식품산업의 중심지역은 마린스크시이다.

께메로보주의 농경부문에서 가장 주요한 분야로는 야채와 감자생산, 그리고 우유 및 고기생산 부문이다.

께메로보주의 농업전반을 보기위해 총 농업생산량과, 총 농업생산액 중 작물관련 생산액, 총 농업생산액 중 가축관련 생산액을 연도별 추이로 살펴보면 다음과 같다.

농업생산량 추이

항목 \ 년도	1997	1998	1999	2000
총농업생산액[6)]	5,325.1	4,285.0	8,454.1	9,614.1
작물관련 생산액	3,184.8	2,112.9	4,567.1	5,345.2
가축관련 생산액	2,140.3	2,172.1	3,887.0	4,268.9
농업생산 지수[7)]	106	82	99.4	114

http://www.infostat.ru/epub.htm (검색일: 2003.1.10)

께메로보주의 총 경지면적은 260만 헥타르이며 이중 140만 헥타르는 목장지대이다. 께메로보주의 총 파종면적을 보면 2000년을 기준으로 114만 1,600 헥타르이고 여기에 주로 파종되는 작물의 종류를 보면 곡물이 56.4%, 사료용 작물재배가 36.6%로 거의 모든 파종의 비중을 가지고 있다. 그 외 특용작물이 6.4%, 감자와 채소가 0.7%를 차지하고 있다.

께메로보주의 농업생산에 있어 2000년의 주요 생산카테고리의 생산량을 살펴보면 다음과 같다. 곡물 85만 8,800 톤, 감자 86만 2,400 톤, 채소 14만 7,600 톤, 가축과 가금류(도살 후 무게) 5만 5000 톤, 우유 48만 6,000 톤 등이다.

께메로보주의 가축사육과 관련해서 2000년 (년말기준) 길러지고 있는 소는 35만 4,200 두이며 그 중 암소는 17만 3,500 마리이다. 그리고 돼지의 수도 26만 8,200 마리에 이르고 있어 가축사육이 활발히 이루어지고 있음을 알 수 있다.

2000년의 자료로 평가하면 감자와 채소의 수확량은 전년대비 각각 42%와 14% 증가하였다. 반면에 돼지를 포함한 가축사육의 숫자는 줄어들고 있음이 자료에서 나타나고 있다.

3. 자원 등 기타

께메로보주는 꾸즈네츠 석탄지대 중에서 가장 석탄매장이 많은 지역의 하나이다. 또한 철광, 구리광, 복합광산, 보오크사이트, 인산 등 기타 광물도 많은 지역에 매장되어 있다. 이 외 께메로보주는 비광산 유용광물자원도 많으

6) 명목가치,단위:백만루블, 1997년까지는 십억루블(여타주 동일)
7) 실질가격,전년대비=100(여타주 동일)

며 그 예로서 모래자갈 혼합물, 건축용모래, 슬레이트, 주형용모래 등이 다수 분포되어 있다.

께메로보주의 강은 까르스크해와 연결되어 있다. 가장 규모가 큰 강으로는 톰강을 들 수 있으며 잠재적인 수자원의 양은 서시베리아 수자원의 12.5%에 해당한다.

께메로보주의 동물계도 매우 다양하며 자연환경이 아름다운 지역이다. 이 지역에는 오래 전부터 곰, 여우, 고슴도치, 토끼, 흑담비, 너구리, 오소리 등이 야생하고 있다.

께메로보주의 토양은 흑토질과 회색삼림토양이다. 특히 대부분의 꾸즈네쯔크 서부지역은 흑토질로 이루어져 비옥한 토양의 성질을 나타내고 있다.

께메로보주의 삼림자원은 다양하다. 끄즈네쯔크지역의 중부와 북부지역은 자작나무숲이 우위를 차지하고 있으며 소나무, 낙엽송 등의 침엽수가 많다. 그리고 경사지역에는 전나무, 사시나무 삼림이 많고 북동지역에는 전나무 이외에 소나무, 서양삼나무 등이 분포되어 있다. 전체적으로 전체 면적의 40%에 해당하는 지역이 삼림으로 이루어져 있다.

V. 문화시스템

1. 지역정체성

1) 인구

께메로보주의 2001년도 인구는 2,962,000명이다. 시베리아의 여타 연방 주체들과 마찬가지로 90년대 이후 인구 자연증가율 하락과 사회적 인구 유출 등의 원인으로 인구가 지속적으로 감소하고 있다.

께메로보주는 면적이 좁고 인구가 밀집된 지방 가운데 하나로, 인구밀도는 31/㎢명이다. 거대한 석탄 채광지에 인구가 밀집되어 있긴 하나 출생률 감소, 높은 영-유아 사망률로 전체 인구수는 감소하고 있다.

께메로보주 인구변동 추이

연도	1990	1992	1993	1994	1995	1996	1997	1998	1999	2000	2001
인구수 (1,000명)	3,096	3,101	3,097	3,078	3,072	3,058	3,037	3,017	3,002	2,982	2,962

Россий ский статистический ежегодник. М., 2001. С. 83.

출생자수의 감소, 사망자수의 증가, 그리고 높은 영-유아 사망률로 자연증가율은 90년대부터 지속적으로 마이너스를 보이고 있다.

께메로보주 출생자수, 사망자수, 자연증가율

연도	출생자수(명)	사망자수(명)	자연증가율(명)
1990	40,066	35,082	4,984
1992	31,889	40,497	-8,608
1993	28,179	48,507	-20,328
1994	28,337	52,943	-24,606
1995	27,314	51,011	-23,697
1996	25,949	49,160	-23,211
1997	25,417	46,172	-20,755
1998	26,110	43,121	-17,011
1999	25,015	47,010	-21,995
2000	26,580	49,176	-22,596

Россий ский статистический ежегодник. М., 2001. С. 121.

경제활동 인구는 전체 인구의 약 59% 정도이며, 90년대에 지속적으로 증가하던 실업률이 2000년을 기점으로 줄어들기 시작했다. 께메로보주의 실업률은 다음과 같다.

께메로보주 경제활동인구(취업자, 실업자), 실업률

연도	경제활동인구 (1,000명)	취업자수 (1,000명)	실업자수 (1,000명)	실업률(%)
1992	1,602	1,519	83	5.2
1993	1,555	1,478	77	4.9
1994	1,475	1,369	106	7.2
1995	1,493	1,395	98	6.6
1996	1,466	1,366	100	6.8
1997	1,477	1,312	166	11.2
1998	1,444	1,265	178	12.4
1999	1,476	1,273	203	13.7
2000	1,475	1,322	153	10.4

Россий ский статистический ежегодник. М., 2001. С. 139.

2) 민족

께메로보주에는 90여 민족이 거주한다. 주요 민족 구성을 보면, 러시아인 90.5%, 우끄라이나인 2.1%, 따따르인 2%, 독일인 1.5%, 추바슈인 0.8%, 벨라루스인 0.6%, 모르드바인 0.4%, 쇼르인 0.4%, 우드무르트인 0.1%, 바슈끼르인 0.1% 등이다.

3) 교육

께메로보주에는 5개 분교를 포함, 총 14개 대학교육기관이 있다. 그중 주요 대학으로는 께메로보 국립대학, 꾸즈바스 기술대학 등 2개의 종합대학과 께메로보 국립 의료 아카데미, 께메로보 국립 문화/예술 아카데미, 시베리아 국립 산악/제철 아카데미 등 3개 아카데미, 그리고 꾸즈바스 경법대학 등 2개 사립대학이 있다. 1999년부터 국제관계학, 사회-문화 서비스, 관광학, 위기관리학, 부동산경영 등 새로운 전공 분야가 여러 대학에 개설되었다. 께메로보주의 대학생 비율은 인구 1만 명당 150명 선이다.

1999년 현재 중등학교의 수는 주야간 총 1,233개이며, 총 학생수는 440,000명이다. 이들 학교 중에는 다양한 교과목에 대한 심화학습을 실시하는 30개 김나지움과 7개 특수학교가 있으며, 학생 수는 54,000명이다. 주요 연구기관으로 러시아 과학아카데미 시베리아지부 께메로보 과학센터와 석탄 및 석탄화학 연구소, 시베리아 중앙 식물원 꾸즈바스 지부, 탄소 및 메탄 연구 국제센터 등이 있다.

2. 지역문화

1) 문화개괄

께메로보주는 문화의 유지발전에 커다란 의미를 부여하고 있다. 께메로보의 문화와 예술을 발전시킬 목적으로 계획된 '께메로보의 정신적인 발전'이라는 프로그램이 있다. 또 재능 있는 청소년들을 지원할 목적으로 1992년부터 '청소년 재능가'라는 지역프로그램이 실현되고 있다.

주에서 문화 활동가들을 지지하기 위해 작가, 예술가, 극활동가, 건축가, 언론인들의 창작연합이 설립되었다. 주민들을 위해서 문화 예술 기관망이 만들어졌는데 여기에는 763개의 도서관, 826개의 클럽 기관, 3개의 전시관, 35개의 박물관, 137개의 어린이 음악 학교와 예술학교, 18개의 문화 휴식 공원, 5개의 중급 특수교육기관, 10개의 극장이 있다.

러시아뿐만이 아니라 외국에서도 께메로보의 창작 집단은 유명하다. 께메로보 실내 합창단은 핀란드에서 열린 국제아카데미합창단 페스티벌에서 상을 받았고 이탈리아에서 열린 콩쿠르에서 은메달을 받았다.

노보꾸즈네쯔크 께메로보 합창단은 독일에서 열린 멘델손-바르똘지 (Мендельсон-Бартольди) 국제 성악콩쿠르의 금메달 수상자이다. 독자적인 민속창작단이 발전하고 있는데, 예를 들면 앙상블 '시베리아 율동' (쁘로꼬뻬스크시), 댄스앙상블 '리듬과 우리', 앙상블 '깔린까'(Калинка, 노보구즈네쯔크시), 쁘로꼬뻬스크와 께메로보, 마린스크에서 널리 알려져 있는 넝쿨 수공업 등이다.

마린스크시에는 시베리아에서 유일한 느릅나무 박물관이 문을 열고 있다. 주에서는 매년 커다란 문화적인 행사가 열리고 있다. 예를 들면, 페스티벌 '극장의 별들', '극장 께메로보', 등과 국제 페스티벌 '오래된 성에서의 재즈',

문화 부문에서 상금이 걸려있는 무용집단 콩쿠르와 신문 '노동', 에스뜨라다 어린이 노래 페스티벌 '기쁨'은 미스크시에서 개최되고 있으며 께메로보주 주지사의 상금이 걸려있는 콩쿠르 '께메로보의 팔레트'가 있으며 문학과 예술의 영역에서 께메로보의 이름 있는 상이 걸린 콩쿠르들이 있는데 예를 들면 극예술의 영역에서의 보브로프 콩쿠르, 콘서트-예술 활동가들의 업적을 위한 까삐쉬니꼬프 상, 미술 작품을 위한 바치닌 상 등이 있다.

께메로보주에는 예술과 문화의 유물이 오천 점을 넘게 헤아리며 그들 중에는 27개는 연방차원에서 의미가 있는 문화재이고 27개 중 14개는 고고유물, 6개는 역사 유물, 5개는 건축, 2개는 예술 유물들이다. 가장 독특한 유물은 '똠스크 필사본'이다. 야쉬낀스크 지역의 필사본은 러시아 연방 보물급이다.

2) 문화시설

조형예술 박물관의 전경

시의 주민들과 손님들에게는 께메로보의 박물관에 가서 자신의 시각을 넓힐 수 있는 좋은 기회가 있다. 1995년에 문을 연 꾸즈네쯔크 지질학 박물관에는 많은 전시관이 있고 이것들은 주의 지질학의 역사, 자연의 풍부함에 대해서 설명하고 있다. 장식, 수공돌과 천연 보석은 방문객의 특별한 관심을 끌고 있다.

조형예술박물관에는 약 5천 점의 회화, 그래픽, 조각, 실용장식 예술품들이 전시되어 있다.

공원 숲 속 지역에 위치해있는 자연 역사-문화 박물관 보호구역인 '똠스크 삐싸니차'는 아주 독특하다. 박물관은 다방면으로 활동을 하고 있는데 이것은 러시아에서 최초로 문을 연 자연, 역사, 문화박물관이다. 1988년에 세워진 이야기 박물관의 전시관은 주와 시의 어린이들의 관심을 끌고 있다.

끄라스노야르스크 변강주
Красноярский Край

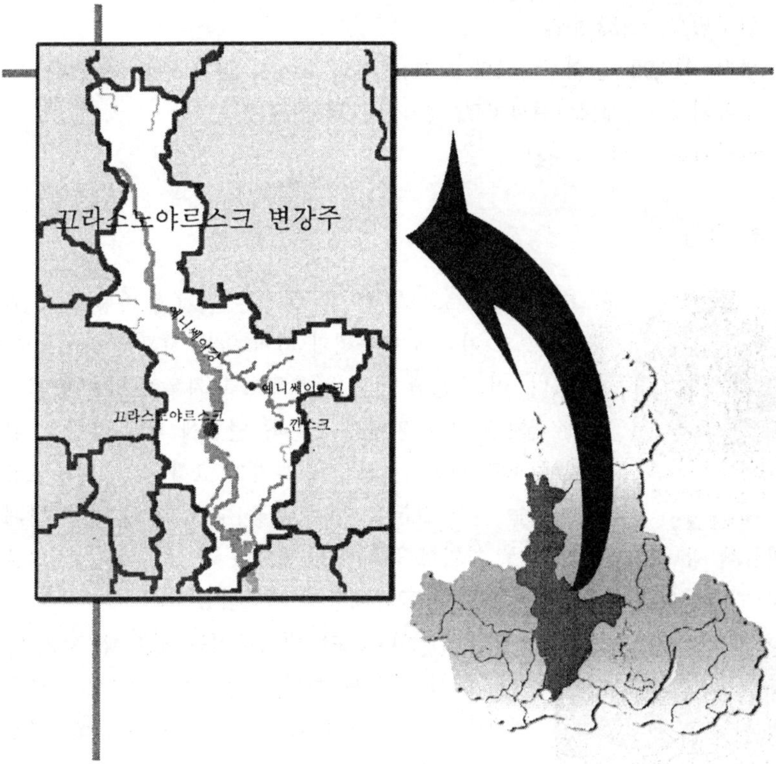

I. 개황

1. 기초정보

변강주 성립일: 1934년 12월 7일.
변강주도: 끄라스노야르스크(Красноярск)
인구: 2,970,000명 (2001년 현재: 러시아연방 전체의 2.05%; 89개 주체 중 12위)
인구밀도: 4.183명/㎢
면적: 710,000㎢(러시아연방 전체 면적의 4.16%; 89개 주체 중 8위)
소속지구: 시베리아연방지구; 동 시베리아경제지구
한국과의 시차: -2시간

2. 상징

끄라스노야르스크 변강주 문장

끄라스노야르스크 변강주 문장은 적자색 바탕과 그 위에 황금색으로 가늘게 테두리가 되어 있는 푸른색 기둥으로 되어 있다. 이 푸른색 기둥은 왼쪽으로 치우쳐 있으며 기둥과 함께 적자색 바탕 위에는 오른쪽 앞발에 황금 부삽을, 왼쪽 앞발에 황금 낫을 든 황금색 사자가 묘사되어 있다. 프랑스식 방패는 훈장 리본이 있는 대(臺) 위에 놓여 있다. 방패는 황금색 참나무 잎과 잣나무 가지로 둘러싸여 있으며 이 둘은 하늘색 리본으로 연결되어 있다. 문장은 1999년 12월 2일에 채택되었다.

끄라스노야르스크 변강주기

끄라스노야르스크 변강주기는 붉은색 장방형 천으로 되어 있으며, 천의 중앙에는 끄라스노야르스크 변강주 문장이 놓여 있다. 끄라스노야르스크 변강주기는 2000년 3월 27일에 채택되었다.

3. 주요도시

끄라스노야르스크(Красноярск): 인구 870,100명; 북위 56°1′, 동경 93°4′
노릴스크(Норильск): 인구 134,800명; 북위 69°19′, 동경 88°11′

아친스크(Ачинск): 인구 120,600명; 북위 56°16′, 동경 90°29′

깐스크(Канск): 인구 106,000명; 북위 56°13′, 동경 95°43′

젤레즈노고르스크(Железногорск): 인구 92,000명; 북위 56°20′, 동경 93°36′

미누씬스크(Минусинск): 인구 70,200명; 북위 53°43′, 동경 91°41′

젤레노고르스크(Зеленогорск): 인구 67,200명; 북위 58°8′, 동경 94°29′

레소씨비르스크(Лесосибирск): 인구 66,900명; 북위 58°14′, 동경 92°29′

나자로보(Назарово): 인구 61,800명; 북위 56°1′, 동경 90°23′

딸나흐(Талнах): 인구 61,500명; 북위 69°30′, 동경 88°27′

샤리뽀보(Шарыпово): 인구 42,300명; 북위 55°32′, 동경 89°12′

쏘스노보보르스크(Сосновоборск): 인구 29,800명; 북위 56°8′, 동경 93°22′

지브노고르스크(Дивногорск): 인구 28,500명; 북위 55°58′, 동경 92°20′

보고똘(Боготол): 인구 24,900명; 북위 56°13′, 동경 89°31′

까이예르깐(Кай еркан): 인구 24,500명; 북위 69°22′, 동경 87°37′

예니쎄이스크(Енисей ск): 인구 20.800명; 북위 58°27′, 동경 92°10′

(인구: 2002년 현재)

4. 주요 산업 및 농업

변강주의 주요 산업으로 전력산업, 비철금속가공업(비철금속의 채굴과 선광), 화학공업(인조고무, 고무타이어, 화학섬유, 고무가공제품), 임업(목재공급, 톱밥재료, 셀룰로즈, 제지, 마분지, 목질섬유, 나무대패로 만든 판), 연료산업(석탄채굴), 기계제작(중기계) 등이 발달했으며, 농업부문은 곡물, 감자, 야채 생산. 낙농업, 목양, 양금, 양봉, 모피동물 사육업이 발달했다.

Ⅱ. 자연환경

1. 지리적 위치와 구성

끄라스노야르스크 변강주는 48개 행정구, 25개 시, 46개 도시형마을, 511개의 농촌마을로 구성되어 있으며, 따이미르 자치구와 에벤크 자치구를 포함한다.

시베리아 중부에 위치하고 쭈멘(Тюмен)주, 똠스크주, 이르꾸쯔크(Иркутск)주, 께메로보주, 하까씨아(Хакассия) 공화국, 띠바(Тыва) 공화국, 싸하(야꾸찌야:Якутия) 공화국과 경계를 이룬다.

주요 하천은 예니쎄이(Енисей)강과 그 지류인 안가라, 니주냐야 뚠구스까, 뽀드까멘나야 뚠구스까, 그밖에도 북부 지역의 하딴가, 빠씨나, 따이미라강이 있으며 따이미르, 빠씨노, 라마 등의 많은 호수가 있다.

수도 끄라스노야르스크시와 모스크바 간의 거리는 3,955㎞이다.

2. 기후조건

대륙성 혹한기후

1월 평균기온: -18 ~ -36℃

7월 평균기온: 13 ~ 20℃

연강수량: 200 ~ 300㎜(북부 지역), 800 ~ 1200㎜(남 시베리아 산악 지역)

식물 생장 기간: 70 ~ 90일(중앙 지역), 110일(남부 지역)

식생: 극지역의 황무지, 툰드라, 타이가 등의 자연 지대의 경계선에 위치한다. 북부 지역은 영구 동토지대이다.

토양: 극지 및 툰드라 점토, 타이가 염분회색토

삼림분포도: 36%

3. 주요 유용광물

석탄, 철광석, 비철금속, 희귀금속, 식염(食鹽), 인회토 등이 있다.

주요산지:

석탄: 깐스코-아친스크(Канско-Ачиск), 미누씬스크(Минусинск), 따이미르(Тай мыр).

동, 니켈, 코발트: 노릴스크(Норильск).

Ⅲ. 정치시스템

1. 역사

1623년 러시아 제국은 예니세이강 중류에 새로운 요새를 건설하기 위하여 군대를 파견했다. 이들 군대는 예니세이강에서 말로 4일간 달린 지점인 이지르수(Изыр-су)강과 예니세이강 사이에 있는 하구를 새로운 도시가 들어설 자리로 선택하였다. 1628년 8월에 두벤스크 군대는 이 장소에 요새를 세웠으며 요새주위를 방어벽으로 에워쌌다. 또한 요새를 둘러싸고 폭 3미터 길이 10킬로미터에 달하는 참호를 건설했다. 끄라스노야르스끄인에 대한 끼르끼즈인의 공격은 막대한 피해를 주었으며 이러한 침략행위는 18세기까지 계속되었다.

17세기 60년대 부터 중가리 족과 알틴-한(алтын-хан) 민족 사이에 전쟁이 벌어졌을때 끄라스노야르스끄인들은 단 한명도 피해을 보지 않았다. 1967년 중반에 중가리와 끼르끼즈 봉건국가간의 연합군대가 예니세이강 양쪽에서 끄라스노야르스끄를 공격했다. 끄라스노야르스끄인들은 많은 희생을 치르고 적들을 막아냈다. 이 전투에서 수비대 1/3인 194명이 사망하였다. 인근에 있던 마을들은 불에 태워지고 주민들은 포로로 끌려갔다. 수많은 어려움을 극복한 끄라스노야르스끄는 1679년 9월 끼르끼즈 국가가 멸망하고 난 후 16개의 마을과 함께 군을 구성했다. 끼르끼즈인 마을에 대한 원정공격으로 17세기 말까지 예니세이강 유역에는 평화가 유지되었다.

그러나 주변의 똠스끄, 예니세이, 이르꾸츠끄와 같은 러시아 도시들은 끄라스노야르스끄가 상품교역과 산업생산에서 우위를 차지하는 것을 허락하지 않았다. 끄라스노야르스끄의 면적은 거의 증가하지 않았다. 1720년 끄라스노야르스끄에는 농민 369가구와 1,250명의 남자가 살았으며 1784년에는 337가구와 1,046명의 남자가 살았다. 높은 인구의 자연성장율을 감안한다면 끄라스노야르스끄로부터 빠져 나가는 인구가 지나치게 많은 것을 알 수 있다.

모스크바와 시베리아간 도로의 부설과 더불어 끄라스노야르스끄는 미래의 육상과 수상교통에 있어 중요한 위치를 차지할 것으로 보았다. 18세기 전체로 볼때 도시주민의 숫자는 자연인구 성장률과 농사 수확량에 따라 변화했다. 많은 도시인들은 농경에 종사했고 끄라스노야르스끄는 농업의 중심지로서 예니세이와 뚜르한스끄, 알따이, 오비강 하류지역에 빵과 가축을 공급하였다. 까차, 빠뉴꼬브까, 바자이하 강에는 약 10개의 제분소가 있었으며 중심부에 있는 제분소중의 하나는 예사울로보 마을로 발전했다. 모스크바와 시베리아간의 도로가 연결되면서 도시인의 생활이 활기를 띠게 되었다. 18세기 말까지 도시에 비누제조인, 가죽가공인, 재봉사, 소목장이, 목수 등의 수공업자가 출현했다.

끄라스노야르스끄는 약 200여년이 흐르는 동안 많은 발전을 보였다. 가정의 문화가 사회에 급속히 확산되었다. 1759년 어린이들의 종교교육을 위한 라틴어학교가 문을 열었다. 이 학교에는 약 30명의 학생이 수업을 받았다. 이후 30년이 지난 후 부활 사원에서는 끄라스노야르스끄 인민학교 수업이 진행되었으며 이 학교에는 어린이 100명이 다녔다. 초기 2년 동안 이 학교는 시베리아지역에서 대중교육기관 중 가장 큰 학교였다.

1784년 4월에서 6월 사이에 도시에는 러시아 군단위로서는 최초로 공공도서관이 문을 열었다. 1782년 뾰뜨르 I세의 재임기간 중 예니세이 지구가 폐지되었는데 이때 예니세이 군은 끄라스노야르스끄 지방의 거의 모든 지역을 포함하고 있었다. 끄라스노야르스끄현은 또볼스끄, 꼴리반스끄, 이르꾸츠끄 등 3개의 직할지로 편입되었다. 끄라스노야르스끄는 또볼스끄가 아닌 꼴리반스끄로 편입되었는데 꼴리반스끄 직할지의 중심도시로는 아바칸 요새가 되었다. 끄라스노야르스끄는 이전의 행정지위를 보존할 수 있게 되었다.

1797년 끄라스노야르스끄군은 또볼스끄현 소속이 되었으며 또볼스끄 현에는 아친스끄군이 편입되었다. 1804년부터 끄라스노야르스끄에는 똠스끄가 편입되는데 똠스끄는 현의 중심도시였다. 1822년 끄라스노야르스끄는 현의 중심도시가 되었다. 도시에는 병원, 소방서, 아름다운 공원 등이 세워졌다. 1858년부터 끄라스노야르스끄에 수공업 자치회가 발생하였으며 여기서 난로제조공, 철물 제조공, 목수 등의 생산품 품질을 검사하였다. 또한 도시에는 주민회의체가 있어 이들은 태만한 주민을 끄라스노야르스끄로부터 추방할 권리를 가지고 있으며 그밖에 이들은 신병징집 및 세금징수를 하기도 했다. 도시는 나이가 많은 사람들 중 선거로 선출되어 주민들에게 선서한 사람에 의해 운영되었다. 현명한 조세시스템 덕분에 세금징수는 무리 없이 진행되었다. 세금은 부동산, 땅과 물에 대한 임대료, 개와 같은 사냥에 쓰이는 모든 수단에 부과되었다. 도시 공공도서관도 관할하는 도시의 행정수반 쉐뻬뜨꼽스끼(Н. Шепетковский)는 '끄라스노야르스끄 산업 알림'이라는 제호의 간행물 500부를 발행했다. 당시 언론종사자들은 산업발전에는 사실의 공개와 긍정적인 경험이 필요하다는 것을 이해했다. 1861년 예니세이 그리스정교 감독관구가 설치되었다.

19세기 말까지 끄라스노야르스끄에는 10개의 러시아 정교회, 유대교 회당, 회교예배당, 로마카톨릭 교회가 있었다. 18세기 중반부터 끄라스노야르스끄는 유형지 도시가 되었다. 끄라스노야르스끄로 추방된 유형수 중에는 라디세프, 폰비진, 다비도프, 푸시킨, 체르니세프스키 등이 있었다.

1934년부터 끄라스노야르스끄는 끄라스노야르 지방의 중심도시가 되었으며 도시는 산업생산능력이 급속도로 발전했다. 1941년 초까지 도시의 산업시설에서 약 4만 명의 노동자가 일했다. 전쟁기간 동안에는 산업시설의 숫자가 44개에서 62개로 증가했다. 전쟁 후에 끄라스노야르스끄는 시베리아지역에서 산업중심지로 부상했다. 끄라스노야르스끄에는 합성고무, 생화학, 의학기기, 알루미늄, 금속가공, 굴착기 공장 등이 있다. 현재 도시에는 150개 이상의 대규모 기업이 있으며 이들 기업의 생산품은 전세계 10개국으로 수출되고 있다.

2. 정치일반

끄라스노야르스끄 변강주의 국가권력은 입법, 행정, 사법 등 3권으로 분리되어 있다.

끄라스노야르스끄 변강주는 러시아연방의 주체로서 모든 권한을 행사한다. 러시아연방의 헌법과 법률에 종속되기는 하지만, 자체 행정에 필요한 법률과 행정기관을 두고 있다. 지방 재정을 직접 관리하고 필요한 세금을 책정, 징수한다.

끄라스노야르스끄 변강주에는 일반 재판소 및 군사재판소 그리고 중재재판소가 각기 자신의 역할을 수행하고 있다.

Ⅳ. 경제 시스템

1. 경제개황

끄라스노야르스크 변강주는 7개의 연방지구 중 서시베리아 연방지구에 속하고 12개의 러시아 경제지역 중 동시베리아 경제지역에 속한다. 이 지방은 1994년 이후부터 경제부문에서 꾸준한 발전이 이루어져 왔다. 끄라스노야르스크 변강주의 경제발전의 원동력은 자체의 값싼 에너지동력과 원료자원이 첫 항목으로 꼽힌다. 이 외 자원채굴 기업들의 현대적인 기술수준도 중요한 항목이다. 생산규모에서 비교했을 때 현재 러시아 전지역의 10번째 이내의 지역이며 공업에서 차지하는 비중은 4%에 달하고 동시베리아 경제구역에서의 비중은 40%에 이르는 비중 있는 지역이다.

끄라스노야르스크 변강주는 생산 제품들 중에서 70% 이상이 외국기업과 상호교환(바터무역 형식) 및 일반 거래되는 주요한 지역으로 전통적으로 러시아 경제의 수출견인차 역할을 해 왔다. 특히 삼림가공, 유색금속가공, 화학공업품 등의 상당히 많은 양이 외국으로 수출되고 있다. 주로 무역이 행해지는 나라는 서유럽 및 유럽중앙지역이며 동남아시아, 동아시아, 미국 등의 나라와도 활발히 교역이 이루어지고 있다.

끄라스노야르스크 변강주의 교통망은 1,789.2km에 달하는 철도길, 1,000킬로미터를 초과하는 수로, 15,442km에 달하는 도로를 비롯하여 다섯 개의 공항 등 운송을 위한 인프라가 충분히 갖추어진 지역이다.

끄라스노야르스크 변강주의 지역총생산과 1인당 지역총생산을 들어보면 다음과 같다.

끄라스노야르스크 변강주 지역총생산액 추이

항목 \ 년도	1996	1997	1998	1999
지역총생산	57,388	63,076	72,710	129,457
1인당 지역총생산	18,509	20,429	23,671	42,430
지역총생산 지수		100.2	93.6	105.1

http://www.infostat.ru/epub.htm (검색일: 2003.1.10)

끄라스노야르스크 변강주에는 총 77개의 기계제작업 기업이 있으며 이 중 끄라스노 공장(Красноярский завод-Сибтяжмаш)은 러시아에서 유일하게 200 톤 이상의 무게를 들어 올리는 기중기를 생산하는 곳으로 주로 다리건설을 위한 전기 기중기를 제작하는 곳이다.

끄라슬레스마쉬(Краслесмаш)는 삼림운반과 이동용 기계를 생산하는 곳으로 러시아 전체 생산량의 절반을 생산하는 큰 기업이다.

전체적으로 끄라스노야르스크 변강주의 기업수를 연도별 추이로 살펴보면 다음과 같다.[1)]

기업수 추이

항목 \ 년도	1997	1998	1999	2000
총기업수(연말)	43,795	46,696	49,500	50,849
소기업수(년말)	12,495	12,849	12,544	13,984
활동기업수	3,095	2,929	2,907	3,740

http://www.infostat.ru/epub.htm (검색일: 2003.1.10)

끄라스노야르스크 변강주의 젤레즈노고르스크시와 젤론노고르스크시에는 11개의 방위산업업체가 있다. 1998년도 이 기업들이 생산한 군수품을 제외한 민간상품의 비중은 0.1%정도에 해당한다.

2. 산업

1) 공업

끄라스노야르스크 변강주의 공업은 매우 발달하였고 러시아시장뿐만 아니라 국제시장에 적극적으로 참여하고 있는 지역이다. 끄라스노야르스크 변강주의 공업을 전반적으로 이해하기 위해 총 공업생산량과 공업생산지수를 연도별 추이로 보면 다음과 같다.

---

1) 대표적인 무역업체로는 주식회사 'Красноярский алюминиевый завод', 'Норильская горная завод', 'Норильский комбинат', 'Электрохимический завод' 등이 있다.

총 공업생산량 추이

항목 \ 년도	1997	1998	1999	2000
총 공업생산량	49,790	60,908	124,169	199,618
공업생산 지수	100.4	99.1	108	106

http://www.infostat.ru/epub.htm (검색일: 2003.1.10)

끄라스노야르스크 변강주의 주요 공업중심지로는 끄라스노야르스크, 노릴스크, 아바칸, 체르노고르스크, 아친스크, 미누신스크 등의 지역이며 이 지역을 중심으로 이루어지고 있는 공업생산품들은 다음과 같다

니켈, 코발트, 구리, 몰리브덴 등을 이용한 흑색야금술, 선박, 생활가전, 컨테이너, 전기기계제품, 농가기계 등의 기계제작 및 기계가공, 석탄, 철광, 비철금속, 희귀금속, 금 등의 광물채굴, 화학섬유, 의료기구 등 화학제품의 생산, 삼림 및 목재가공, 방직, 가죽, 신발생산 등의 경공업, 식료품업 등이다.

주요 공업부문에서 가장 많은 비중을 차지하고 있는 부문은 흑색, 유색 야금술이며 다음으로 동력에너지, 기계제작, 금속가공, 자원채굴, 삼림 등의 순서이다. 구체적으로 비율을 살펴보면 다음과 같다.

주요 공업생산부문별 생산비율

생산부문	끄라스노야르스크 변강주 총공업생산 비율
전기전력	5.3%
연료공업	2.0%
철강업	0.2%
비철금속	78.9%
화학·석유화학	1.3%
기계제작·금속가공	3.7%
목재가공, 종이·펄프	3.3%
건재공업	0.9%
경공업	0.2%
식품공업	3.1%
기타	1.1%

http://www.infostat.ru/epub.htm (검색일: 2003.1.10)

위의 부문에서 생산된 제품들 중에서 끄라스노야르스크 변강주의 수출품의 주종을 이루는 것은 비철금속으로 알루미늄36.7%, 니켈19.2%, 구리18.7%

의 순이며 가공되지 않은 삼림과 그 물질 등이 4.6%에 해당한다. 아울러 석유와 석유제품, 흑색금속, 석탄, 질소와 칼륨비료, 기계설비 등도 수출되며 주요 대상국은 주로 일본, 이탈리아, 이집트, 터키 등이다.

2) 농업

끄라스노야르스크 변강주의 농업전반을 보기위해 총 농업생산량과, 총 농업생산액 중 작물관련 생산액, 총 농업생산액 중 가축관련 생산액을 연도별 추이로 살펴보면 다음과 같다.

농업생산량 추이

항목 \ 년도	1997	1998	1999	2000
총농업생산액	8,557.3	8,968.4	15,340.5	20,347.3
작물관련 생산액	5,024.5	4,576.7	8,216.9	12,577.8
가축관련 생산액	3,532.8	4,319.7	7.123.6	7,769.5
농업생산 지수	115	87	97	103

http://www.infostat.ru/epub.htm (검색일: 2003.1.10)

끄라스노야르스크 변강주는 총 농업생산액 중 작물관련의 생산액이 현저히 많다. 그것은 토양 등의 자연적 조건이 작물재배에 더 적합하기 때문이다. 끄라스노야르스크 변강주의 총 파종면적을 보면 2000년을 기준으로 1,926,4000 헥타르이고 여기에 주로 파종되는 작물의 종류를 보면 곡물이 56.2%, 사료용 작물재배가 38.4%로 거의 모든 파종 비율을 가지고 있고 그 외에도 특용작물이 4.9%, 감자와 채소가 0.5%를 차지하고 있다.

끄라스노야르스크 변강주의 농업생산에 있어 2000년의 주요 생산품목의 양을 살펴보면 곡물 1,747,900 톤, 감자 957,900 톤, 채소 253,000 톤, 가축과 가금류 (도살 후 무게) 97,300 톤, 우유 731,000 톤 등이다.

끄라스노야르스크 변강주의 가축사육과 관련해서 2000년 년말기준으로 사육 중인 소는 645,200 두이며 그 중 암소는 295,000 마리이다. 그리고 돼지의 수도 453,000 마리에 이르고 있어 가축사육이 활발히 이루어지고 있음을 알 수 있다.

3. 자원 등 기타

끄라스노야르스크 변강주는 자연자원이 가장 풍부한 지역의 하나이다. 풍부한 자연자원으로 인하여 이 지역은 매력적인 투자대상지가 되고 있다.

주요한 자연자원으로는 수력에너지, 침엽수림, 석탄, 금, 희귀금속, 석유, 가스, 철, 복합광산 등을 들 수 있다.

끄라스노야르스크 변강주의 식물계는 매우 풍부하고 다양하다. 해발 100m에서 3,000m에 이르기까지 다양한 식물계가 분포되어 아름다운 광경을 만들어내고 있다. 이 지역의 전체 면적에서 45%에 이르는 면적이 숲으로 덮여있으며 그 면적은 1억 6,810만 헥타르에 달한다. 주요목재는 144억㎥로 전체 러시아의 29%에 달하는 어마어마한 양을 보유하고 있다.

끄라스노야르스크 변강주의 토양은 다른 지역과 비교하여 상대적으로 비옥하지 못한 편이다. 북쪽지역의 경우는 회백색토양, 밤색토양이 주종을 이루고 있고 단지 미누신스크지역만이 비옥한 점토질토양을 가지고 있다.

끄라스노야르스크 변강주에는 342종의 조류와 89종의 포유류가 서생하고 있다. 특히 주목할 만한 사실은 60만 두에 이르는 북쪽 사슴집단이다. 이 외 철갑상어를 포함한 30여종의 어류가 강과 바다지역에 분포되어 있다.

끄라스노야르스크 변강주의 공업발전을 촉진하는 주요한 수단으로 값싼 수력에너지를 빼놓을 수 없다. 이 지방은 수상체계가 잘 발달되어 있다. 이 지역의 모든 강들은 자연적인 운송체계를 형성하고 있으며 전체적인 강물의 양은 700㎦로 전 러시아의 20%를 초과하는 양이다. 호수의 수도 323,000개에 이르고 그 양은 러시아 전 지역의 11%를 초과한다. 에너지 잠재량이 가장 많은 지역은 에니스 지역과 안가라 지역이다. 에니스 지역은 2개의 수력발전소가 있고 안가라 지역에는 3개의 수력발전소가 있으며 4개가 더 추가 건설되고 있다.

끄라스노야르스크 변강주에는 광물자원도 풍부하다. 전체적으로 25개의 석유 및 가스매장지가 있으며 이 중 공업용석유매장량은 6억 1,800 톤, 가스는 1조 1,260억㎥, 가스응축물은 580억 톤을 초과하는 양이다. 또한 이 지역은 러시아의 주요한 금 채굴지이기도 하다. 특히 올림피아진스크 매장지는 러시아에서 두 번째로 금 보유량이 많은 곳으로 알려져 있다. 이 매장지외에도 11개의 소유모금 매장지가 더 분포되어있다. 이 외 끄라스노야르스크 변강주에는 철광석, 석탄, 납아연광, 구리, 코발트 등 풍부한 양의 광물들이 매장되어 있다.

V. 문화시스템

1. 지역정체성

1) 인구

끄라스노야르스크 변강주의 2001년도 인구수는 2,970,000명이다. 이 지방의 평균 인구밀도는 4.183/㎢명이며, 인구는 주로 남부지방의 미누신스크 분지와 시베리아횡단철도 인접 지역에 밀집되어 있다. 인구의 74% 정도가 도시에 거주하며, 인구의 59%가 경제활동 인구에 해당된다. 끄라스노야르스크 변강주도 출생률 하락과 사망률 증가로 지속적으로 인구가 감소하고 있다. 사회적인 인구변동으로, 체첸 등 전쟁지역과 타 지역으로부터 인구가 유입되고 있으나, 매우 미미해서 인구변화에 영향을 줄 정도는 아니다.

끄라스노야르스크 변강주 인구변동 추이

연도	1990	1992	1993	1994	1995	1996	1997	1998	1999	2000	2001
인구수 (1,000명)	3,081	3,096	3,095	3,078	3,060	3,050	2,951	3,027	3,012	2,988	2,970

Российский статистический ежегодник. М., 2001. С. 83.

끄라스노야르스크 변강주의 인구 자연증가율은 다른 연방 주체들과 마찬가지로 1990년대부터 지속적으로 하락하고 있다. 이 지방에서도 낮은 출생률과 높은 사망률이 인구 자연증가율 하락의 주원인으로 작용하고 있다.

끄라스노야르스크 변강주 출생자수, 사망자수, 자연증가율

연도	출생자수(명)	사망자수(명)	자연증가율(명)
1990	42,284	28,719	13,565
1992	33,510	33,038	472
1993	29,386	40,342	-10,956
1994	31,225	45,742	-14,517
1995	29,760	42,691	-12,931
1996	28,554	40,474	-11,920
1997	27,271	38,745	-11,474
1998	28,267	39,830	-11,563

1999	26,469	42,316	-15,847
2000	27,409	43,804	-16,395

Россий ский статистический ежегодник. М., 2001. С. 120.

끄라스노야르스크 변강주는 값싼 전기에너지와 풍부한 자원을 이용한 철, 비철금속 야금 및 가공업, 목재가공업, 화학공업 등이 산업의 주종을 이룬다. 끄라스노야르스크 변강주는 공업 생산량 면에서 연방 주체들 가운데 항상 10위권을 유지하고 있다. 그러나 이 부문의 낙후된 산업구조와 중앙과 지방 간의 생산물 분배구조에서 기인하는 부작용으로 실업률은 1990년대 들어 지속적으로 증가하고 있으며, 2000년도 이후에 약간 호전되는 경향을 보인다.

끄라스노야르스크 변강주 경제활동인구(취업자, 실업자), 실업률

연도	경제활동인구 (1,000명)	취업자수 (1,000명)	실업자수 (1,000명)	실업률(%)
1992	1,597	1,526	71	4.4
1993	1,518	1,436	82	5.4
1994	1,588	1,429	129	8.3
1995	1,557	1,417	140	9.0
1996	1,544	1,419	126	8.1
1997*	1,516	1,311	204.6	13.5
1998	1,541	1,285	254	16.5
1999	1,540	1,319	219	14.2
2000	1,518	1,335	182.7	12.0

* 1996년까지의 수치는 따이미르 자치구와 에벤크 자치구의 수치가 포함된 것이며, 1997년도 이후의 수치는 포함되지 않은 끄라스노야르스크 변강주만의 통계이다.

Россий ский статистический ежегодник. М., 2001. С. 139.

2) 민족

끄라스노야르스크 변강주에는 110여 민족이 거주한다. 주요 민족 구성을 보면, 러시아인 87.6%, 우끄라이나인 3.5%, 따따르인 1.6%, 독일인 1.4%, 벨라루스인 1%, 추바슈인 0.8%, 북방인 0.5%, 모르드바인 0.4%, 아제르바이잔인 0.2%, 마리인 0.2%, 하까스인 0.2%, 레트인 0.2%, 에스또니아인 0.2% 등이다.

3) 교육

끄라스노야르스크 변강주의 대학 교육 기관으로는 끄라스노야르스크 국립대학교, 끄라스노야르스크 국립 공과대학교, 끄라스노야르스크 사범대학교 등 14개 대학이 있으며, 대학생 숫자는 60,000명 이상이다. 연구기관으로는 러시아 과학아카데미 시베리아지부 끄라스노야르스크 과학센터 소속의 화학 및 화학기술연구소를 비롯한 20여개 연구소가 운영되고 있다.

이 지역의 중등학교는 1,580개이며, 200개 이상의 보충교육시설이 설치되어 있고, 학생 총수는 420,000명이다.

2. 지역문화

1) 문화개괄

끄라스노야르스크는 러시아 시베리아 지역의 동쪽에 위치해있다. 끄라스노야르스크 지역은 북극해에서 시베리아 남쪽 산맥지역까지 뻗어있으며 그 길이는 3,000 km에 달한다. 전체영역은 234만 제곱킬로미터로 러시아영토의 13.6% 에 달한다.

이 지역의 기후는 스텝지대와 침엽수림 지대, 툰드라 그리고 사막지역이다. 이 지역에는 342종의 새와 89종의 동물이 서식하고 있다.

89종의 동물 중 흰곰, 해마는 북극해 해안지역에 서식하고 있으며, 여러 종의 조류와 불곰, 사슴, 검은담비, 다람쥐는 침엽수림 지대에서 발견된다.

끄라스노야르스크의 강과 호수에는 철갑상어 외에 30여 종이 넘는 어류가 서식하고 있다. 더불어 끄라스노야르스크 지역은 러시아에서 원료가 풍부한 지역의 하나로, 가장 중요한 천연자원 중 하나인 석유와 가스, 목재, 철광석, 금 등과 여러 비철금속 자원 등이 매장되어 있다. 끄라스노야르스크는 1822년에 예니세이주의 도시로 설립되었으며 1934년에 변강주로 승격된 후 행정중심지로 발전하였다.

1735년 우편물 수송 도로의 확장 건설은 시베리아의 주요한 도시로서 끄라스노야르스크의 성장을 한층 더 촉진하였다. 그 후 1890년 시베리아 횡단철도가 건설되면서 인구 93만인 시베리아의 신흥도시로서 면모를 갖추게 되었다. 끄라스노야르스크의 산업성장은 제2차 세계대전동안 모스크바에서 많은 공장들이 이전하며 이루어졌고, 1960년에 세계에서 가장 큰 수력발전소(600만 kw 발전)인 끄라스노야르스크 수력발전소가 예니세이 강의 급류를 막고 건설되었다. 150여개 이상의 제조업체가 이 도시에 건설되었다.

끄라스노야르스크에는 50여개의 대학연구기관과 47개의 연구개발연구소, 12개의 고등연구기관, 35개의 전문대학, 138개의 공립학교들이 활발한 연구활동을 진행하고 있어 과학 도시로서의 면모도 갖추고 있다. 이외에도 8개의 극장, 5개의 박물관, 100여 곳의 도서관, 67여개의 클럽이 도시에 건립되어 시민들에게 다양한 문화공간을 제공하고 있다.

2) 문화시설

수리꼬프 예술박물관

수리꼬프 예술박물관

현재 끄라스노야르스크에 남아있는 몇 안 되는 목조주택으로, 「귀부인 마로조프」와 「경기병 처형의 아침」으로 유명한 러시아 코자크 화가 바실리 수리꼬프가 뻬쩨르부르크로 유학하기 전까지, 태어나고 자란 집이다. 1948년에 그의 탄생 100주년을 기념하기 위해 박물관으로 만들었다. 이곳에는 그의 유품들과 작품 84점이 전시되어 있다. 수리꼬프 미술관은 러시아 미술 및 현대미술, 그래픽, 조각, 장식예술 등 7,000점 이상의 예술품이 전시된 미술관으로 이곳의 미술품들은 프랑스, 독일, 필란드 등 다른 도시들에서 순회전시회를 통해 전시되고 있다.

끄라스노야르스크 지지 박물관

끄라스노야르스크 지지 박물관

1889년에 설립된 이 박물관은 시베리아에서 지역·민족학 자료를 가장 많이 보유한 박물관의 하나로, 2만 8천점 이상의 유물이 전시되어 있으며 그 총면적은 3,373 평방미터에 이른다.

시베리아 선사시대의 원시유물부터 구석기, 신석기시대에 이르기까지의 도구들과 박제동물, 광물질과 옛 시베리아인의 의복과 생활용품 등 여러 가지 볼거리가 전시되어 있다.

파라스케바 예배당

가차강 가까이에 가라울리 산꼭대기에 세워진 이 예배당은 시민들에게 끄라스노야르스크의 심벌로 인식되어져 있는 곳이다. 1804년에 상인 노비고프는 급류의 소용돌이에서 그를 구한 나무로 예배당을 건축하였으며, 1852~1855년 건축가 알피프와 나발로프는 석조로 다시 재건하였다. 라디오 발명가인 알렉산드르 포포프가 여기서 일식을 관찰하였으며 1980년 이후 연방정부 기념물로 선정되었으며, 끄라스노야르스크의 건축술과 역사를 다룬 기념물이기도 하다.

스똘비 국립공원

끄라스노야르스크 댐으로부터 그리 멀지 않은 곳에 위치한 스똘비 국립공원은 그 크기가 47,000 헥타르에 이르며 그 중 1,500헥타르 정도가 관광객들에게 공개되어 있다. 특이한 자연 화강암 기념비들을 볼 수 있으며, 그 중 일부는 100m이상에 달한다. 무한한 침엽수림과 길을 따라 끝없이 펼쳐져 있는 타이가 숲을 볼 수 있으며, 깨끗하고 신선한 공기와 수정처럼 맑은 강은 방문하는 이로 하여금 감탄을 자아내게 한다.

언덕길을 따라 라네띠나 곳으로 가면서 그림같이 펼쳐진 수려한 봄-여름 꽃을 바라보고 1908년 이곳에 떨어진 통구스키 운석을 보는 것도 또 다른 하나의 즐거움이다. 많은 러시아 등산객들이 이곳을 줄이어 방문하고 있으며 수려한 경관을 화폭에 담으려 화가들이 방문하고 있다.

노보씨비르스크주
Новосибирская Область

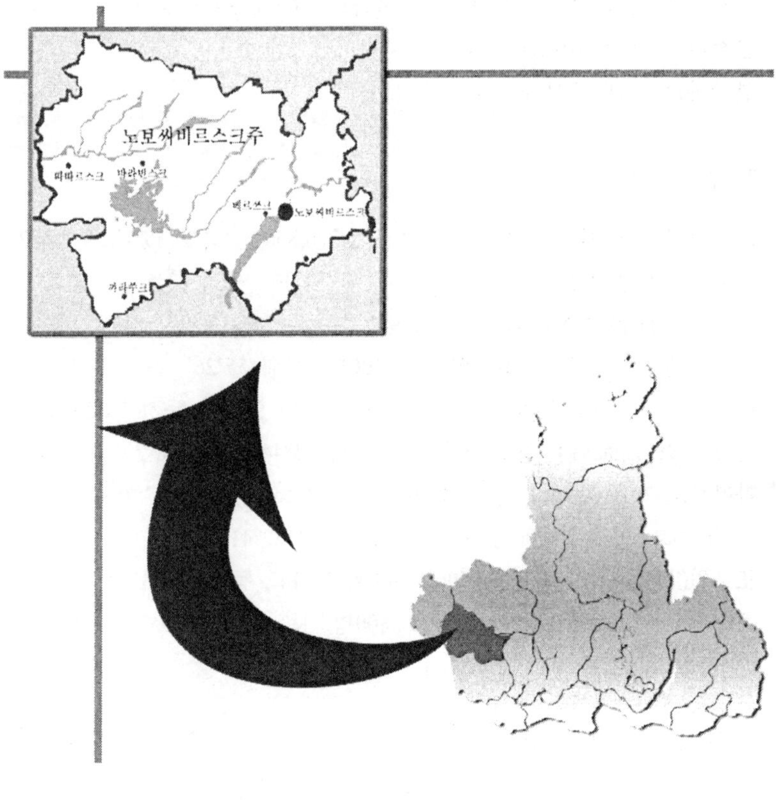

Ⅰ. 개황

1. 기초정보

주 성립일: 1937년 9월 28일.
주도: 노보씨비르스크(Новосибирск)
인구: 2,731,000명 (2001년 현재: 러시아연방 전체의 1.88%; 89개 주체 중 15위)
인구밀도: 34.92명/㎢
면적: 178,200㎢(러시아연방 전체 면적의 1.04%; 89개 주체 중 19위)
소속지구: 시베리아연방지구; 서 시베리아경제지구
한국과의 시차: -3시간

2. 주요도시

노보씨비르스크(Новосибирск): 인구 1,396,800명; 북위 55°1′, 동경 82°56′
베르쯔크(Бердск): 인구 86,300명; 북위 54°46′, 동경 83°5′
이스끼찜(Искитим): 인구 68,100명; 북위 54°38′, 동경 83°17′
꾸이비셰프(Куй бышев): 인구 51,100명; 북위 55°26′, 동경 78°18′
바라빈스크(Барабинск): 인구 36,200명; 북위 55°21′, 동경 78°20′
까라쑤크(Карасук): 인구 30,800명; 북위 53°44′, 동경 78°2′
따따르스크(Татарск): 인구 30,100명; 북위 55°14′, 동경 75°59′
오피(Обь): 인구 25,900명; 북위 55°1′, 동경 82°41′
또구친(Тогучин): 인구 23.500명; 북위 55°14′, 동경 84°23′
체레빠노보(Черепаново): 인구 22,800명; 북위 54°14′, 동경 83°22′
(인구: 2002년 현재)

3. 주요 산업 및 농업

주의 주요 산업으로 기계제작과 금속가공(전기설비, 용구제작, 금속설비), 흑색금속가공, 비철금속가공, 화학공업, 경공업, 식료품산업, 건축자재산업 등이 발달했으며, 농업부문은 곡물, 감자, 야채재배 특화산업, 낙농업, 양금, 양봉, 아마 생산업 등이 발달했다.

Ⅱ. 자연환경

1. 지리적 위치와 구성

노보씨비르스크주는 30개 행정구, 14개 시, 19개 도시형마을, 420개의 농촌마을로 구성되어 있으며, 서시베리아 평원의 남동부, 주로 오피강과 이르띠슈(Иртьш)강 사이(바라빈스크(Барабинск) 저지의 바쓔간(Васюган) 평원의 남부)에 위치한다.

노보씨비르스크주는 동쪽에 살라이르스크(Салаирск) 구릉지와 접해있으며 까자흐스딴(Казахстан), 알따이(Алтай) 변강주, 께메로보(Кемерово)주, 옴스크(Омск)주, 똠스크(Томск)주와 경계를 이룬다.

주요 하천은 오피강과 그 지류들, 이르띠쉬강(이 강은 오피강으로 흐른다) 지류인 오미, 따라강이 있고, 차니, 싸르뜰란, 우빈스꼬예 등의 많은 호수와 소택지가 있다.

수도 노보씨비르스크시와 모스크바 간의 거리는 3,191㎞이다.

2. 기후조건

대륙성 혹한 기후

1월 평균기온: -16 ~ -20℃

7월 평균기온: 18 ~ 20℃

연강수량: 300 ~ 500㎜

식물 생장 기간: 110(북부 지역) ~ 130일(남부 지역)

식생: 혼합림 지대, 삼림과 스텝의 중간 지대(남부 지역), 소택지

토양: 염분회색토, 회색삼림토, 스텝 흑토

삼림분포도: 25%

3. 주요 유용광물

석탄, 이탄, 갈탄, 원유, 가스 등이 있다.

주요 산지:

석탄: 고를로프스크 무연탄 매장지.

원유 및 가스: 주의 북서쪽에서 원유와 천연가스의 매장지가 발견되었다.

Ⅲ. 정치시스템

1. 역사

시베리아에서 최초의 러시아인 마을이 발생한 것은 17세기 말에서 18세기 초이다. 17세기 말에 시베리아 지역에서 러시아 최초의 우르땀스끼, 움레빈스끼 요새가 건설되었으며 이들 요새 부근에 러시아인 마을이 들어서기 시작했다. 최초의 마을은 오야쉬, 차우스, 이냐 강 유역에 세워졌다. 1710년경에 오늘날의 노보씨비르스크 지역에 최초의 러시아 마을인 끄리보셰꼽스까야가 발생했다. 1893년에 시베리아 관통철도(첼랴빈스크에서 블라디보스톡까지 연결)의 건설 및 오비강 철도다리 건설과 관련하여 많은 노동력이 필요했으며 이로 인해 1895년에 노보니꼴라옙스끄라고 개칭된 알렉산드롭스끄 마을이 생겼다.

1897년 봄에 오비강의 다리가 개통되었고 교통이 편리하게 되었다. 지정학적 위치와 시베리아철도의 통과, 오비강, 모스크바대로 등으로 인해 시베리아지역에서 노보니꼴라옙스끄는 교역과 경제의 중심지로서의 중요성이 증대되었다. 오비 기차역은 화물취급에 있어 시베리아지역 최대의 물동량을 취급하고 있는 역중의 하나이다. 시베리아 교역로를 활발히 이용하는 상업자본은 작은 마을들을 도시로 변화시켰다.

노보니꼴라옙스끄는 1903년 12월에 어떠한 주에도 소속되지 않은 도시가 되었다. 그후 노보니꼴라옙스끄는 똠스끄현에 소속되었다. 이미 10년간 노보니꼴라옙스끄는 시베리아의 도시 가운데 중요한 위치를 차지했다. 도시에는 전화가 개통되고 발전소가 건설되고 경마장, 인쇄소, 영화관, 극장 등이 운영되었다. 노보니꼴라옙스끄는 은행자본이 집중되는 지역이 되었다. 1906년에 도시에는 시베리아에서 최초로 은행이 설립되었으며 1915년에는 이미 15개의 상업은행과 2개의 토지은행이 문을 열었다.

노보니꼴라옙스끄 인구는 매우 빠르게 증가했다. 2월 혁명전까지 노보니꼴라옙스끄의 인구는 이미 8만 명에 달했다. 교역과 생산, 교통의 중심지로서 노보니꼴라옙스끄에는 농산물 가공공장, 발전소, 주물공장, 상품교역시장, 은행, 선박소유 기업, 7개의 정교회 사원, 여관, 영화관, 40개의 초급학교, 중학교 등이 있었다. 노보니꼴라옙스끄는 1913년에 러시아 제국 최초로 초급

의무교육을 실시했다.

1915-1917년 사이에 노보니꼴라옙스끄는 많은 발전을 이룩했다. 상점에는 상품이 가득차고 시장에는 빵, 고기, 식용유 등이 넘쳤다. 군수용품의 공급을 위해 노보니꼴라옙스끄의 상인들은 전차노선 건설을 계획했으며 도시민들은 장애인을 위한 건물건설에도 관심을 가졌다. 이러한 철도, 건물의 건축열기로 전쟁과 혁명은 노보니꼴라옙스끄 주민들의 관심을 끌지 못했다. 또한 주민들을 러시아 중심부에서 볼셰비키가 정권을 잡았다는 소식에도 별 관심을 보이지 않았다. 그러나 노보니꼴라옙스끄 지역도 정치적, 사회적 충격을 벗어나지 못했다. 1917년 12월에 노보니꼴라옙스끄에 소비에트정권이 들어섰다. 내전기간동안 노보니꼴라옙스끄의 인구는 크게 감소했다. 백군과 붉은 군대의 테러, 전쟁, 콜레라와 같은 유행병으로 수천 명이 목숨을 잃었다. 오비강의 다리들도 폭파되었다. 1921년 이후 새로운 경제정책의 실행으로 노보니꼴라옙스끄는 또다시 교역과 생산, 교통의 중심지로 변모하였으며 이곳으로 수천 명의 농민이 곡식과 식용유를 가지고 이주해왔다.

마을의 노동자들은 공장으로 돌아와 작업에 전념하기 시작했다. 도시에는 옴스끄로부터 볼셰비키 공산당 중앙위원회 시베리아지부와 시베리아위원회가 이주해 왔다. 1926년 노보니꼴라옙스끄는 노보씨비르스크로 개명했다. 이해에 시베리아지역 최초의 방송국이 개국했고 시베리아 라디오센터가 문을 열었다. 이 시기에 도시주민의 수는 10만을 헤아렸다. 도시는 외형에서 큰 변화를 보였다. 도시의 재건설로 4-5층 규모의 대규모 건물이 지어졌다.

스탈린의 산업화기간에 노보씨비르스크는 상업도시에서 시베리아의 산업 중심지로 탈바꿈했다. 노보씨비르스크에는 시브콤바인(Сибкомбай н) 같은 거대기업과 광업기계 공장, 금속가공 공장, 경공산품 공장, 식료품 공장, 열공급 발전소 등이 건설되었다. 1928년에 모스크바-노보씨비르스크-끄라스노야르스끄 항공편이 열렸으며 이후 이 노선은 베를린-모스크바-북경으로 확장된 노선의 일부가 되었다. 도시에는 오페라단과 국영출판사 등이 문을 열었다. 1930년대에는 8개의 고등전문학교와 약 10개의 기술전문대학이 있었다. 우랄-꾸즈네츠끄 산업단지 건설과 연관되어 노보씨비르스크에는 각종 연구소와 실험실이 세워졌다. 1931년 도시 중앙광장에 시베리아 대극장건설이 시작되었으며 이 극장은 1945년 5월 12일에 완공되었다. 노보씨비르스크에는

1932-1933년 기아사태 발생기간 동안 17만 명 이상의 이주민들이 들어왔다.

2차 세계대전 기간 중 노보씨비르스크에는 50개의 산업시설이 소개되어 들어왔으며 이들 중에는 끄라마또르 중기계 공장, 자뽀로쥐스딸, 보로네쥐에서 온 세스뜨레쯔끼 기계공장과 엘렉뜨로시그날 공장, 끄라스노다르 선반공장이 있었다. 노보씨비르스크는 약 14만 명 이상의 난민들의 피난처 역할을 하였다. 오래된 산업공장들이 각 지역으로 흩어지고 재건축되기도 했다. 차깔로프 기념 노보씨비르스크 비행기공장은 전쟁기간동안 야크-3, 야크-4, 야크-9 전투기를 생산했고 대규모공장으로 발전했다. 노보씨비르스크에서는 소개되어온 푸쉬킨 기념 레닌그라드 극장과 중앙어린이 극장이 운영되었고 소련 아카데미 서시베리아 지부가 조직되었다. 1941-1945년에 26개의 병원이 설립되었고 여기서 11만 2천명 이상의 군인이 치료를 받았다. 전쟁을 피해 소개되어온 산업시설을 기반으로 꾸즈민 기념 금속공장, 예프레모프 기념 발전기공장, 화학공장 등이 건설되어 새로운 거대산업지역으로 자리 잡았다.

노보씨비르스크는 시베리아의 주요 교통중심지로서의 역할이 증대되었다, 도시 안에는 7개의 화물역사가 있고 대규모의 화물을 처리할 수 있는 러시아 동부지역에서 가장 큰 인스까야 소르찌로보치나야 역이 있다. 1955년 오비강에 다리를 건설한 계기로 노보씨비르스크에는 통합된 도시건설을 할 수 있게 되었다. 산업시설에 대한 건설과 주거용 건물에 대한 건축이 시작되었다. 많은 건물들이 들어섬에 따라 자연환경이 바뀌게 되었다. 1950년대 중반에 도시근교에 오비강을 이용한 40만 킬로와트급의 수력발전소가 운영되었다. 1956-1957년에 지역주민을 위한 새로운 공항이 건설되었다. 1958년 도시교외에 전기기차가 운행되었다. 또한 이 해에 지역 텔레비전방송이 시작되었고 새로운 신문인 '영원한 노보씨비르스끄'가 간행되었다.

도시에는 새로운 학교, 극장이 문을 열었고 심포니오케스트라가 조직되었다. 1957년 오비강 연안에 소연방 과학아카데미 시베리아지부가 대규모 학문센타 건설을 시작했으며 이는 아카젬고로도크(Академгородок: 학술 소도시)라고도 불린다. 여기에는 14개의 연구단지와 대학, 주거용 건물, 공공건물, 상업센터 등이 있다. 정부의 계속적인 지원에 힘입어 연구능력의 강화로 세계적으로 정평이 난 시베리아학파를 만들어내는데 성공했다. 노보씨비르스크는 시베리아지역의 학문과 기술잠재력의 1/3이 집중되어 있는 대규모 학문중심지로 변화했다. 1992년 아카데미고로드에는 35개의 학술연구기관과 5개의 건축연구소가 있다. 노보씨비르스크는 똠스끄, 이르꾸츠끄에 이어 세 번째로 큰 대학도시이다. 1960-1963년에 도시근교에 똘마체보 공항이 건설되었다. 1960년대 초에는 도시주민이 약 1백만 명에 달했다. 최근까지도 도시에 새로운 건물들이 세워졌으며 이중에는 의학아카데미센터와 농업아카데미가 있다. 1969년에는 시베리아에 농업센터가 설립되기도 하였다.

1970년부터 연구소와 주거시설 건축이 시작되었다. 1970년 노보씨비르스크에 세 번째로 시베리아 아카데미센터가 설립되었으며 1979년부터는 의학아카데미 시베리아지부가 설립되었다. 1992년에 노보씨비르스크 학문센터는 9개의 학문-연구기관과 사회건설관련 각종 사무소와 관청이 들어섰다.

1971-1978년에 두 번째의 오비-디미뜨롭스끼 강 사이에 자동차 전용다리가 건설되었다. 1979년 시베리아지역 최초로 지하철 건설이 시작되었고 1985년 12월에 개통되었다. 1982년 노보씨비르스크 인구는 140만 명에 달했다.

노보씨비르스크는 1990년대에 러시아 거대도시중의 하나였으며 학문의 중심지로서 서유럽과 동아시아간의 화물운송의 요충지였다. 1993년에 노보씨비르스크는 러시아 아시아지역의 거대도시로 설립 100주년을 기념했다. 1990년대 후반 노보씨비르스크에는 사회적, 정치적, 경제적인 변화가 있었고 이는 주민들의 생활에 많은 변화를 주었다. 노보씨비르스크의 경제적인 변화는 쟁기생산으로부터 트랙터와 위성까지 생산하는 높은 경제달성을 이룩했다.

2. 정치

1)정치일반

노보씨비르스크주의 최고 집행권력기관은 주지사를 수장으로 하나는 주행정부이다. 러시아연방의 헌법에 기반하여 1996년 3월 6일 주대표자회의에서 주헌장을 채택했다. 무하(В. П. Муха)가 주지사로 근무했으나, 2000년 1월 9일 선거에서 똘로꼰스끼(В. А. Толоконский)가 새로운 주지사로 당선되었다. 똘로꼰스끼는 선거전에는 노보씨비르스크 시장으로 일했다.

노보씨비르스크주의 대의 및 입법기관은 주대표자회의이다. 주대표자회의는 1994년 3월 27일 선거에 의해 구성되면서 1기 활동을 했다. 1996년 12월

8일 다시 선거가 치러졌고 48명의 대의원이 당선되어 활동했다. 제1기 대의원 소비에트의 의장은 시체프(А. П. Сычев)였다. 제2기 대의원 선거는 1997년 12월 21일 실시되었다. 제2기 주대표자회의의 의장은 레오노프(В. В. Леонов)이다. 의장을 중심으로 입법활동을 추진하고 있는, 주대표자회의에는 7개의 위원회가 설치, 운영되고 있다.

2)선거

(1) 노보씨비르스크주 지사 선거

1999년 12월 19일 러시아연방 국가두마의원 선거와 함께 주지사 선거가 실시되었다. 주지사 선거에서 8명이 입후보했으며, 어느 후보도 유효 득표수를 획득하지 못했다. 따라서 2000년 1월 9일 결선투표가 실시되었다. 결선투표에서는 똘로꼰스끼와 스따리꼬프(И. Стариков)가 경쟁했다. 투표결과, 똘로꼰스끼가 경쟁자보다 2%를 초과 득표하여 주지사로 당선되었다.

(2) 노보씨비르스크 시장 선거

러시아연방 대통령선거와 함께 노보씨비르스크 시장선거가 실시되었다. 이 선거에서는 지역 유권자의 압도적 다수인 52.69%를 득표한 고로제쯔끼(В. Городецкий)가 당선되었다.

(3) 러시아연방 국가두마의원 선거

1999년 12월 19일 러시아연방 국가두마의원 선거가 실시되었다. 노보씨비르스크주는 4개의 선거구가 있다. 이 선거구들에서 50명의 후보들이 경쟁했다. 투표결과 각 선거구에서 당선된 국가두마의원들은 다음과 같다.

선거구	당선자/득표율	득표율(%)
바라빈스끄 선거구	하리또노프(Харитонов Н.М.)	53.32
자봇스끄 선거구	스뜨렐첸꼬(Стрельченко Г.И.)	15.70
자옐쪼프 선거구	까렐린(Карелин А.А.)	25.16
이스끼찜스끄 선거구	쉬베쯔(Швец Л.Н.)	28.70

정당별 투표에서 주요정당들은 다음과 같은 득표율을 보였다.

정당	득표율(%)
러시아공산당	28.28
단결(메드베드)	20.38
야블로꼬	9.82
우파연합	9.51
지리놉스끼 블록	6.81
조국-전러시아	5.83

(4) 러시아연방 대통령 선거

2000년 3월 26일 실시된 러시아연방 대통령선거에서 유권자들이 개별 후보에게 보여준 지지율은 다음과 같다.

후보	득표율(%)
뿌친	40.14
쥬가노프	39.07
야블린스끼	7.08
지리놉스끼	3.49
뚤레예프	5.29
빰필로바	0.85
찌또프	0.32
고보루힌	0.31
스꾸라또프	0.32
뽀드베료스낀	0.10
드좌브라일로프	0.05
모든 후보에 대한 반대	1.52

Ⅳ. 경제 시스템

1. 경제개황

노보씨비르스크주는 7개의 연방지구 중 시베리아연방지구에 속하고 12개의 러시아 경제지역 중 서시베리아 경제지역에 속한다. 이 지역은 역사적으로 보면 최근 100년 간 급속히 성장한 지역이며 우랄의 후면에 위치한 대규모 공업중심지이다.

이 지역으로 러시아연방의 철도와 육상교통의 주요 간선이 횡단하고 있고 또 수상운송체계도 발달되어 있어 북쪽으로 화물운송을 가능하게 한다. 이것은 석유관련 산업을 지속적으로 수행할 수 있는 인프라를 마련해주고 있다. 또한 국제공항인 똘마체보(Толмачево)가 있어 대외경제관계의 영역을 확장하는 토대가 되고 있다.

이에 힘입어 현재 독일, 미국, 프랑스, 일본, 오스트리아, 영국, 인도네시아, 벨기에, 중국 등과 활발한 교류관계를 맺고 있다. 특히 노보씨비르스크시는 국제교역 부문에서 러시아 전체의 3위를 차지하는 도시이다.

노보씨비르스크주의 전체지표인 지역총생산은 러시아대비 1.4%의 규모를 차지하고 있다. 구체적으로 이 지역의 총생산량의 변화추이와 1인당 지역총생산을 살펴보면 다음과 같다.

노보씨비르스크주 지역총생산액 추이

항목 \ 년도	1996	1997	1998	1999
지역총생산	31,867	36,640	35,734	58,302
1인당 지역총생산	11,600	13,335	12,992	21,218
지역총생산 지수		94.6	94.8	104.7

http://www.infostat.ru/epub.htm (검색일: 2003.1.10)

노보씨비르스크주의 기업부문의 지표에 있어 총 기업수와 소 기업수 그리고 공업관련 기업수를 연도별 추이로 살펴보면 다음과 같다.

기업수 추이

항목 \ 년도	1997	1998	1999	2000
총기업수(연말)	59,474	64,169	70,216	78,100
소기업수(연말)	17,398	20,402	21,522	23,725
활동기업수	2,863	3,119	3,197	3,158

http://www.infostat.ru/epub.htm (검색일: 2003.1.10)

노보씨비르스크주는 대외무역의 주요한 역할을 차지하는 지역으로 국내 기업뿐만 아니라 외국의 기업들의 활동도 활발하다. 그 예로 외국의 주요회사들의 지점과 연락사무소가 있으며 각종 운수회사, 여행회사, 보험회사를 비롯하여 시베리아 국제은행간 화폐사무실 등이 있다.

2. 산업

1) 공업

노보씨비르스크주의 공업은 전기 동력기, 흑색 및 금속가공, 기계제작, 건축업, 동력, 화학, 의료, 삼림, 목재가공, 종이, 경공업과 식품공업 등으로 이루어져 있다. 주로 이 지역의 기업들은(약 98%) 각 부문의 가공분야에 종사하고 있다.

노보씨비르스크주의 총 공업생산량은 1999년과 2000년에 각각 246억 9,900 루블과 364억 8,700 루블로 아주 가파른 상승세를 나타내고 있다. 노보씨비르스크주의 공업을 전반적으로 이해하기 위해 이 지역의 총 공업생산량과 공업생산지수를 연도별 추이로 보면 다음과 같다.

총 공업생산량 추이

항목 \ 년도	1997	1998	1999	2000
총 공업생산량	16,042	15,730	24,699	36,487
공업생산 지수	90	91	109	108

http://www.infostat.ru/epub.htm (검색일: 2003.1.10)

노보씨비르스크주의 공업은 대부분의 무게중심이 기계제작과 금속가공, 식품산업에 있다. 구체적으로 부문별로 살펴보면 다음과 같다.

주요 공업생산부문별 생산비율

생산부문	노보씨비르스크주 총공업생산 비율
전기전력	13.1%
연료공업	0.7%
철강업	1.1%
비철금속	14.3%
화학·석유화학	5.0%
기계제작·금속가공	26.1%
목재가공, 종이·펄프	2.9%
건재공업	5.7%
경공업	2.5%
식품공업	22.7%
기타	5.3%

http://www.infostat.ru/epub.htm (검색일: 2003.1.10)

노보씨비르스크주의 공업생산품들은 해외시장으로 활발히 수출되고 있으며 그 비중은 점점 확대되고 있다. 주요 수출품은 흑색금속 및 가공품, 기계제작품, 목재 및 목재가공품 등이며 수입품으로는 의류, TV수신기, 각종 생활가전, 사진 및 영화제작의 도구, 식품과 가구 등이다.

2) 농업

노보씨비르스크주의 농업은 국민경제부문에서 현저히 많은 비중을 차지하고 있다. 가장 주요한 농업생산품으로 각종 곡류, 감자, 채소, 아마, 우유, 계란, 모, 황소고기, 돼지, 양, 조류 등이 있다. 또한 그렇게 크지 않은 범위에서 양마가 이루어지고 있으며 가축사육과 양어도 병행되고 있다.

농업부문의 발달은 지역의 식품수요를 충분히 충족시켜주고 있다. 구체적으로 이 지역에서는 고기, 고기가공품, 각종 소시지식품, 우유, 동물성 및 식물성유지, 빵, 과자 등의 생산이 활발히 이루어지고 있다.

노보씨비르스크주의 농업전반을 보기위해 총 농업생산량과, 총 농업생산액 중 작물관련 생산액, 총 농업생산액 중 가축관련 생산액을 연도별 추이로 살펴보면 다음과 같다.

농업생산량 추이

항목 \ 년도	1997	1998	1999	2000
총농업생산액	7,017.7	7,253.6	15,055.9	21,678.0
작물관련 생산액	3,533.6	3,341.3	8,398.0	13,795.3
가축관련 생산액	3,464.1	3,912.3	6,657.9	7,882.7
농업생산 지수	104	83	106	134

http://www.infostat.ru/epub.htm (검색일: 2003.1.10)

노보씨비르스크주의 농경지는 전 면적에 전개되어 있다. 총 파종면적을 보면 2000년을 기준으로 2,718,800 헥타르이다. 이 중에 농업기업에 의해 이루어지는 면적은 2,503,100 헥타르이다. 농업기업의 위치는 그 지역의 자연환경과 기후적 여건에 의해서 많은 부분 좌우된다. 특히 곡물 생산부문에서는 이러한 현상이 더욱 강하게 나타난다.

전체적으로 노보씨비르스크주에서 파종되는 작물 종류를 보면 곡물이 64.1%, 사료용 작물재배가 32.2%로 대부분을 차지하고 있다. 그 외 특용작물이 1.2%, 감자와 채소가 2.5%에 해당한다.

노보씨비르스크주의 농업생산에 있어 2000년의 주요 물품의 생산량은 다음과 같다.

곡물-2,661,600 톤; 감자 814,200 톤; 채소 388,100 톤; 가축과 가금류 (도살 후 무게) 107,800 톤; 우유 920,700 톤 등이다.

노보씨비르스크주의 가축사육 부문을 살펴보면 2000년 말 기준으로 사육되는 소는 875,300 두이며 그 중 암소는 376,500 마리이다. 그리고 돼지의 수도 389,300 마리에 이르고 있으며 기타 가금류 가공공장도 활동하고 있다.

3. 자원 등 기타

끄라스노야르스크 변강주는 유용광물자원이 적다. 단지 20여종의 광물들이 조사되어 있고 공업용으로 전체가 사용되고 있지는 않다. 그러나 끄라스노야르스크 변강주의 전 지역에서 많은 양의 점토를 발견할 수 있다. 북쪽지역에는 많은 양의 이탄이 매장되어 있고 석유와 가스가 매장된 작은 매장지도 있다. 동부지역의 경우는 건축자재가 매장된 지역이 많다. 또한 살라이르스크지역에도 작은 금매장지가 있다.

끄라스노야르스크 변강주의 토양은 매우 다양하다. 농경용의 토지는 점토질이 우세하고 있고 전 면적의 절반 정도가 점토질이다.

끄라스노야르스크 변강주에는 1,200여 종의 야생식물이 분포하고 있다. 삼림이 차지하는 면적은 전체면적의 20%에 해당한다. 가장 일반적인 나무들은 자작나무, 소나무, 사시나무들이다. 또한 이 지역에는 고추나물과에 해당하는 식물을 포함하여 약용식물들이 많이 분포되어 있다.

수자원을 보면 끄라스노야르스크 변강주에는 전체적으로 430여 개의 강이 있으며 그 중에 큰 강이 오비강이다. 오비강에서부터 대규모 인공호수인 '오비바다' 가 만들어졌다. 이 외 큰 규모의 많은 호수들이 있기 때문에 끄라스노야르스크 변강주는 '호수의 지역'이라고 불리고 있다.

동물자원의 면에서 볼 때 끄라스노야르스크 변강주는 그 지리적 특성상 북부타이거지역에서 만날 수 있는 동물들인 북쪽사슴, 흑담비 뿐만 아니라 주로 남부지역에서 서생하는 펠리컨과 같은 다양한 동물들을 만날 수 있다. 이 외 수 천종의 곤충들이 있다.

끄라스노야르스크 변강주는 강과 호수 및 늪지대에 35종의 어류가 서생하고 있다. 가장 큰 종류의 어류인 시베리아 철갑상어를 비롯하여 시베리아연어, 모캐 등이 있으며 가장 보편적인 어류는 숭어, 쥐노래미, 붕어 등이다.

V. 문화시스템

1. 지역정체성

1) 인구

노보씨비르스크주의 2001년 현재 인구수는 2,731,000명이다. 전체 인구수의 변동 측면에서 노보씨비르스크주는 다른 연방 주체들과는 달리 변동 폭이 아주 작은 안정적인 구조를 보인다. 그러나 아래 표에서 볼 수 있듯이, 출생률 감소와 사망률 증가에 따른 인구의 자연증가율은 지속적인 마이너스 성장을 보이고 있다. 인구의 사회적 이동면에서 인구 유입이 유출보다 많은 상태를 보여, 전체 인구 감소폭을 줄여주고 있다. 예를 들어, 1996년에 유입 인구 비는 1천 명당 33.3명, 유출 인구 비는 1천 명당 27.3명이었으며, 1998년에는 7,000명이 유입되는 등 1998년까지의 이주자 수는 40,000명 이었다.

노보씨비르스크주 인구변동 추이

연도	1990	1992	1993	1994	1995	1996	1997	1998	1999	2000	2001
인구수 (1,000명)	2,741	2,755	2,755	2,744	2,745	2,745	2,743	2,746	2,748	2,740	2,731

Российский статистический ежегодник. М., 2001. С. 83.

노보씨비르스크주의 인구 자연증가율은 대부분의 다른 연방 주체들과 마찬가지로, 1990년대 들어서부터 지속적인 마이너스 성장을 보인다.

노보씨비르스크주 출생자수, 사망자수, 자연증가율

연도	출생자수(명)	사망자수(명)	자연증가율(명)
1990	36,116	29,558	3,244
1992	28,516	31,872	-3,356
1993	24,268	39,371	-15,103
1994	24,042	43,210	-19,168
1995	23,486	38,756	-15,270
1996	22,824	37,833	-15,009

1997	22,785	36,118	-13,333
1998	22,564	35,147	-12,583
1999	21,688	37,165	-15,477
2000	23,138	38,528	-15,384

Россий ский статистический ежегодник. М., 2001. С. 121.

다른 연방 주체들에서와 마찬가지로, 노보씨비르스크주의 실업률도 1990년대 들어 지속적으로 상승하고 있다. 이는 주로 러시아의 경제위기 이후 공업부문에서의 파산으로 인한 사업장 폐쇄, 근로 인원 감축 등에서 비롯된다. 노보씨비르스크주에서 1998년 한 해 동안 산업부문 기업에서 해고된 근로자만도 9,835명에 달한다. 이러한 실업률 증가는 주 전 지역에서 나타나는 현상이며, 낮은 임금과 장기적인 임금 체불도 실업률 상승의 한 원인이 되고 있다.

노보씨비르스크주 경제활동인구(취업자, 실업자), 실업률

연도	경제활동인구 (1,000명)	취업자수 (1,000명)	실업자수 (1,000명)	실업률(%)
1992	1,434	1,352	82	5.7
1993	1,392	1,299	64	6.7
1994	1,340	1,231	109	8.1
1995	1,333	1,199	134	10.1
1996	1,304	1,187	116	8.9
1997	1,251	1,118	133	10.7
1998	1,294	1,119	175	13.5
1999	1,381	1,180	200	14.5
2000	1,380	1,195	18.4	13.4

Россий ский статистический ежегодник. М., 2001. С. 139.

2) 민족

노보씨비르스크주에는 90여 민족이 거주한다. 주요 민족 구성을 보면, 러시아인 92%, 독일인 2.2%, 우끄라이나인 1.8%, 따따르인 1.1%, 벨라루스인 0.5%, 까자크인 0.4%, 유태인 0.3%, 추바슈인 0.2%, 모르드바인 0.2%, 아제르바이잔인 0.1% 등이다.

3) 교육

노보씨비르스크주에는 러시아 과학아카데미 시베리아지부, 러시아 의학아카데미 시베리아지부, 러시아 농학아카데미 시베리아 지부가 위치하고 있어 노보씨비르스크에 시베리아 전체 과학 잠재력의 절반 이상이 집중되어 있다고 할 수 있다. 러시아 과학아카데미 시베리아지부 노보씨비르스크 과학센터 산하에는 수학연구소, 이론 및 응용 공학 연구소, 핵물리학 연구소 등과 지질, 지구물리학, 광물학 통합 연구소 등 7개의 통합연구소가 있고, 시베리아 중앙 식물원과 40여개의 독립 연구소가 있다. 러시아 농학아카데미 시베리아지부에는 농경제 연구소를 비롯하여 13개의 연구조직이 소속되어 있다. 또한 러시아 의학아카데미 시베리아지부에는 생리학 연구소를 비롯한 7개의 연구소가 운영되고 있다. 러시아 과학아카데미 시베리아지부의 연구 인력은 시베리아 전체 아카데미 연구 인력의 61.3%인 24,768명에 달한다.

노보씨비르스크의 대학교육기관은 노보씨비르스크 국립대학, 노보씨비르스크 국립 공과대학, 노보씨비르스크 국립 경제/경영 아카데미, 시베리아 국립 철도대학 등 37개에 달한다. 주요 중등 전문학교로는 시베리아 비즈니스 칼리지, 고급 정보학 칼리지, 노보씨비르스크 항공우주 칼리지 등 8개가 운영되고 있다.

2. 지역문화

1) 문화개괄

노보씨비르스크는 1893년에 개설된 시베리아 철도의 오비강 철교 공사와 함께 개발이 진행된 도시이다.

1917년의 혁명 이후에는 현대적인 공업도시로 급속한 발전을 이루었다. 오비강 호반에는 과학 연구 도시 아카젬고로도크가 건설되었고 시베리아의 과학과 문화의 중심지가 되었다. 시내에 있는 집들은 구소련 시절의 현대적 건축 기술과 시베리아의 서정성을 절충시킨 모습이라고 할 수 있다.

건물들은 참신한 디자인으로 지은 것이 많으며 규모도 상당히 크다. 이 지역은 역사는 오래 되지 않았지만 여러 가지로 관광객의 흥미를 끄는 것들이 많이 있다. 노보씨비르스크의 중심지는 오비강의 오른쪽에 위치한다. 역에서 주요 광장으로 통하는 주 거리에는 극장이나 영화관, 식료품점, 서점 등이 즐비하다.

주 광장을 가로지르는 폭이 70미터나 되는 '붉은 대로'에는 박물관과 미술관, 시청사 등이 줄지어 있다. 레닌 광장에는 지하철로 연결하는 입구가 있다. 노보씨비르스크의 지하철은 모스크바처럼 복잡하지 않기 때문에 길을 잃을 염려는 없다. '붉은 대로' 주변은 관청가로 낮에는 약간 가라앉은 분위기지만 밤에는 극장이나 영화관, 상점으로 가는 많은 사람들 때문에 꽤나 떠들썩하다.

노보씨비르스크에서는 국립 오페라-발레 극장에 반드시 가보는 것이 좋다. 과학도시 아카젬고로도크로 가려면 시내중심에서 30킬로 정도 가야한다. 이곳은 1958년에 건설되어 지금은 많은 주민들이 살고 있으며 또 이곳에는 러시아 과학 아카데미 시베리아 지부가 설립되어있다.

2. 문화시설

주 지지 박물관

주 지지 박물관의 전경

오비강을 향하여 '붉은 대로'를 걷다보면 스베르들로프 거리와 마주치는데 바로 그 왼쪽에 있는 박물관이다. 박물관에는 시베리아의 개척과 시베리아로의 이주, 시베리아의 산업, 농업 등에 대한 많은 자료가 있고 시베리아 철도 건설에 동원된 죄수들의 수갑 등도 전시되어 있다.

국립 오페라 발레 극장

이 극장은 주 광장 뒤쪽에 서 있는 은색 건물로 1945년에 완성되었다. 시베리아의 볼쇼이 극장이라 불리며 전속 발레단은 높이 평가 받고 있다. 내부장식은 정성스럽게 조각되어 있고 장엄한 분위기를 연출한다. 밤 공연의 중심지로 저녁에는 많은 사람들이 모여드는 곳이다.

미술 박물관

미술관은 러시아의 저명한 화가인 니꼴라이 료리흐가 시에 기증한 60점의 회화를 시작으로 해서 오래된 시베리아 이콘 등을 전시하고 있다. 또 국립과

학도서관은 소장하고 있는 책의 수가 500만 점 이상이다. 러시아에서 처음 인쇄된 뾰뜨르의 책 등이 전시되고 있다. 향토박물관은 노보씨비르스크 역 근처에 있는 박물관이다. 철도건설에 관계된 사람들의 당시 모습, 건설 전의 노보니콜라에프스크라고 불리었던 당시의 생활이 소개되고 있다. 시베리아의 동식물의 표본도 많이 있다.

따이미르 자치구
Тай мырский Автономный Округ

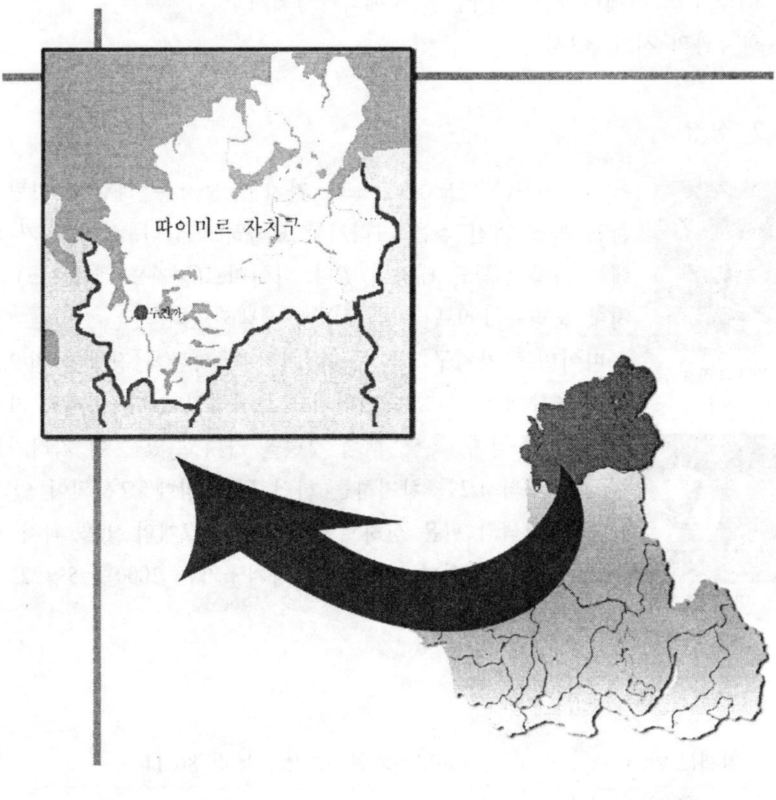

Ⅰ. 개황

1. 기초정보

수도: 두진까(Дудинка)
인구: 44,000명 (2001년 현재: 러시아연방 전체의 0.03%; 89개 주체 중 87위)
인구밀도: 0.051명/㎢
면적: 862,100㎢(러시아연방 전체 면적의 5.05%; 89개 주체 중 2위)
소속지구: 시베리아연방지구; 동 시베리아경제지구
한국과의 시차: +2시간

2. 상징

따이미르 자치구 문장

따이미르(돌가노-네네쯔크) 자치구 문장은 파란색 바탕에 붉은 목을 가진 검은 기러기를 묘사하고 있다. 이 기러기 위에는 하얗고 둥근 태양이 있다. 따이미르(돌가노-네네쯔크) 자치구 문장은 1998년 5월 25일에 채택되었다.

따이미르 자치구기는 문장에서처럼, 파란색 장방형 천(2:3)에 자유롭게 날고 있는 기러기를 묘사하고 있다. 머리와 가슴에 적색, 흑색, 백색 깃털을 가지고 있는 이 기러기는 기의 1/2를 차지하는 하얀 원 중앙에 묘사되어 있다. 백색의 원은 상하로 2개, 좌우로 2개의 빛을 각각 발산하고 있다. 따이미르 자치구기는 2000년 5월 23일에 채택되었다.

따이미르 자치구기

3. 주요도시

두진까(Дудинка): 인구 25,300명; 북위 69°25′, 동경 86°11′
(인구: 2002년 현재)

4. 주요 산업 및 농업

자치구의 주요 산업으로 광산업, 어업 등이 발달했으며, 농업부문은 사슴사육업, 야생동물사육업(하늘색 북극여우, 진회색 여우), 모피업, 낙농업 등이 발달했다.

Ⅱ. 자연환경

1. 지리적 위치와 구성

따이미르 자치구는 3개 행정구, 1개 시, 21개 농촌마을로 구성되어 있으며, 따이미르 반도와 끄라스노야르스크 변강주에 속한다. 자치구에는 변강주 산하 노릴스크(Норильск)시가 있다.

주요 하천은 예니쎄이(Енисей)강(하류 부분)과 그 지류인 한따이까, 하딴가(Хатанга), 빠씨나(Пясина)강 등이 있다.

수도 두진까시와 모스크바 간 거리는 6,403㎞이다.

2. 기후조건

극대륙성 기후

1월 평균기온: -30℃

7월 평균기온: 2 ~ 13℃

연강수량: 250㎜

식생: 툰드라, 삼림과 툰드라의 중간 지대(남부 지역)

토양: 극지 및 툰드라 점토

삼림분포도: 4%

3. 주요 유용광물

석탄, 원유, 가스, 인회석 등이 있다.

주요 산지:

석탄: 뚠구쓰(채굴은 노릴스크), 따이미르.

원유: 쑤잔스크.

가스: 쏠레닌스크, 메쏘야흐스크.

동광 및 니켈광: 딸나흐스크.

인회석: 마간.

Ⅲ. 정치시스템

1. 역사

기원전 10세기 말 따이미르 자치구 지역에는 사모디스끼 민족이 정착했으며 이 민족은 오늘날의 돌간(долган)족과 네네츠인(ненц)족의 선조로서 유목생활을 했다. 이 지역 토착민족들은 주로 사냥과 사슴사육에 종사했다. 유목생활과 빈곤, 질병 등으로 주민의 많은 수가 사망했다.

16세기 중반 이 지역에 러시아족이 등장했으며 이들은 두딘크마을에 정착했다. 예니세이강 연안에 있는 이 마을은 연대기 1667년대 항목에 언급되고 있으며 일부 역사가들은 두딘크 마을의 형성시기를 이보다 빠른 1610-1611년경으로 보고 있다. 따이미르에 대한 물품공급은 전적으로 러시아족 상인에 의존했으며 이들은 이런 방식으로 지역주민들을 경제적으로 종속시키고 그들을 착취했다. 러시아 황제의 식민지 정책에도 불구하고 따이미르는 러시아제국에 소속되면서 경제발전을 가속화시키게 되었다. 토착주민들은 직물로 된 옷을 입었고 금속제 그릇을 사용했으며 총을 사용하여 사냥을 했다. 러시아족들을 이들을 사모예드라고 불렀다. 러시아정교회 신자들은 주민들에게 러시아 정교를 선교했으나 성공하지는 못했다. 결국 1917년 10혁명전까지 러시아정교회는 주로 하딴스끄 지역 주민의 일부를 정교회 신자로 만들었을 뿐이다.

처음부터 따이미르는 이르꾸츠끄시를 행정중심으로 하는 예니세이현의 구성부분이었다. 1920년 여름 따이미르 지역 빨치산들은 콜차크 군대를 물리친 후 소비에트 정권이 들어섰다. 동년 말 따이미르에는 생산시설이 들어섰고 이 생산시설은 생산협동조합으로 발전했다. 산업의 발전은 주민들이 정착생활를 하는 계기가 되었다. 1930년에 우스티-뽀르뜨(Усть-Порт)에는 수산물 통조림공장이 세워졌다. 1930년대 초에는 국영 및 조합 유통이 활성화 되었고 국영농장과 집단농장이 조직되었다. 1930년 12월 10일 공산당 최고회의 결정에 따라 따이미르 민족지구는 끄라스노야르스끄 변강주에 편입되었다. 1977년 소련헌법에 의해 따이미르는 자치구의 지위를 획득했다. 예전 러시아 황제는 주민들에게 러시아 정교를 강요한데 비해 소련정권은 무종교를 권했다. 1941-1945년 2차 세계대전 기간에 따이미르 주민들은 전투에 참가했으며 후방에서의 전쟁지원에도 힘을 썼다. 1971년 2월 11일 따이미르 자치구는 노동적기 훈장을 받았다. 1972년 12월 29일에는 민족우호 훈장을 받았다.

따이미르 자치구는 극지방에 위치하고 인적이 매우 드문 툰드라와 극지방 황야를 포함하고 있다. 따이미르에는 세계 최북단에 위치한 100킬로미터 거리의 전기철도가 운행된다. 이 철도는 두딘크와 노릴스크, 알리켈(Алыкель) 공항을 연결한다. 무르만스크나 아르한겔스크에서는 북극해 운항로를 이용할 수 있다. 그 밖의 다른 지역에 가기 위해서는 비행기를 이용해야 한다. 따이미르에는 알리켈 및 자치구 중심부에 있는 딕손 공항과 북극항로를 운행하는 항구가 있으며 그밖에 해양학 및 대기수상학 센터가 있다.

2. 정치

1) 정치 일반

따이미르 자치구의 최고 집행기관은 자치구 행정부이다. 자치구 행정부의 구성원에는 행정수반과 각료 그리고 일반 공무원들이 포함된다. 행정수반은 주지사인 흘로뽀닌(А. Хлопонин)이다. 그는 2001년 1월 28일의 주지사 선거에서 당선되었다.

입법권력의 최고기관은 따이미르 자치구 두마(Таймырская окружная Дума)이다. 자치구 두마는 11명의 의원으로 구성된다. 자치구 두마는 러시아연방의 헌법 및 법률 그리고 자치구 헌장 및 법률에 준하여, 러시아연방 주체의 입법기관으로서의 모든 권리를 향유한다. 자치구 두마의 의장은 4년 임기로 2000년 1월 12일 선출된 시뜨노프(В. В. Ситнов)이다.

따이미르 자치구의 사법기관은 러시아연방의 헌법과 법률에 의해 설립된 연방재판소(일반 재판소, 군법 재판소, 중재재판소)가 관장한다. 특별 재판소의 설립은 불허한다. 자치구에는 도시 및 라이온의 재판소가 활동한다. 재판소 및 재판관의 법적 지위가 보장된다.

2)선거

(1) 따이미르 자치구 지사 선거

따이미르 자치구 행정수반인 지사 선거가 2001년 1월 28일 실시되었다.

유권자의 63.94%가 투표에 참여했다. 후보자들의 득표율은 다음과 같다.

후보	득표수/득표율(%)
네젤린(Неделин Г.П.)	5845/32.38
스쩨클로프(Стеклов М.Ф.)	118/0.65
흘로뽀닌(Хлопонин А.Г.)	11337/62.80

유권자의 절대다수인 62.80%의 지지를 획득한 흘로뽀닌이 4년 임기의 자치구 지사로 당선되었다.

(2) 따이미르 자치구 두마의원 선거

따이미르 자치구 두마의원 선거가 1999년 12월 19일 실시되었다. 이 선거에서 2년 임기를 가진 11명의 의원이 선출되었다.

(3) 러시아연방 국가두마의원 선거

1999년 12월 19일 러시아연방 국가두마의원 선거가 실시되었다. 따이미르 선거구에서는 삐스꾸노프(Н. Л. Пискунов)가 당선되었다. 그는 '우리집-러시아'와 'ВОПД'의 연합 공천으로 출마했다.

(4) 러시아연방 대통령 선거

2000년 3월 26일 실시된 러시아연방 대통령선거에서 따이미르 자치구 유권자들이 보여준 후보자들에 대한 지지율은 다음과 같다.

후보	득표율(%)
뿌친	64.7
쥬가노프	14.8
야블린스끼	5.9
지리놉스끼	4.3
찌또프	1.5
뚤레예프	3.6
기타	2.8
모든 후보에 대한 반대	1.7

Ⅳ. 경제 시스템

1. 경제개황

따이미르(돌가노-네네쯔) 자치구는 7개의 연방지구 중 시베리아연방지구에 속하고 12개의 러시아 경제지역 중 동시베리아 경제지역에 속한다. 그러나 이 지역은 사회경제적 관계에서 러시아 지역 중 가장 낙후된 지역이며 자치구자체의 재정이 매우 빈곤한 지역이기도 하다.

이 지역의 주요 운송망은 수로이다. 이 수로는 북해를 따라 전개되어 있으며 연결된 항구로는 두진까, 지끄선, 하탄가 항구 등이 있다. 주요철도는 두진까-노릴스크-딸나흐 지역을 연결하는 철도가 있다.

따이미르(돌가노-네네쯔) 자치구에서 가장 규모가 큰 기업은 사흐따-꼬뚜이 (Шахта-Котуй)로 하딴그스크지역에 위치한다.

전체적으로 이 지역의 총 기업수와 소기업수 그리고 공업관련 기업수를 연도별 추이로 살펴보면 다음과 같다.

기업수 추이

항목 \ 년도	1997	1998	1999	2000
총기업수(연말)	605	615	652	705
소기업수(연말)		31	59	43
활동기업수	13	12	6	6

http://www.infostat.ru/epub.htm (검색일: 2003.1.10)

2. 산업

1) 공업

따이미르(돌가노-네네쯔) 자치구의 총 공업생산량은 1999년과 2000년에 각각 8,400만 루블과 1억 7,000 루블로 그 증가량은 2배에 달하지만 상대적 액수는 현저히 낮은 수준이다. 공업생산량의 상승폭 역시 미미한 수준이다.

따이미르(돌가노-네네쯔) 자치구의 공업을 전반적으로 이해하기 위해 공업총량에 대한 지표를 연도별 추이로 보면 다음과 같다.

총 공업생산량 추이

항목 \ 년도	1997	1998	1999	2000
총 공업생산량	65	60	84	170
공업생산 지수	68	89	113	149

http://www.infostat.ru/epub.htm (검색일: 2003.1.10)

따이미르(돌가노-네네쯔) 자치구의 공업에서 주요한 부문은 동력산업, 석탄 및 가스등 채굴산업, 어업 등이다. 구체적으로 그 비율을 살펴보면 다음과 같다.

주요 공업생산부문별 생산비율

생산부문	따이미르(돌가노-네네쯔) 자치구 총공업생산 비율
전기전력	9.1%
연료공업	13.5%
기계제작·금속가공	1.3%
건재공업	3.4%
경공업	0.3%
식품공업	66.7%
인쇄산업	2.0%
기타	3.7

http://www.infostat.ru/epub.htm (검색일: 2003.1.10)

2) 농업

따이미르(돌가노-네네쯔) 자치구의 농업의 특성으로 사슴 사육의 성황을 손꼽을 수 있으며 그 외 은빛 및 검은 여우사육, 수렵, 어로 등이 활발히 이루어진다는 점도 두드러지고 있다.

이 지역에는 27개의 농업기업이 있으며 이들 기업의 소유형태는 매우 다양하며 그 중 13개의 경우는 협동농장의 형태로 이루어져 있다.

따이미르(돌가노-네네쯔) 자치구의 농업전반을 보기위해 총 농업생산량 등을 연도별 추이로 살펴보면 다음과 같다.

농업생산량 추이

항목 / 년도	1997	1998	1999	2000
총농업생산액	22.5	10.6	16.7	16.6
작물관련 생산액	0.2	0.0	0.1	0.0
가축관련 생산액	22.3	10.6	16.6	16.6
농업생산 지수	35	25	...	72

http://www.infostat.ru/epub.htm (검색일: 2003.1.10)

따이미르(돌가노-네네쯔) 자치구는 다른 여타의 지역과 비교할 때 우유생산과 동물의 고기생산부분의 발달은 덜 이루어져 있다는 특성을 갖고 있다.

3. 자원 등 기타

따이미르(돌가노-네네쯔) 자치구는 러시아에서 가장 낮은 지역에 위치한 곳으로 유용광물자원이 풍부하다. 석유, 석탄, 복합금속광산, 구리, 니켈, 금, 인산, 철, 소금, 공업용 다이어몬드 뿐만 아니라 티탄, 형석, 수은, 안티몬 등이 많이 분포되어 있다.

또한 낮은 지역에 위치한 지리적 특성상 자치구의 전 지역이 석유가스 매장지라 할 수 있다. 전체적으로 따이미르(돌가노-네네쯔) 자치구에 매장된 석유량은 270억 톤이 넘는 것으로 평가되고 있다. 현재 이 자치구에는 46개의 석유, 가스, 가스응축액 매장지가 작업 중에 있다. 따이미르(돌가노-네네쯔) 자치구의 석유가스 매장 층은 평균 80%가 메탄가스로 이루어져 있다.

그러나 이렇게 많은 매장량에도 불구하고 따이미르(돌가노-네네쯔) 자치구는 자연자원의 채굴과 가공에 있어서는 생태학적 문제 등 많은 문제들을 갖고 있는 것이 현실이다.

따이미르(돌가노-네네쯔) 자치구는 수자원이 풍부하지 않을뿐더러 오염이 심한 상태이다. 이는 석유가공산업의 발달로 인하여 이 지역의 강들이 오염이 되어 식음용 물 공급도 불충분하기 때문이다.

V. 문화시스템

1. 지역정체성

1) 인구

2001년 현재 따이미르 자치구의 인구수는 44,000명이다. 1990년부터 2000년까지 인구의 자연증가율이 마이너스가 아니었음에도 전체인구는 11,000명이 줄어들었다. 이는 출생자수가 지속적으로 큰 폭으로 감소하고, 사망자수는 소폭으로 증가하여, 인구의 자연 증가분이 점차 줄어든 결과이다. 그럼에도 다른 연방 주체들과는 달리 아직은 인구 자연증가율의 역조현상은 보이지 않고 있다.

따이미르 자치구 인구변동 추이

연도	1990	1992	1993	1994	1995	1996	1997	1998	1999	2000	2001
인구수 (1,000명)	55	53	51	50	48	47	46	45	44	44	44

Россий ский статистический ежегодник. М., 2001. С. 83.

인구의 자연증가율은 시기별로 고른 변화를 보이지는 않으나, 1990년과 2000년을 비교할 때, 아주 큰 폭으로 감소했다는 점을 발견할 수 있다. 또한 사망자 수의 증가폭이 작은 것으로 보아 인구의 고령화가 진행되고 있음을 알 수 있다.

따이미르 자치구 출생자수, 사망자수, 자연증가율

연도	출생자수(명)	사망자수(명)	자연증가율(명)
1990	842	360	482
1992	692	401	291
1993	617	448	169
1994	585	518	67
1995	537	501	36
1996	486	441	45
1997	483	374	109
1998	498	368	130

1999	448	376	72
2000	460	438	22

Россий ский статистический ежегодник. М., 2001. С. 120.

따이미르 자치구는 사회-경제적 측면에서 극히 낙후된 지역이며, 주요 산업은 에너지산업, 광업, 어업, 동물 사육 부문이다. 낙후된 지역이기 때문에, 국가 전반에 걸친 경제 위기와 실업률 상승에도 불구하고 따이미르 자치구의 실업률은 비교적 낮은 상태이며, 1998년 이후 점차 안정되고 있는 추세를 보인다.

따이미르 자치구 경제활동인구(취업자, 실업자), 실업률

연도	경제활동인구 (1,000명)	취업자수 (1,000명)	실업자수 (1,000명)	실업률(%)
1992-96	....	....	....	....
1997	18	17	1	7.0
1998	26	22	4	15.5
1999	26	24	3	9.6
2000	27	25	2	5.7

Россий ский статистический ежегодник. М., 2001. С. 139.

2) 민족

따이미르 자치구에는 50여 민족이 거주한다. 주요 민족 구성을 보면, 러시아인이 67.1%, 원주민들인 돌간인 8.8%, 네네쯔인 4.4%, 은가나산인 1.5%, 에벤크인 0.6%, 엔인 0.2%, 그리고 우끄라이나인 8.6%, 독일인 1.5%, 따따르인 1.4%, 벨라루스인 1.2% 등이다.

3) 교육

따이미르 자치구의 유치원은 1933년 최초로 문을 연 이래 오늘날에는 그 수가 약 30여개에 달하며, 555명의 북방 소수민족 출신의 어린이를 비롯한 약 2,000여명의 어린이가 보육되고 있다.

1977년 3개 중등학교가 개설되어 70여명을 가르치기 시작한 이래, 오늘날에는 31개교에서 약 7,700명의 학생이 수학 중이며, 그 중 33%는 북방 소수

민족 출신의 어린이들이다. 학생들은 정규 교과과정 외에 다양한 클럽활동을 통해서 보충학습을 받을 수 있다. 2000년에는 러시아연방 발명포럼에 120명의 어린이가 참여하여 60명이 수상하였으며, 20명의 영재들이 주지사 장학금을 받고 있다.

자치구에서는 다산가정 어린이들에 대해서도 적극적인 배려를 하고 있는바, 2,025명의 해당 어린이들이 국가의 지원을 받고 있다. 매년 자치구 예산을 통해서 그들의 보건-의료에 3,175,000루블이 지원되고 있으며, 의류구입에 365,000루블, 급식에 390,000루블이 지원되고 있다.

따이미르 자치구에서는 소수민족의 민족문화 및 언어교육에 많은 관심을 할애하고 있다. 이를 위해서 저학년에서는 북방 소수민족 언어를 교육하고 있다.

중등학교를 졸업한 학생들은 자치구내외에서 학업을 지속할 수 있는데, 자치구에는 농업전문학교, 전문기술학교, 노릴스크 의과대학, 예술학교 등이 있으며, 끄라스노야르스크, 똠스크, 노보씨비르스크, 쌍트 뻬쩨르부르크 등에 소재한 고등교육기관의 분교들이 개설되어 있다.

따이미르 자치구에는 북방 소수민족 출신 대학생들을 위한 주지사의 사회보장 프로그램이 운영되고 있으며, 매년 자치구에서는 대학위원회가 개최되어, 학생들은 이를 통해서 자치구 외의 지역에 있는 교육기관에 입학할 수 있는 기회를 갖게 된다.

2000년도에는 139명의 학생들이 타 지역 중 고등교육기관에 입학했으며, 이들 중 상당수가 자치구 예산의 지원을 받고 있다.

2. 지역문화

1) 문화개괄

따이미르 자치구의 문화는 매우 독특하다. 따이미르 지역에는 현재 97개의 문화와 예술 기관이 활동하고 있다. 여기에서 페스티벌과 콘서트, 창작의 밤, 장식 - 실용과 조형예술 전시회가 열리고 있다.

따이미르 자치구는 민족 문화를 유지하고 발전시키기 위해 커다란 노력을 기울이고 있다. 옛날부터 이 지역에 사는 사람들은 뼈조각품과 유리구슬 꿰는 것에 소질이 있었다. 자치구에는 이러한 기술을 재생시키고 유지하기 위해서 교육산업 공장이 열렸다. 1999년부터 두진까시에는 뼈 세공 어린이 예술 스튜디오가 활동하고 있다.

2000년에 따이미르 자치구 위원회는 예산에서 3천7백 6십만 루블이 넘는 돈을 문화와 예술과 영화에 배정했다. 따이미르 자치구의 탄생 70주년을 기념하여 2000년 10월 말에 두진까와 노릴스크에서 따이미르의 소수민족 문화 주간이 개최되었다.

노릴스크 문화센터에는 조합연맹 까베엔, 클럽 '무엇, 어디, 언제?', 댄스 클럽 '말꼬 형제', 노래 클럽 등이 있다. 매년 11월 28일부터 12월 2일까지 여기서 '노래 창작 18세기 따이미르 페스티벌'이 개최된다. 노릴스크에는 1997년 11월에 세워진 자신의 록클럽이 있다. 록클럽은 레닌영화관 장소에 위치하며 25명(5개의 그룹)으로 구성되어있다. 또 노릴스크 산업 지구 페스티벌이 한 달에 한 번 개최된다.

어린이와 청소년의 창작 궁전의 바탕에는 클럽 '로만찌크'가 있고 이 클럽에는 많은 소규모 클럽과 춤 그룹이 있다. 이 지역에는 러시아 정교회와 기도원이 있으며 회교 사원이 세워져 있다.

2) 박물관 문화

따이미르 자치구 지지박물관

따이미르 자치구지지 박물관은 1937년 9월 4일에 세워졌다. 박물관에는 인류학관, 자연관, 따이미르 자치구 발전의 역사관이 전시 중이다. 이 박물관에는 독특한 유물들이 소장되어 있으며 총 유물의 수는 6만 여점에 달한다. 박물관은 북방 토착민중의 문화와 생활의 보고 역할을 하고 있다.

똠스크주

Томская Область

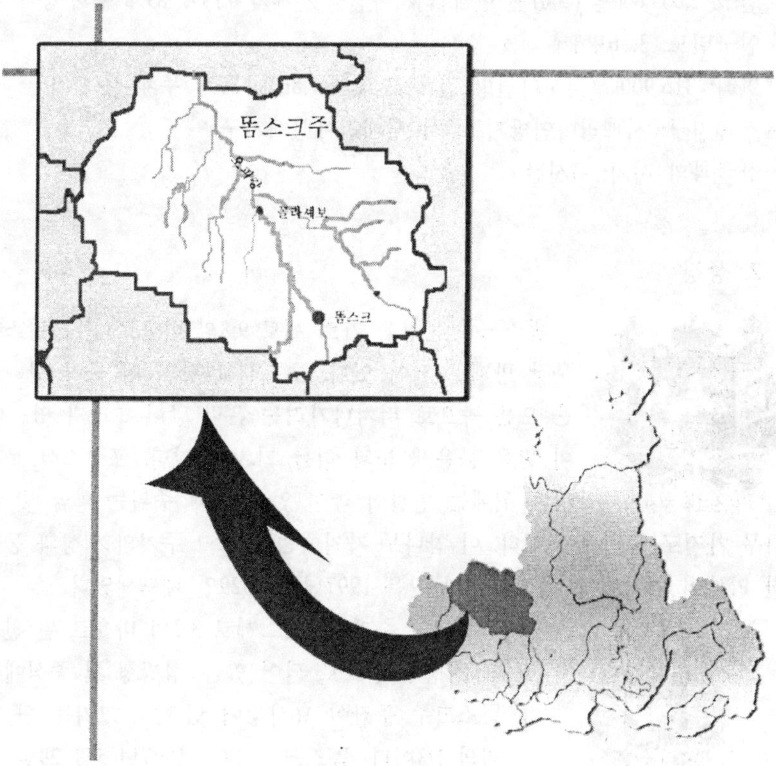

Ⅰ. 개황

1. 기초정보

주 성립일: 1944년 8월 13일.
주도: 똠스크(Томск)
인구: 1,065,000명 (2001년 현재: 러시아연방 전체의 0.73%; 89개 주체 중 53위)
인구밀도: 3.36명/㎢
면적: 316,900㎢(러시아연방 전체 면적의 1.86%; 89개 주체 중 16위)
소속지구: 시베리아연방지구; 서 시베리아경제지구
한국과의 시차: -3시간

2. 상징

똠스크주 문장

똠스크주 문장은 가로 세로 9:8의 비율로 된 프랑스식 문장 방패로 되어 있다. 초록색 바탕의 이 문장 방패에는 오른 쪽으로 뛰쳐나가려는 은빛 말이 그려져 있는데, 이 말은 붉은색 눈과 혀를 가지고 있다. 프랑스식 문장 방패 위에는 왕관이 놓여 있고 방패 주위는 황금 빛 참나무 가지로 둘러싸여 있다. 이 참나무 가지에는 똠스크 주기의 색상과 동일한 리본이 엮여있다. 똠스크주 문장은 1997년 5월 29일 채택되었다.

똠스크 주기

똠스크 주기는 가로 세로 3:2의 비율로 된 흰색의 장방형 천으로 되어 있다. 장방형 천 중심에는 똠스크주 문장이 묘사되어 있으며, 크기는 천 너비의 1/3이다. 똠스크 주기는 1997년 5월 29일 채택되었다.

3. 주요도시

똠스크(Томск): 인구 483,800명; 북위 56°29′, 동경 84°59′
쎄베르스크(Северск): 인구 120,400명; 북위 56°37′, 동경 84°52′

스뜨레제보이(Стрежевой): 인구 42,600명; 북위 60°44′, 동경 77°33′

아씨노(Асино): 인구 30,700명; 북위 57°0′, 동경 86°7′

꼴라셰보(Коллашево): 인구 28,100명; 북위 58°19′, 동경 82°54′

(인구: 2002년 현재)

4. 주요 산업 및 농업

주의 주요 산업으로 석유, 천연가스 채굴산업, 화학공업, 석유화학(정유)공업, 기계제작, 금속가공(기구제작공업, 전기공업, 공구/베어링제작공업), 임업, 목재가공업, 식품공업 등이 발달했으며, 농업부문은 낙농업, 모피동물 사육, 원예재배업이 발달했다.

Ⅱ. 자연환경

1. 지리적 위치와 구성

똠스크주는 16개 행정구, 6개 시, 2개 도시형마을, 217개 농촌마을로 구성되어 있으며, 서 시베리아 저지 남동부에 위치한다.

똠스크주는 끄라스노야르스크 변강주, 쭈멘주, 옴스크주, 노보씨비르스크주, 께메로보주와 경계를 이룬다.

주요 하천은 오피강과 그 지류인 또미, 께찌, 출르임, 바쓔간강이며 그밖에 많은 호수가 있다.

수도 똠스크시와 모스크바 간의 거리는 3,500㎞이다.

2. 기후조건

온난기후대, 대륙성 온난기후

1월 평균기온: -19 ~ -21℃

7월 평균기온: 17 ~ 18℃

연강수량: 450 - 700㎜

식물 생장 기간: 100 ~ 115일

식생: 타이가 지대, 소택지(영토의 29%)

토양: 이탄-소택지 토양, 부식성 염분회색토

삼림분포도: 58%

3. 주요 유용광물

원유, 가스, 이탄, 희귀 금속, 철광석, 비광석 건축자재 (점토, 건축석재, 석회암, 모래와 자갈 혼합물) 등이 있다.

주요산지:

원유: 쏘베쯔크(Советск), 올레니예(Оленье), 깔릴긴스크(Кальıльгинск), 루긴네쯔크(Лугинецк), 자빠드노-오스따닌(Западно-Останин).

가스: 밀드진스크(Мыльджинск), 쎄베로-바쓔간(Северо-Васюган).

철광석: 박차르(Бакчар).

희귀 광석: 뚜간(Туган).

Ⅲ. 정치시스템

1. 역사

똠스크는 1604년 보리스 황제의 명령에 의해 건설되었다. 이 해의 봄에 똠스크 땅에 띠르꼬프를 대장으로 하는 200명의 까자크들이 도착했다. 까자크들은 똠스크의 강 연안에 요새도시를 세웠다. 요새도시의 동쪽은 절벽과 질퍽거리는 늪으로 되어 요새를 적으로부터 방어하고 남쪽에는 자그마한 강이 흐르고 있었다. 북쪽 지역에는 높은 요새장벽을 설치하고 장벽 상단에는 나무말뚝을 세웠다. 터키 공후가 지배하던 원주민 땅에 새로운 마을이 들어섰고 터키 공후는 러시아 황제에게 세금을 납부하고 시베리아지역에서 러시아 세력강화에 도움을 제공하기로 약속했다. 똠스크 요새는 여러 차례 끼르끼즈 민족을 비롯하여 유목민족들의 침략을 받았으나 성공적으로 물리쳤다.

17세기 전반 예니세이와 끄라스노야르스끄 건설로 똠스크의 가치는 국경도시의 요새 정도로 하락했다. 1738년 얌스크 부서가 문을 열었다. 모든 상품의 교역은 똠스크를 경유하게 되었으며 모스크바-시베리아 도로를 따라 수공업자, 대장장이, 마부 등이 출현했다. 또한 여인숙과 공동이용 창고가 세워지기도 했다.

도시는 확장되었고 인구는 증가했다. 1804년 똠스크가 새로운 현의 중심도시로 결정되었을 때 똠스크에는 새로운 역사가 시작되었다. 똠스크는 도시행정기관, 상업기관, 의회, 시청 등이 있는 행정수도로 건설되었다. 똠스크의 시골마을에는 석조건물이 들어서기도 했다. 석조건물은 처음에는 교회와 관청건물이 주를 이루었으나 점차 부유층 도시인들도 석조주택을 짓기 시작했다.

19세기 중반까지 똠스크에는 8개의 교회와 50채의 석조주택이 있었으며 뜨로이쯔끼 성당이 건설되기 시작했다. 똠스크에 있는 교회들이 널리 알려지고 인근마을의 주민들이 똠스크에 있는 교회로 출석하기 시작했다. 그러나 이들 교회들은 혁명과 두 번의 전쟁으로 인해 그 운명이 바뀌었다. 이들 교회 중 대부분은 방치되거나 창고로 쓰였다. 단지 오늘날에 와서 교회의 복원이 시작되었을 뿐이다. 이 당시 똠스크에는 여러 개의 러시아 정교회, 카톨릭교회, 침례교회, 회교사원 등이 있었다. 도시인근에도 몇몇의 수도원이 있었다. 대규모 상인과 공장주들은 자선병원, 양로원, 교육기관, 도로 등을 건설하여 기부했다. 똠스크에는 그밖에 양조공장, 벽돌공장, 종이공장, 제분소, 밧줄공장 등이 생겨났다. 똠스크현은 알타이 지방, 노보씨비르스크, 케메로보주 등을 포함하는 광대한 영토를 보유했다. 특히 19세기 30년대 똠스크는 급속한 발전을 보였는데 똠스크와 예니세이현에서는 금채굴이 활발했다.

19세기에서 20세기로 넘어오면서 똠스크는 사회-문화수준이 다른 시베리아의 도시보다 한층 높았다. 1973년에 시베리아지역 최초로 서점이 문을 열었으며 그 후 공공도서관과 인쇄소가 등장했다. 똠스크현으로부터 이웃 현으로 빵제품, 물고기, 소금, 술, 구리, 주석, 가죽 등이 공급되었다. 또한 삼나무 열재, 모피류가 러시아 유럽지역과 외국으로 수출되었다. 똠스크현은 주요 식용유 생산지로서 러시아 식용유 수출의 60%를 담당한다. 시베리아 식용유는 덴마크 및 네덜란드의 식용유와 품질 면에서 경쟁력이 있었다.

19세기 90년대 똠스크를 경유하는 시베리아 철도가 건설되었다. 시베리아 철도는 삼림 및 늪지역을 우회하여 똠스크 남부지방을 통과한다. 1896년에 시베리아 철도는 똠스크 지선과 연결되었다. 철도의 연결은 노보니꼴라옙스크(현재의 노보씨비르스크) 마을 발전에 중요한 영향을 끼쳤다. 노보니꼴라옙스크는 똠스크현의 교통요충지가 되었다. 똠스크는 주요도로에서 멀어진 관계로 다른 시베리아 도시보다 경제발전의 속도가 떨어지기 시작했다. 급속한 경제발전에도 불구하고 똠스크의 인구는 주로 유형자가 이주함으로써 증가했다. 19세기 전반에 똠스크로 이주한 자는 약 3만 명이며 남자가 여자보다 7천명이 많았다. 똠스크와 인근지역에 사는 주민의 1/5은 이주자들이다.

1880년 똠스크에는 시베리아대학이 건설되기 시작했다. 대학건축 프로젝트의 주요시설은 아카데믹인 브룬(А. К. Бруни)이 건설을 주도했다. 그러나 대학건물이 지어지기 전에 대학교 도서관이 먼저 건설되었다. 러시아의 부유한 산업가의 자손인 스뜨로가노프(Строганов)는 대학에 많은 책을 기증했다. 건물착공 8년만인 1888년에 황제 알렉산드르 II세는 최초의 시베리아지역 대학인 똠스크 대학의 설립을 선언하였다. 초기 똠스크 대학에는 단지 의학부만 있었으며 72명의 학생과 2명의 청강생만이 있었다. 대학 설립에는 유명한 러시아학자인 플로린스끼(Флоринский)가 큰 역할을 했다. 1900년에는 우랄동부 최초의 기술연구소가 문을 열었고 이후 사범연구소, 의학연구소, 건설연구소가 문을 열었다. 20세기 초 똠스크는 교육기관 수에 있어서 시베리아지역 첫째로 꼽히고 있다. 도시의 주민들은 윤택한 문화생활을 영위했다. 똠스크에는 4개의 신문, 4개의 극장, 5개의 영화관, 7개의 도서관, 3개의 휴양정원이 있었다.

1911년에 1001개의 무역기업과 189개의 공장이 등록되어 있었다. 도시는 15 평방킬로미터이고 중심부는 전기를 비롯하여 전화, 수도, 중앙집중식 난방이 공급되었다. 주민수는 11만 명까지 증가했고 이들은 다양한 종교생활을 하였다. 도시에는 23개의 러시아 정교회, 카톨릭성당, 2개의 회교사원, 3개의 유대교회당이 있었다. 브록가우스(Брокгауз)와 예프론(Ефрон)이 지은 백과사전에 따르면 똠스크는 문화와 교역-생산의 중심지로 다른 시베리아 도시를 압도했다. 1917년 혁명 후 똠스크는 시베리아지방에, 그 후에는 서시베리아지방에 소속되었다.

1937년 똠스크는 노보씨비르스크주에 소속되었다. 역사학자의 의견에 따르면 똠스크가 주에 소속됨으로써 똠스크는 경제적, 문화적 발전의 잠재력을 상실했다고 한다. 똠스크는 2차 세계대전 직전 이미 학문과 학교의 도시라는 명예를 갖고 있었으며 주민 12명중 한명은 학생이었다. 전쟁발생 첫해 똠스크에는 30개의 공장이 소개되어왔다. 이들 공장은 도시의 산업발전에 토대가 되었다.

전쟁기간동안 도시의 산업생산능력은 세배로 증가되었다. 전기전자, 광학, 고무산업 등 새로운 산업이 발생했다. 또한 기계제작, 금속가공, 경공업, 식료품산업 등이 크게 발전했다. 전쟁 후 똠스크는 많은 부분에서 자체 생산되는 석유와 가스의 정제산업과 관련된 산업이 발전되었다.

최초의 석유생산품은 1962년 8월 알렉산드롭스끄 마을인근 소신스크 석유매장지에서 나왔다. 1966년 석유산업을 총지휘하는 똠스크네프찌가 세워졌다. 그후 10년간 알렉산드롭스크, 안쥐로, 수드줸스크를 연결하는 석유수송관이 건설되고 니즈네바르똡스크, 빠라벨, 꾸즈바스를 연결하는 가스수송관이 건설되었다.

1944년 8월에 똠스크주가 수립되었으며 그 영토는 30만 평방킬로미터가 되었다. 똠스크는 또다시 시베리아에서 경제적, 행정적 중심지 가운데 하나가 되었다. 똠스크에는 약 50만 명의 주민이 살고 있고 이 수는 똠스크주 전체 인구의 절반을 차지한다. 똠스크는 학문과 간부요원을 육성하는 도시로서의 지위를 계속 유지했는데 매년 약 5천명의 전문가들을 배출하고 있다.

도시 옛 거주지역에는 우거진 산림이 조성되어 있다. 2차 세계대전을 기념한 단지가 라게르(Лагер) 공원 안에 세워졌다. 도시에는 벨로에 호수가 있어 주민들의 휴양장소로 사랑을 받고 있다. 똠스크에는 교회와 역사적 가치가 있는 건물에 대한 복원작업이 계속 진행되고 있다.

똠스크는 약 400년 동안 경제적, 사회적, 문화적으로 러시아 중심도시로 발전했다. 도시의 모습은 여러 시대의 건축유형을 포함하는 건물들의 혼재된 모습을 보여주고 있다. 1991년 똠스크는 역사적 도시로 평가받았다. 똠스크에서 역사적 가치를 지닌 지역은 약 950 헥타르를 차지하고 있다.

2. 정치

1) 정치 일반

똠스크주의 최고 집행기관은 주지사가 수장인 주행정부이다. 주지사는 1999년 9월 선출된 끄레스(В. М. Кресс)이다. 똠스크주에는 러시아연방 대통령 전권대표로 쥐트끼흐(В. А. Жидких)가 파견되어 있다. 똠스크주 산하에 있는 똠스크 시장은 2000년 재선에 성공한 마까로프(А. С. Макаров)이다.

똠스크주의 최고 입법권력기관은 주민들에 의해 선출되는 똠스크주 국가두마가 관장한다. 두마의원은 1997년 12월 21일 선출되었고 4개의 위원회를 두고 있다. 입법권력의 최고 책임자는 똠스크주 국가두마 의장이다. 1994년부터 의장으로 말리쩨프(Б. А. Мальцев)가 봉직하고 있다. 그는 1997년 이 직위에 다시 선임되었다. 똠스크주 국가두마는 1995년 7월 26일 주의 기본법인 헌장을 제정한 것을 비롯하여 다양한 입법 활동을 수행하고 있다.

2)선거

(1) 똠스크주 지사 선거

1999년 9월 19일 똠스크주 지사 선거가 실시되었다. 이 선거에서 유권자의 절대다수인 72.92%가 끄레스를 지지했다. 주요경쟁자였던 제예프 (А. Деев)와 체메리스(А. Чемерис)는 각각 13.79%와 4.75%의 득표에 그쳤다. 기타 후보들을 지지한 유권자 수는 1% 미만이었고 모든 후보에 대한 반대에는 유권자들은 3.75%가 투표했다.

(2) 똠스크 시장 선거

2000년 4월 2일 똠스크 시장을 선출하기 위한 결선투표가 실시되었다. 1차투표 결과, 35%를 득표한 마까로프(А. Макаров)와 22%를 획득한 갈랴모프(Ю. Галямов)를 대상으로 결선투표가 실시되었다. 유권자 46.3%가 참가한 결선투표에서, 마까로프가 54.32%를 득표하여 34.52%를 획득한 갈랴모프를 제압하고 재선에 성공했다.

(3) 러시아연방 국가두마의원 선거

1999년 12월 19일 러시아연방 국가두마의원 선거가 실시되었다. 유권자 58.49%가 참가한 똠스크 선거구에서의 투표 결과, 22.18%를 획득한 리가쵸프(Е. К. Лигачев)가 당선되었다.

(4) 러시아연방 대통령 선거

2000년 3월 26일 러시아연방 대통령선거가 실시되었다. 똠스크주 유권자들이 보여준 개별 후보에 대한 지지도는 다음과 같다.

후보	득표율(%)
뿌친	52.52
쥬가노프	25.34
야블린스끼	9.01
지리놉스끼	3.36
뚤레예프	4.25
빰필로바	1.10
찌또프	1.06
고보루힌	0.39
스꾸라또프	0.30
뽀드베료스낀	0.12
드좌브라일로프	0.05
모든 후보에 대한 반대	1.66

Ⅳ. 경제 시스템

1. 경제개황

똠스크주는 7개의 연방지구 중 시베리아연방지구에 속하고 12개의 러시아 경제지역 중 서시베리아경제지역에 속한다. 똠스크주는 서시베리아경제지역의 여러 주체들 중에 가장 규모가 큰 지역 중의 하나이고 그 규모가 크게 성장한 배경에는 석유와 가스의 채굴공업 발달이 있다.

똠스크주의 주요산업은 석유와 가스에 의한 채굴, 연료산업이이지만 다른 한편으로 똠스크주 공업의 특징으로 거의 모든 산업의 고른 발달을 들 수 있다. 즉, 전기전력, 비철금속, 화학·석유화학, 기계제작·금속가공, 식품공업, 목재가공 등이 균형적으로 발달하고 있으며 이것들은 지하자원에 의한 자연적 조건인 원료지향형 입지에 기인하고 있다고 할 수 있다.

똠스크주의 지역총생산과 1인당 지역총생산을 들어보면 다음과 같다.

똠스크주 지역총생산액 추이

항목 \ 년도	1996	1997	1998	1999
지역총생산	17,865	20,407	21,234	31,166
1인당 지역총생산	16,602	19,005	19,798	29,136
지역총생산 지수		94.9	92.3	104.1

http://www.infostat.ru/epub.htm (검색일: 2003.1.10)

똠스크주의 지역총생산의 주요 구성에 따른 비율을 보면 공업부문이 상대적으로 우위를 점하고 있으며 약 33.2%에 이르고 있다. 이것은 공업이 똠스크주의 기반산업이라는 것을 의미한다.

농업과 유통도 똠스크주에서는 큰 비중을 차지하고 있으며 각 8.4%와 11.8%에 이르고 있다. 그 외 건설, 운송이 각각 6.2%, 8.0%에 이르고 있다.

똠스크주의 기업부문의 지표에 있어 총 기업수와 소 기업수 그리고 공업 관련 기업수를 연도별 추이로 살펴보면 다음과 같다.

기업수 추이

항목 \ 년도	1997	1998	1999	2000
총기업수(연말)	20.723	21,847	23,478	25,433
소기업수(연말)	4,492	4,667	6,857	6,923
활동기업수	1,125	1,044	1,372	1,341

http://www.infostat.ru/epub.htm (검색일: 2003.1.10)

2. 산업

1) 공업[1)]

똠스크주의 공업은 석유와 가스의 채굴과 가공에 의존하고 있다. 그래서 똠스크주의 정부로서는 가스와 석유에 관리가 중요함을 알고 이에 관한 정책을 제시하고 있다.

- 무엇보다도 똠스크주는 석유가스의 채굴산업과 목재가공산업을 육성·지원할 것이다.
- 지하자원의 채굴에 있어 기술적인 수준을 높여 채굴의 효율성을 높이는 지원을 한다.
- 군수기업의 민영화에 정책의 비중을 두어 시장경제의 활성화를 가속화한다.
- 장기적인 경제발전계획으로 인프라의 확충을 다져 나간다.

똠스크주에는 가스·석유부문에서 활동하고 있는 세계적인 대기업들이 몇 개 있으며 이 기업들은 이 시장에서 파워를 가진 과점기업으로 거의 모든 생산 등 경제활동을 담당하고 있다.

똠스크주의 공업을 전반적으로 이해하기 위해 공업총량에 대한 지표인 총공업생산량과 공업생산지수를 연도별 추이로 보면 다음과 같다.

1) 그 기업들을 보면 다음과 같다. AOOT 'Томскнефть', AO 'Восточная нефтяная компания', AO 'Томскгаз'. AO 'Томский нефтехимический комбинат' 등이다.

총 공업생산량 추이

항목 \ 년도	1997	1998	1999	2000
총 공업생산량	10,927	12,331	16,183	24,393
공업생산 지수	97	95	103	111

http://www.infostat.ru/epub.htm (검색일: 2003.1.10)

똠스크주의 공업부문별 구조에 있어 어떤 것이 주요한 부문이고 그 비율들은 얼마나 되는가를 보는 것은 공업기여도를 평가하는데 중요한 자료일 것이다. 똠스크주는 가스와 석유관련 공업이 중심이 되고 있으며 또 여타 부문들이 어떤 비율을 가지고 있는지 표로 살펴보면 다음과 같다.

주요 공업생산부문별 생산비율

생산부문	똠스크주 총공업생산 비율
전기전력	8.3%
연료공업	29.6%
철강업	0.4%
비철금속	22.0%
화학·석유화학	12.4%
기계제작·금속가공	9.1%
목재가공, 종이·펄프	2.3%
건재공업	3.2%
경공업	0.4%
식품공업	8.0%
기타	4.3%

http://www.infostat.ru/epub.htm (검색일: 2003.1.10)

2) 농업

똠스크주의 농업은 대규모는 아니지만 상대적으로 기반산업으로 자리잡아 대외로부터 유입되는 식량의 양은 매우 적다. 즉 거의 자급자족이상을 생산해내는 것이다. 똠스크주의 농업은 러시아대비 약 0.7%의 농업생산량에 이르고 있다.

똠스크주는 가축사육과 작물재배에서 거의 대등한 생산량을 내고 있다. 똠스크주의 농업생산은 농업기업에 의한 대규모 생산을 그 특징으로 가지고 있다. 즉 주민들에 의한 사농이 별로 없는 실정이다.[2)]

똠스크주의 농업전반을 보기위해 총 농업생산량과, 총 농업생산액 중 작물관련 생산액, 총 농업생산액 중 가축관련 생산액을 연도별 추이로 살펴보면 다음과 같다.

농업생산량 추이

항목 \ 년도	1997	1998	1999	2000
총농업생산액	2,534.9	2,588.9	4,266.9	5,719.3
작물관련 생산액	1,344.3	1,300.5	1,988.3	2,820.1
가축관련 생산액	1,190.6	1,288.4	2,245.6	2,899.2
농업생산 지수	114	93	96	114

http://www.infostat.ru/epub.htm (검색일: 2003.1.10)

똠스크주의 총 경지면적에서 재배되는 작물들의 면적비율을 살펴보면 주요 농산물과 기여도를 파악할 수 있다. 똠스크주의 총 파종면적을 보면 2000년을 기준으로 488,400 헥타르이고 여기에서 주로 파종되는 작물의 종류를 보면 곡물이 55.3%, 사료용 작물재배가 38.6%로 큰 비중을 가지고 있고 그 외 특용작물이 0.4%, 감자와 채소가 5.7%를 차지하고 있어 상대적으로 낮은 비율을 나타내고 있다.

똠스크주의 농업생산에 있어 과연 주요 생산품목이 얼마나 생산되는가를 알아보는 것은 농업파악에 중요하다. 똠스크주에서 2000년 기준으로 주요 농산물의 총량을 보면 다음과 같다.

곡물-381,800 톤; 감자-317,400 톤; 채소-86,700 톤; 가축과 가금류(도살 후 무게)-34,900 톤; 우유 206,200 톤 등이다.

3. 자원 등 기타

똠스크주는 특별히 평지가 많은 지역이다. 러시아의 가장 큰 강인 오비강이 똠스크주를 남동쪽과 서북쪽으로 흐르고 있으며 이 강에 의해서 2개의

2) 대표적인 기업들을 들어보면 다음과 같다. АО 'Томь' и 'Кисло'вское", ТОО 'Заварзино', птицефабрика 'Туганская', АО 'Рассвет', ТОО 'Сибиряк', агрофирма 'Нива', совхоз 'Восход', АО 'Зай цевское', ТОО 'Тихомировское', АО 'Южное', госхоз 'Колпашевский ' 등이다.

지역으로 나누어진다. 똠스크주를 흐르는 기타 강으로 똠강, 출림강, 차야강 등이 있으며 이들 모두 오비강지역에 포함된다. 똠스크주의 강은 573개로 전체 길이가 20km를 초과한다. 이 지역의 호수는 95,000개가 있으며 대부분 강의 저지에 위치하고 있다. 전체적으로 이들 호수와 강의 길이는 똠스크주 면적의 1/5에 달한다.

똠스크주의 산림은 전 면적의 많은 부분을 차지하고 있으며 중부타이거, 남부타이가, 숲 초원 타이거를 이루고 있다. 이곳은 전나무, 소나무를 비롯하여 가치 있는 시베리아 타이거 종이 많이 분포되어 있다.

똠스크주는 지리적 위치에 기해 잠재적인 자원매장량이 많다. 현재 채유되는 석유량은 3억 톤에 이르고 가스의 경우 5억 1,800㎥로 전체 추정 매장량의 47%에 해당된다. 전문가에 의하면 이 지역의 탄화수소 매장량은 더욱 증가할 것으로 추정되며 현재 98개의 탄화수소매장지가 있다. 이 중 78개는 석유·가스매장지이며 12개는 석유가스응축액 매장지이다. 그러나 그 매장지의 많은 부분은 매장량이 적은 곳들이다. 그리고 이들 매장지의 45%는 소베트, 뻬르보마이스크, 루기네쯔, 이골스크, 딸로브 등의 매장지에 집중되어 있다.

주목할 만한 사실은 이탄의 매장량이 러시아에서 첫 번째 위치를 차지한다는 것이다. 이탄의 많은 부분은 까슈간 매장지에서 채굴된다. 이 외 똠스크주는 철광석이 풍부하며 금, 구리광, 망간, 아연, 갈탄, 모래자갈 혼합물, 비가연성 벽돌 점토 등의 매장지가 있으며 기타 금속광 매장지가 12개가 채굴, 가공 중에 있다.

똠스크주는 전 면적의 57%가 산림으로 덮여있다. 대부분의 산림은 침엽수림으로 소나무, 전나무, 서양삼나무 등으로 이루어져 있다. 특히 케찌와 출리마 강지대는 산림자원이 풍부하며 이는 이 지역의 목재를 이용한 산업의 발달을 촉진시켜주는 중대한 역할을 한다.

똠스크주에는 사냥이 허락된 24종의 포유류와 30종의 조류가 서생하고 있고 수자원도 풍부하다.

V. 문화시스템

1. 지역정체성

1) 인구

똠스크주의 2001년 현재 인구는 1,065,000명이며, 러시아 전역의 일반적인 경향과 마찬가지로 해마다 인구수가 감소하고 있다. 아래 표에서 볼 수 있듯이, 사망자수가 출생자수보다 많은 것이 주원인이다.

특히 원주민들은 대부분의 경우 인구감소, 출산율 하락, 평균수명 단축, 사망률 및 자살률 상승 등의 위기 상황에 처해있다. 따라서 인구의 지속적인 외부유입이 이루어지지 않는다면, 전체 인구의 지속적인 감소현상은 피할 수 없을 것이다.

똠스크주 인구변동 추이

연도	1990	1992	1993	1994	1995	1996	1997	1998	1999	2000	2001
인구수 (1,000명)	1,084	1,086	1,083	1,075	1,079	1,078	1,075	1,074	1,072	1,068	1,065

Россий ский статистический ежегодник. М., 2001. С. 83.

90년대 들어 사망자수가 출생자수를 지속적으로 초과하여 인구의 자연증가는 마이너스 성장을 보이고 있고, 이는 궁극적으로 지속적인 인구감소를 초래하고 있다.

똠스크주 출생자수, 사망자수, 자연증가율

연도	출생자수(명)	사망자수(명)	자연증가율(명)
1990	13,550	9,402	4,148
1992	10,246	10,586	-340
1993	8,689	13,413	-4,724
1994	8,676	13,775	-5,099
1995	9,853	13,969	-4,116
1996	9,725	14,153	-4,428
1997	9,532	13,210	-3,678

1998	10,078	12,669	-2,591
1999	9,698	13,220	-3,522
2000	10,071	13,960	-3,889

Россий ский статистический ежегодник. М., 2001. С. 121.

똠스크주 인구의 25% 정도가 연금생활자이며, 인구의 30% 이상이 고등교육을 받고, 경제 분야에 종사하고 있다. 아래 표에서 볼 수 있듯이, 90년대 후반 지속적으로 증가하던 실업률이 2000년 들어서 감소추세로 돌아섰다.

똠스크주는 노동시장 잠재력이 높으며, 정부기관들은 일자리 창출과 고용 증대를 위해 노력하고 있다.

똠스크주 경제활동인구(취업자, 실업자), 실업률

연도	경제활동인구 (1,000명)	취업자수 (1,000명)	실업자수 (1,000명)	실업률(%)
1992	511	471	40	7.8
1993	514	475	39	7.6
1994	532	478	54	10.2
1995	540	497	43	7.9
1996	525	484	42	7.9
1997	497	434	63	12.8
1998	513	438	75	14.7
1999	531	445	86	16.2
2000	532	466	65	12.2

Россий ский статистический ежегодник. М., 2001. С. 139.

2) 민족

똠스크주에는 80여 민족이 거주한다. 주요 민족 구성을 보면, 러시아인 88.2%, 우끄라이나인 2.6%, 따따르인 2.1%, 독일인 1.5%, 벨라루스인 0.9%, 츄바쉬인 0.8%, 우즈벡인 0.3%, 아제르바이쟌인 0.3%, 몰도바인 0.3%, 바슈키르인 0.2%, 까자흐인 0.2%, 우드무르트인 0.2%, 몰다비아인 0.2% 등이다.

3) 교육

똠스크주는 러시아내 우랄동쪽 지방의 최초의 대학("시베리아 대학교",

1888년 개교)이 설치된 곳으로서, 현재 똠스크 국립대학을 비롯하여 6개 종합대학이 있으며, 그 외에 최초의 사립대학인 경법대학 및 농업대학 등 10개 이상의 대학과 국립대, 사립대 분교들이 설치되어 있다. 대학생 수는 66,400명이다. 주내의 교육과 연구에 종사하는 인력의 총 수는 5,500명에 달한다. 또한 철도공업전문학교, 도로공업전문학교 등 17개 전문학교가 설치되어 있다.

1990년대부터 다른 지방에서와 마찬가지로, 연방 차원의 교육재정 지원 감소로 인한 어려움을 타개하기 위하여 유상교육, 연구결과물의 실용화, 유휴 교육시설 임대 등을 실행하고 있다.

주요 연구소로는 러시아 과학아카데미 시베리아지부 석유화학 연구소, 초정밀 전자기기 연구소, 재료학 및 재료 강도 연구소 등 8개 연구소가 있다.

2. 지역문화

1) 문화개괄

“아주 먼 곳에 가보지 않으면 자신의 고장에 대해서 알지 못한다”라는 말이 있는데 올바른 말인 것 같다. 종종 외국의 여행객들이 러시아의 도시, 그들의 명성고적, 역사에 대해서 더 잘 알고 있는 경우가 있다.

똠스크시는 다른 도시와는 달리 역사적인 유물들이 많이 있으며, 고등교육기관과 문화 -오락센터도 많이 있다.

많은 유명 인사들이 이 지역과 인연이 있다. 푸쉬킨의 증조할아버지인 한니발이 이곳으로 유형을 왔으며 체홉은 자신의 일기에서 똠스크 여관에서 있었던 사건을 적어놓았다. 여기에서 작가 까롤렌꼬와 우스뻰스키, 쉬쉬꼬프, 가린-미하일로프스키와 많은 다른 유명한 러시아 작가들이 작업을 했다.

이 지역의 발달된 인프라망을 갖춘 현대적 도시는 손님들과 주민들에게 완전한 휴식을 위한 정보를 제공하고 있다. 이 때문에 이 도시에 온 사람들은 지루한 줄을 모른다. 여행사들이 관광객들에게 역사적인 장소에 대한 관광코스를 많이 제공하고 있다. 똠스크에는 여러 가지 종교의 교회들이 평화롭게 잘 공존하고 있다. 똠스크는 '시베리아의 아테네'라고 불리며 대학생의 도시로도 불린다.

여행객들은 호텔에 쉬고 자신들의 지적 수준을 높이기 위해 극장과 박물관 똠스크 전시관에 갈 수 있다. 시에서 젊은이들은 훌륭한 수준에서 여가를 보낼 수 있다. 이곳에는 커다란 카페와 비스뜨로와 레스토랑, 바, 나이트클럽, 디스코텍들이 잘 갖추어져 있다.

반면 자연 속에서 여가를 보내기를 좋아하는 사람들은 숲지대나 물가로 가서 뜻 깊은 시간을 보낼 수 있고 놀이용 작은 배를 타거나 고기를 잡거나 다양한 형태의 식물이 있는 소나무 숲과 놀라운 동물의 세계가 있는 웅장한 소나무 숲에서 휴식을 취할 수 있다.

2) 문화시설

똠스크 주 예술박물관

이 박물관 설립의 토대는 예술가들인 베린고프(М. М. Берингов) 와 찌호미로프(А. Н. Тихомиров)가 놓았다. 지역 사회의 40여개의 작품으로 된 첫 번째 전시관에는 예술품과 유물들이 있으며 수리꼬프와 깐찰로프스키의 작품들도 전시되어 있다.

시베리아 예술가들의 작품이 이 박물관의 근간을 이루고 있고 유명한 화가 구르낀(Г. И. Гуркин)의 '말떼가 있는 풍경'이 이 박물관에 전시되어 있는데, 이 그림은 그의 작품 중에서도 중요한 위치를 차지하는 것이다. 시간이 흐름에 따라 박물관의 러시아 수집품은 양적으로는 성장하지 않았지만 질적으로는 변화를 겪었다.

수집품들은 여러 가지 장르와 경향의 19세기 후반의 예술가들의 작품으로 채워지게 되었다. 이 예술가들은 해양화가 아이바조프스키(И. К. Айвазовский), 그루진스끼 (П. Н. Грузинский), 두보프스끼(Н. Н. Дубовский), 먀소예도프(Г. Г. Мясоедов), 마꼬프스끼(А. В. Маковский), 끄라치꼬프스끼(И. Е. Крачковский), 끄리지쯔끼(К. Я. Крыжицкий) 등이다. 20세기 초의 회화작품들도 전시되어 있다. 예를 들면, 꾸쁘린(А. В. Куприн) 아니스펠트(Б. И. Анисфельд), 브라즈(И. Э. Браз), 주꼬프스끼(С. Ю. Жуковский), 발리니츠키-비룰(В. К. Бялыницкий-Бируль) 등의 작품인데 이 작품들은 이 시기 예술발전의 복잡하고 대립적인 모습을 잘 보여주고 있다.

똠스크 주지지 박물관

똠스크주 의회는 1911년에 주에 통합 박물관을 열려는 계획을 받아들였지만 그 계획은 전쟁 때문에 실현되지 못했다. 이 문제를 해결하기위해 1920년 2월에 특별위원회가 소집되었고 위원회는 지역의 유물을 보존하기위해서 박물관의 건설이 시급하다는 결론을 내렸다. 박물관의 첫 번째 전시실은 1922년에 3월 18일 열렸다. 이박물관의 건립에는 초대 관장을 지낸 인류학자인 샤찔로프(М. Б. Шатилов)가 많은 일을 했다.

1982년 똠스크주 지지박물관의 예술 섹터를 토대로 똠스크주 예술 박물관이 세워졌다. 똠스크주 지지 박물관의 건물은 도시에 남아있는 19세기 중엽의 고전주의 양식의 석조 건물로 유일한 것이어서 시의 명물이 되었다.

띠바 공화국
Республика Тыва

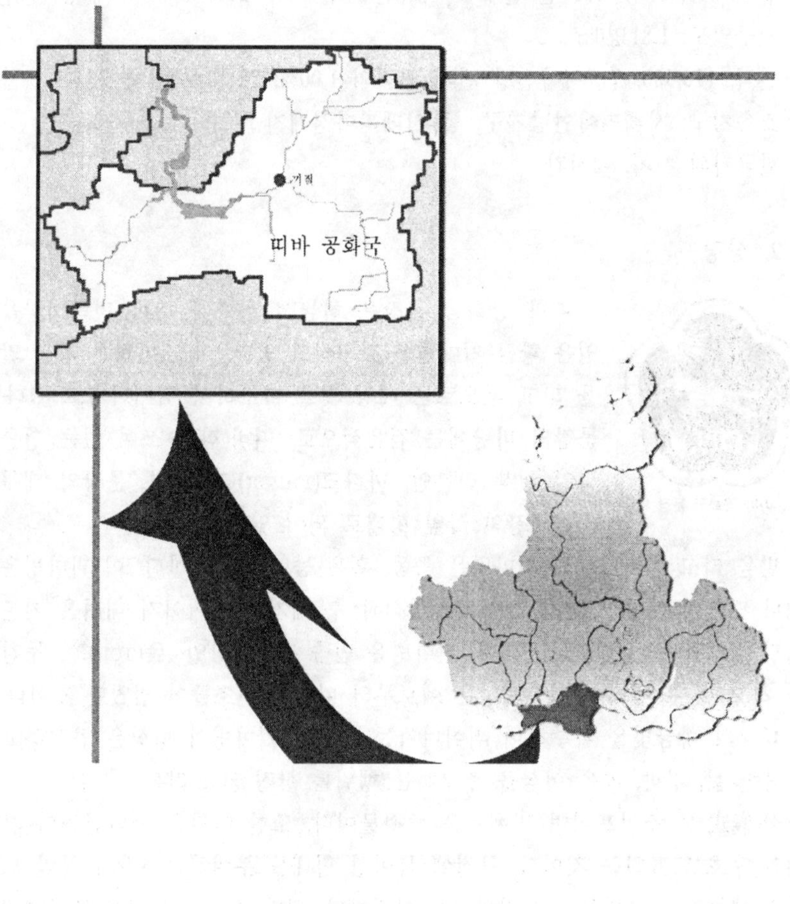

Ⅰ. 개황

1. 기초정보

공화국 성립일: 1992년.

수도: 끼질(Кызыл)

인구: 310,000명 (2001년 현재: 러시아연방 전체의 0.21%; 89개 주체 중 78위)

인구밀도: 1.81명/㎢

면적: 170,500㎢(러시아연방 전체 면적의 1.00%; 89개 주체 중 23위)

소속지구: 시베리아연방지구; 동 시베리아경제지구

한국과의 시차: -2시간

2. 상징

띠바 공화국 문장

띠바 공화국 문장은 하늘색 바탕에 띠바 민족의상을 입은 황금 기마병을 묘사하고 있다. 이 기마병은 황금 말을 타고 떠오르는 태양 빛을 마주하며 뛰어나가고 있다. 문장의 바탕에는 검은색으로 '띠바'라고 쓰여 있는 전통적인 흰색 리본인 '까다크(кадак)'가 있다. 문장의 테두리는 5장의 꽃잎 형태로 되어 있다.

말을 타고 뛰어나가는 기마병은 목동, 혹은 농민을 상징한다. 이 기마병은 띠바 민족의 자주성, 전통적인 생활방식과 수 세기동안 이어져 내려온 기본적인 경제활동을 반영하고 있다. 기마병은 민족 전통의상인 '똔(тон)'과 두건을 하고 있다. 이러한 전통의상은 예로부터 띠바인 선조들이 입었던 것이다.

태양의 황금빛을 마주하며 뛰어나가는 목동인 기마병의 형상은 찬란하고 행복한 삶, 평화, 높은 이상을 추구하는 행위를 상징한다. 리본인 '까다크'는 의식(儀式)용 스카프이며 명예로운 증정물이다. 또한 이것은 띠바인들의 환대와 우호를 표하는 것이다. 문장에 특이한 형태를 부여하는 5장의 꽃잎 모양의 테두리는 고대불교의 영원성을 상징한다. 띠바 공화국 문장은 1992년 9월 17일 채택되었다.

띠바 공화국 국기는 하늘색 직사각형의 장방형 천으로 되어 있다. 국기에

띠바 공화국 국기

는 깃대 쪽에서 위쪽과 아래쪽 구석에서부터 시작되는 하얀 띠와 하늘색 띠가 그려져 있다. 하늘색 띠는 국기의 중앙을 지나면서 하나로 통합된다. 국기 좌측에는 황금색 삼각형이 하얀 띠에 의해 구분되어 있다.

국기의 위쪽과 아래쪽 구석에서 시작되고 있는 띠는 띠바 지역을 흐르는 대 예니쎄이(비-헴:Бий -Хем)강과 소 예니쎄이(까-헴:Каа-Хем)강을 상징하며, 하나로 연결되어 국기의 장방형 천을 상하로 가르는 띠는 예니쎄이 상류(울루그-헴:Улуг-Хем)를 상징한다. 예니쎄이강 상류에서는 끼질 소재지에서 두 개의 대, 소예니쎄이강이 합류한다.

황금색은 풍요, 지배, 위대함을, 하늘색은 청명한 하늘, 목적의 숭고함, 상호간의 존경, 사회의 화합을, 하얀색은 순결함과 사회도덕의 고귀함을 상징한다. 하얀색은 띠바인들의 전통적인 음료수를 떠올리게도 하는데, 그것은 우유를 넣은 차이다. 이것은 집에 방문한 손님에게 접대하는 전통적인 차이다. 띠바 공화국 국기는 1992년 9월 17일 채택되었다.

3. 주요도시

끼질(Кызыл): 인구 103,300명; 북위 51°43′, 동경 94°23′
(인구: 2002년 현재)

4. 주요 산업 및 농업

공화국의 주요 산업으로 비철금속가공업(니켈-코발트공업), 석탄공업, 석면공업, 식료품공업(제분업, 육류유제업), 경공업(가죽신발공업, 재봉공업, 모직물가공업) 등이 발달했으며, 농업부문은 축산업, 목양, 염소 사육업, 양마 등이 발달했다.

Ⅱ. 자연환경

1. 지리적 위치와 구성

띠바 공화국은 16개 행정구, 5개 시, 3개 도시형마을, 99개의 농촌마을로 구성되어 있으며, 러시아 연방 남쪽 극단에 위치한다.

끄라스노야르스크 변강주, 이르꾸쯔크(Иркутск)주, 부랴찌야(Бурятия) 공화국, 하까씨야(Хакассия) 공화국, 알따이(Алтай) 공화국, 몽골과 경계를 이룬다.

주요 하천은 볼쇼이 예니쎄이, 말리 예니쎄이(함-씨야강의 지류), 베르흐니 예니쎄이강이다.

수도 끼질시와 모스크바 간 거리는 4,668㎞이다.

2. 기후조건

대륙성 혹한기후

1월 평균기온: -25 ~ -35℃

7월 평균기온: 15 ~ 20℃

연강수량: 200㎜ ~ 1000㎜(산악 지대)

식물 생장 기간: 120일(분지)

식생: 스텝 지대

토양: 산악 타이가 토양

삼림분포도: 48%

3. 주요 유용광물

비철금속, 석면, 석탄, 화학원료 등이 있다.

주요산지:

비철금속: 바얀꼴스크(Баянкольск), 울루크-딴제끄스코(Улуг-Танзекско), 호부-악씨(Хову-Аксы).

석면: 아크-도부락스크(Ак-Довуракск).

석탄: 까-헴(Каа-Хем), 차단스크(Чаданск), 메제게이스크(Межегей ск).

화학원료: 하이락스크(Хай ракск).

Ⅲ. 정치시스템

1. 역사

기원전 10 ~ 4만년 사이에 오늘날의 띠바 공화국 영토에 최초의 고대인류가 등장했다. 이곳의 인류발생 시기는 온화한 기후를 가진 스따르이 스베트 (Старый Свет) 지역보다는 늦었다. 최초 고대인류의 정주지는 구석기시대 중반 띠바의 남부와 북부지역에서 발생했다. 여기서 석기도구로 다듬어진 투박한 형태의 끌, 칼 모양의 도구 등이 발견되었다. 고대 띠바 민족은 기원전 5-4천년 신석기시대부터 좀 더 정교한 석기도구와 점토그릇 등을 만들기 시작했다.

청동기시대에 가축사육, 구리와 철로 만든 도구, 세계적으로 가치 있는 예술적 경지를 보여주는 벽화 등이 나타났다. 고대 띠바에서 철기문화의 도입은 고대사회에 근본적인 변화를 가져왔다. 인구의 증가는 사냥과 가축사육을 동시에 하는 계기가 되었다. 고대 띠바 민족은 무덤에 있던 화려하게 꾸며진 장식품들로 미루어 높은 문화수준을 유지했던 것으로 보인다. 이들 장식품들의 일부는 띠바 고유의 문화를 반영했고 다른 일부는 스키프-시베리아 문화양식의 영향을 받은 것으로 생각된다. 아르좐 마을의 대규모 무덤을 발굴로 많은 유물이 찾아졌고 이 시기 연구에 도움이 되고 있다. 이 유물들 가운데는 현재 에르미따쉬 박물관에 보관하고 있는 황금표범과 그 밖의 고대장인들의 금속장식품이 있다.

이 시기에는 유럽인종의 특징이 많이 나타나는 유럽-몽고 혼합종족이 살았다. 고대 연대기에 따르면 기원전 2세기부터 5세기까지 띠바지역에는 훈족, 샨비족, 쥬쟌족 등의 침략이 있었다. 훈족의 계속적인 침입은 주민들의 물질문화와 민족구성을 바꾸어 놓아서 주민 대부분이 대몽고 계통의 중앙-아시아계 민족이 차지하게 되었다. 띠바에는 6세기에서 7세기까지 터키에 종속되었을 때 봉건제도가 정착되었다. 띠바의 산업은 주로 농경과 가축사육이었으며 그밖에 광물채집, 금속가공, 수공업, 예술품 등을 제작했다. 띠바 지역의 발굴에서 돌에 새겨서 만든 책을 비롯하여 고대 터키문자가 새겨진 85개의 돌로 만든 화살을 발견했다.

7세기 초 터키한국은 동터키와 서터키 2개의 국가로 분리되었으며 두 국가 간의 전쟁이 발생했다. 띠바가 속한 동터키한국은 위그르족의 침입을 받아

멸망했다. 위그르족의 등장은 띠바 민족의 생활과 물질문화, 농업문화의 형성에 큰 영향을 주었다. 띠바는 750-840년경에 위그르족의 통치아래에 있었으며 위그르족은 성곽과 토성을 건설함으로써 국가시스템 형성을 강화했다. 성곽의 건설로 15개의 위그르 요새와 연결하는 통일된 방어성곽이 구축되었다. 이 지역에는 17개의 위그르족의 도시형 요새와 강유역에 설치된 방어용 장벽이 있었다. 위그르족의 통치하에서 띠바에는 봉건관계가 강화되었다.

840년경 끼르끼즈 민족은 띠바 민족과 알따이 민족의 지원을 받아 위그르족을 공격하여 성곽을 파괴하고 그들을 쫓아냈다. 띠바는 고대 끼르끼즈 국가에 속하게 되었다. 끼르끼즈 국가는 띠바 민족의 형성에 많은 영향을 주었다. 끼르끼즈인들로부터 고대 끼르끼즈-띠바 민족이 형성되기 시작했다. 이와 동시대에 사얀 민족과 알타이 민족 간의 융합이 진행되었다. 이 민족들은 고대 터키 문자유형에 속하는 예니세이 계열의 고유한 문자를 만들었다.

12세기 초 띠바는 칭기스칸 군대의 통치아래 놓였다. 주민들은 세금을 내야 했고 이러한 세금납부는 14세기까지 이어졌다. 몽고와의 민족융합은 오늘날의 띠바인을 특징짓는 중앙-아시아 인종의 형성계기가 되었다. 두 세기 동안 띠바는 독립된 지위를 얻었으나 16세기 말부터 북몽고국가인 알띤-한과 준가리야의 지배를 받았다. 1757년 준가리야는 중국의 만주왕조에 의해 멸망했으며 띠바는 만주 왕조에 속하게 되었다. 띠바민족은 만주왕조의 지나친 세금강요에 저항하여 여러 번 봉기를 했다. 이중 가장 큰 봉기는 1883-1885년에 발생한 알단 마아드리(Алдан Маадыр)였다. 여기에 헴칙강 계곡에 사는 주민들이 참가하여 식민통치에 저항했다. 이 봉기는 진압되었지만 띠바 민족을 하나의 민족으로 통일시키는 역사적인 의미를 지니고 있다. 1911-1912년 만주제국은 내부의 사회적 갈등으로 붕괴되기 시작했다. 또한 몽고와 띠바의 민족독립운동은 이러한 멸명 과정을 가속화시켰다.

러시아의 외교적 지원 아래 몽고는 자치권을 얻었고 띠바는 1914년에 러시아보호령으로 남게 되었다. 그래서 띠바는 국내문제에 한해서만 결정권을 갖게 되었고 외국과의 독자적인 외교관계 수립은 금지되었다. 띠바는 몽고의 법률과 지역습관을 갖고 있었다. 러시아 재판관이 있는 재판소에서는 지역 간의 문제만 다루었다.

19세기 말 띠바지역에 러시아 농민들의 이주가 시작되었다. 러시아 농민들은 농경문화를 전파했으며 농경, 상업, 사냥, 어로, 수공업에 종사했다. 러시아 10월혁명과 내전 발생이후 띠바에서 계급 간, 민족 간 갈등상태가 발생했으며 이는 무력충돌을 가져왔다. 1921년까지도 띠바는 붉은 군대의 통치 아래 놓여있지 않았었다. 1921년 8월 14일 띠바민족공화국이 설립되었다. 역사상 최초로 띠바 민족의 국가가 수립된 것이다. 띠바의 의회는 러시아에게 국가발전에 필요한 도움을 요청했다.

띠바에서 산업과 문화를 발전시키는 것은 매우 어려웠다. 러시아는 띠바에 매우 큰 사상적 영향을 주었고 경제적, 문화적 지원을 하여 띠바의 경제발전과 주민생활 수준 향상에 도움을 주었다. 1930년에 띠바는 자체문자를 창조했으며 이는 띠바의 문학과 학문발전에 큰 공헌을 했다. 띠바는 1944년 자치주로 변경될 때까지 띠바 인민공화국은 소연방 구성공화국 가운데 하나가 되었다. 띠바 공화국은 헌법, 국기, 문장, 금 보유, 독립된 예산권 등을 가지게 되었다. 1961년 띠바 자치주는 자치공화국으로 변경되었다.

1990년 12월에 띠바는 뚜빈 소비에트공화국으로 개칭되었고 1991년 8월에는 띠바 공화국으로 개명되었다. 1993년 10월에 헌법이 제정되었다.

2. 정치

1) 정치일반

띠바 공화국은 대통령제 공화국이다. 띠바 공화국의 행정부는, 1993년에 채택된 공화국의 헌법에 기초하여 공화국의 대통령을 중심으로 국가운영이 이루어진다. 공화국 수반인 대통령은 오르작(Ш. Д. Ооржак)이다. 대통령은 부통령인 멜니꼬프(А. А. Мельников)를 비롯, 장관, 국가위원회 위원장 및 국가기관의 지도자를 임명한다.

입법권력은 공화국 입법기관인 최고후랄(Верховный Хурал)이 실현한다. 최고후랄은 4년 임기로 유권자들에 의해 선출되는 32명의 의원으로 구성된다. 최고후랄 의원선거는 1997년 3월에 실시되었다. 최고후랄의 의장은 까라오올(Ш. В. Караоол)이다. 그는 1998년 공화국의 최고후랄 의원으로 선출되었고 1998년 6월 23일 의장으로 선출되었다. 최고후랄 의장의 권한은 2002년 3월까지 지속되었다.

2)선거

(1) 띠바 공화국 행정수반 선거

띠바 공화국의 행정수반인 대통령 선거가 1997년 3월 16일 실시되었다. 오르작이 70.61%를 득표하여 당선되었다.

(2) 띠바 공화국 최고후랄(Верховный Хурал) 의원 선거

최고후랄 의원 선거가 1998년 4월 5일 실시되었으며, 32명의 의원이 선출되었다. 공화국의 9번과 10번 선거구에서는 2001년 3월 18일 재선거가 치러졌다.

(3) 러시아연방 국가두마의원 선거

러시아연방 국가두마의원 선거가 1999년 12월 19일 실시되었다. 유권자 60.75%가 투표에 참여했다. 26개 이상의 정당 및 정치단체가 선거에 참여했다. 주요정당이 획득한 득표수는 다음과 같다.

정당	득표수
조국-전러시아	3203
러시아공산당	9239
단결	78738

띠바 선거구에서 연방 국가두마의원으로 당선된 후보는 <단결당> 소속의 락찌오노프(Н. И. Лактионов)와 비첼제이(К. А. Бичелдей)이다.

(4) 러시아연방 대통령 선거

2000년 3월 26일 실시된 러시아연방 대통령선거에는 유권자 70.3%가 투표에 참여했다. 띠바 공화국 유권자들이 개별 후보들에게 보여준 지지율은 다음과 같다.

후보	득표율(%)
뿌친	62.4
쥬가노프	27.4
야블린스끼	1.6
지리놉스끼	1.8
뚤레예프	2.7
모든 후보에 대한 반대	0.9

Ⅳ. 경제 시스템

1. 경제개황

띠바 공화국은 7개의 연방지구 중 시베리아연방지구에 속하고 12개의 러시아 경제지역 중 동시베리아경제지역에 속한다. 띠바 공화국 영토의 거의 절반에 해당하는 부분은 숲으로 덮여진 산지대이며 나머지 절반은 산과 산 사이의 분지에 위치한 삼림스텝지역, 건조한 스텝지역, 사막지대 등이다. 이 지역의 경제는 발전 정도가 미미하다. 농업부문 우위형의 경제구조를 가지고 있고 특히 털이 가는 양을 키우는 축산업이 발달해 있다.

이 공화국의 많은 기업들은 토지자원과 사료자원의 효과적인 이용과 철도와 수로 덕분에 고기 등의 식료품을 대량 수출하고 있으며 또한 양털과 앙고르 염소털, 짐승가죽 등을 생산해 내는 축산과 그것들의 활용·생산에 주력하고 있다.

이렇듯 공업이 중심이 되지 못해 침체되고 여타의 주변 부문이 우위에 있는 이유는 전쟁이 끝난 지 그리 오랜 시간이 흐르지 않았기 때문이다.

띠바 공화국의 지역총생산과 1인당 지역총생산을 들어보면 다음과 같다.

띠바 공화국 지역총생산액 추이

항목 \ 년도	1996	1997	1998	1999
지역총생산	1,484	1,641	1,843	2,616
1인당 지역총생산	4,787	5,289	5,930	8,404
지역총생산 지수		99.5	95.8	106.6

http://www.infostat.ru/epub.htm (검색일: 2003.1.10)

띠바 공화국의 기업부문의 지표에 있어 총 기업수와 소 기업수 그리고 공업관련 기업수를 연도별 추이로 살펴보면 다음과 같다.

기업수 추이

항목 \ 년도	1997	1998	1999	2000
총기업수(연말)	5,799	5,359	5,130	5,035
소기업수(연말)	652	595	672	656
활동기업수	177	941	79	140

http://www.infostat.ru/epub.htm (검색일: 2003.1.10)

2. 산업

1) 공업

띠바 공화국의 주요공업부문에서는 전기에너지, 유색야금술, 기계제작·금속가공, 동력, 삼림, 목재가공, 경공업, 식품공업, 의료, 건재공업과 복합사료공업, 인쇄공업 등이 중심이 되고 있다.

전체적으로 띠바 공화국의 총 공업생산량은 그 상대치가 미미하나 점차적으로 그 양은 증가하고 있다. 그리고 공업생산지수의 경우에는 1998년 이후 거의 변화 없이 그 상태를 유지하고 있다.

띠바 공화국의 총 공업생산량과 공업생산지수를 연도별 추이로 보면 다음과 같다.

총 공업생산량 추이

항목 \ 년도	1997	1998	1999	2000
총 공업생산량	372	392	562	692
공업생산 지수	86	96	111	110

http://www.infostat.ru/epub.htm (검색일: 2003.1.10)

띠바 공화국의 산업적 특성은 광산채굴산업의 기반화라고 표현할 수 있을 만큼 가장 기본적인 산업부문을 지하유용 광물자원의 채굴과 가공이 차지한다는 점이다. 다음 표를 이용하여 띠바 공화국의 생산부문별 비율을 살펴볼 수 있다.

주요 공업생산부문별 생산비율

생산부문	띠바 공화국 총공업생산 비율
전기전력	24.2%
연료공업	11.6%
비철금속	36.8%
화학·석유화학	0.1%
기계제작·금속가공	1.3%
목재가공, 종이·펄프	3.0%
건재공업	3.5%
경공업	3.0%

식품공업	11.3%
제분,곡물,사료	2.4%
기타	3.1%

http://www.infostat.ru/epub.htm (검색일: 2003.1.10)

식품공업과 경공업, 목재가공 부문은 비록 현재 비중은 적지만 최근에 들어서 이 부문이 전략적으로 성장되고 있다. 또한 풍부한 천연자원을 배경으로 하여 금속 가공과 건재공업 역시 현재 매우 전망 있는 부분으로 평가받고 있다.

2) 농업

띠바 공화국의 농업은 이 지역의 근본이 되고 있다. 띠바 공화국의 고유한 기후 여건은 각종 열매를 잘 자라게 하고 북부지방 사슴의 성장을 촉진하며 낙타를 기를 수 있는 조건을 만들어주고 있다. 이 지역의 목장과 사료용 풀을 위한 영토 면적은 전체 공화국의 면적의 10%에 해당한다.

기후가 건조하기 때문에 수확량은 적은 편이지만 밀과 호밀, 수수와 사료용식물의 재배가 활발하다. 띠바 공화국의 1/3 이상의 면적이 농경지로 사용되고 있다. 전체적으로 경작용 토지는 58만 5,000 헥타르이다.

띠바 공화국의 농업전반을 보기위해 총 농업생산량과, 총 농업생산액 중 작물관련 생산액, 총 농업생산액 중 가축관련 생산액을 연도별 추이로 살펴보면 다음과 같다.

농업생산량 추이

항목 \ 년도	1997	1998	1999	2000
총농업생산액	622.0	646.6	947.9	1,285.0
작물관련 생산액	139.7	136.3	160.8	344.8
가축관련 생산액	482.3	510.3	787.1	940.2
농업생산 지수	97	91	94	100.0

http://www.infostat.ru/epub.htm (검색일: 2003.1.10)

위의 표를 통하여 알 수 있듯이 띠바 공화국의 발달된 농업경제의 중심은 가축사육이고 그 중 낙농이 주가 되고 있다. 총 농업생산액의 약 80%에 해당하는 부분이 가축사육에서 비롯된다. 행해지고 있는 가축사육의 종류를 보면 마필사육, 사슴사육, 낙타사육, 털이 가는 양 사육, 우유 및 고기를 얻기 위한 낙농 등이다.

띠바 공화국의 총 파종면적을 보면 2000년을 기준으로 44,200 헥타르이고 여기에 주로 파종되는 작물 종류를 보면 곡물이 66.4%, 사료용 작물재배가 24.9%이며 그 외 특용작물이 0.1%, 감자와 채소가 8.6%를 차지하고 있다.

띠바 공화국의 농업생산에 있어 2000년의 주요 생산량은 곡물 24,900 톤; 감자 26,600 톤; 채소 5,400 톤; 가축과 가금류 (도살 후 무게) 29,300 톤; 우유 47,000 톤 등이다.

가축사육과 관련해서 2000년 말 기준으로 사육 소는 97,2000 두이며 그 중 암소는 45,700 마리이다.

이와 같이 띠바 공화국의 농업은 활성화된 경제부문의 하나이며 공화국정부도 향후 농가의 생산을 더욱 증대하고 농촌의 인력을 유지하기 위하여 경제 정책적 지원을 아끼지 않고 있다.

3. 자원 등 기타

띠바 공화국은 호수, 산림, 유용광물자원을 포함하여 자연자원이 풍부하다. 주요한 유용광물자원으로는 유색금속, 희귀금속, 석탄, 철광, 금, 건축자재와 수은, 석면 등이 있다.

띠바 공화국은 토양이 치료용 성질을 띠고 있으며 물은 신성하고 치료적인 물로 알려져 있다. 띠바 공화국의 물은 미네랄수와 담수로 나눌 수 있다. 미네랄수의 경우는 그 화학적 성분상 러시아 정부로부터 치료용 미네랄수의 표준으로 설정되어 있다. 또한 염수로 이루어진 호수와 진흙 호수 역시 주요한 치료용 미네랄수로 인정받고 있다.

이 호수 중에 세계적으로 유명한 2개의 호수가 있으며 그 첫째는 수뜨홀 호수로 서사얀 산맥에 위치하고 해발 1,800m으로 그 길이는 동서 7 ~ 8km에 이른다.

두 번째 주요 호수는 차리따이 호수이다. 이 호수는 가장 넓고 깊은 담수 호수 중 하나이다. 이 호수는 따누올라 산맥의 북쪽경사면에 위치하고 있으며 해발 1,003m이다. 이 호수의 길이는 20km에 달하고 면적은 2,860 헥타르이다. 이 호수의 기슭은 돌과 모래로 이루어져 있으며 단지 남동부근에는 늪지가 있을 뿐이다.

광물자원을 살펴보면 띠바 공화국의 전 영토에는 멘델레븀이 분포되어 있다. 주요한 매장지를 살펴보면 까르단스크 금광, 우루그딴제스크 탄탈철광, 테릴하이스크 수은광산, 따스띠스크 리튬광산과 기타 무수한 매장지들이 있다.

이 지역의 금의 매장량만 하더라도 200 톤에 이른다. 특히 울루그헴스크 매장지의 석탄은 러시아에서 가장 큰 규모의 광산으로 200억 톤이 넘는 매장량을 보유하고 있다. 이중 84%는 점결탄이다.

띠바 공화국에는 두스다그 산 지역에 막대한 양의 염류가 매장되어있는 바 일 년에 채취하는 양은 평균 25,000 톤에 이르고 있다. 두스다그스크 매장지 한 곳에서 채굴되는 양으로도 향후 20년 간 이 나라전체의 수요량을 충족시키는 양이다.

띠바 공화국은 깨끗한 공기와 치료용 진흙 및 치료용 담수, 미네랄수, 사냥과 어로의 장소이며 아름다운 자연경관을 가진 곳으로 전 세계에서 손꼽히는 자연의 휴식처이다.

V. 문화시스템

1. 지역정체성

1) 인구

띠바 공화국의 2001년 현재 인구는 310,000명이며, 인구밀도는 1.81명/㎢명이고, 공화국 전체 인구의 평균 연령은 29세이다. 띠바 공화국의 수도 끼질을 비롯한 주요 도시들은 띠바 분지에 집중되어 있다. 공화국내 농업인구가 52%에 달한다. 다른 연방 주체들에 비해서 인구 변화 폭이 작아 안정적인 모습을 보인다.

띠바 공화국 인구변동 추이

연도	1990	1992	1993	1994	1995	1996	1997	1998	1999	2000	2001
인구수 (1,000명)	313	306	305	306	308	309	310	310	311	311	310

Российский статистический ежегодник. М., 2001. С. 83.

인구 자연증가는 90년대에 들어서 마이너스 성장을 보이는 다른 연방 주체들과는 달리, 정도는 미미하지만 지속적인 증가세를 보이고 있다.

띠바 공화국 출생자수, 사망자수, 자연증가율

연도	출생자수(명)	사망자수(명)	자연증가율(명)
1990	8,116	2,664	5,452
1992	6,545	3,006	3,539
1993	6,130	3,480	2,650
1994	6,076	4,086	1,990
1995	6,172	4,010	2,162
1996	5,705	4,110	1,595
1997	4,908	3,954	954
1998	5,267	3,631	1,636
1999	4,894	4,142	752
2000	4,871	4,170	701

Российский статистический ежегодник. М., 2001. С. 119.

농업 종사 인구가 50% 이상인 띠바 공화국의 실업률은 러시아 전체의 농업부문의 쇠퇴 경향과 관련하여, 90년대에 지속적으로 상승한 후 2000년도에 약간 하락한 상태이다.

띠바 공화국 경제활동인구(취업자, 실업자), 실업률

연도	경제활동인구 (1,000명)	취업자수 (1,000명)	실업자수 (1,000명)	실업률(%)
1992	143	134	10	6.7
1993	135	126	9	6.5.
1994	134	119	15	11.0
1995	123	96	26	21.4
1996	103	85	19	18.1
1997	122	95	27	22.0
1998	115	92	22	19.6
1999	124	92	32	25.7
2000	115	89	26	22.9

Россий ский статистический ежегодник. М., 2001. С. 139.

2) 민족

띠바 공화국에는 50여 민족이 거주한다. 주요 민족 구성을 보면, 원주민인 띠바인이 64.3%, 러시아인 32%, 하까스인 0.7%, 따따르인 0.4%, 부랴트인 0.2% 등으로, 원주민의 수가 다수를 차지한다.

3) 교육

띠바 공화국에는 2개 대학급 교육기관, 6개 전문학교, 12개 직업학교, 168개 중등학교가 있다. 주요 고등교육기관으로 띠바 국립대학, 띠바 농업전문학교, 끼질 자동차-도로 전문학교, 끼질 의료학교, 끼질 사범학교, 끼질 예술학교 등을 들 수 있으며, 학술 연구소로서는 띠바 인문과학 연구소, 러시아 과학아카데미 시베리아지부 띠바 천연자원 종합개발 연구소, 현대 인문과학 연구소 끼질 분소 등이 있다.

2. 지역문화

1) 문화개괄

띠바 공화국 민중들의 독자적이고도 놀라운 문화는 수세기에 걸쳐서 형성된 것이다. 오늘날까지 띠바의 땅과 산은 사람들의 생활과 문화의 자취를 보존하고 있다. 여기에는 수백 개의 그림이 그려져 있는 바위예술의 기념물들이 10개도 넘게 있다. 이것들은 끼질(Кызыл) 근처에 있는 말리 바얀-꼴(Баян-Кол), 신-추렉(Сыын-Чурек), 오르따-사르골(Ортаа-Саргол), 비지그띠크-하야(Бижиктиг-Хая), 헴칙(Хемчик), 강의 계곡에 있는 치르가까(Чиргака), 사리그-다쉬(Сарыг-Даш)와 예니세이 강의 오른쪽 강가에 있는 암석 조각들이다.

띠바 민중들은 종사하는 분야에 따라서 기본적으로 두 가지의 부류로 나누어진다. 한 부류는 산악 타이가의 사슴사육에 종사하는 사람들이며(동쪽 띠바인들)다른 부류는 스텝에서 활동하는 목축가들인데(이들은 서쪽 띠바인들이다) 유르트, 춤, 종려나무 껍질로 된 집, 통나무집들이 이들의 거주지였다.

띠바의 주민들에게는 세 가지 종교가 널리 퍼져 있는데 러시아 정교, 샤머니즘, 라마교 형태의 불교가 그것이다. 현재의 불교의 정신적인 지도자는 달라이 라마이다. 19개의 절과 하나의 불교 사원이 신자들의 성금으로 세워졌다. 이곳에 44명의 라마승들과 발심(發心)승들이 봉사하고 있다.

1997년에 띠바 불교의 창립자들에 의해 띠바 불교 발전의 독특한 센터가 세워졌다. 샤머니즘도 기본적으로 까체브 민족과 스꼬트 족, 그리고 수렵인들 사이에서 널리 퍼져 있다. 이것은 띠바 민족의 정신적이고 문화적인 삶의 고유한 부분이 되었다.

오래지 않은 과거에 이 샤머니즘은 띠바에서 널리 퍼져 있었으며 가장 최근에까지 인류학자들에 의해서 연구되었다. 샤머니즘의 기본에는 땅과 하늘의 정신과 교류할 수 있는 가능성에 대한 믿음이 놓여있다.

띠바의 민중예술 중에서 특별한 것은 '하룍쩨르'라는 목으로 부르는 노래인데 오늘날 전 세계적으로 유명하다. 이것은 띠바의 전통적인 노래 기법으로 흥미를 끌고 있다. 노래 기법 중의 하나는 한사람이 노래를 시작하고 즉시 두 개, 세 개의 목소리로 노래를 부르는 것이다.

목소리 노래의 기법은 음악문화의 일종이며 억양으로 소리내기의 기본이 된다. 이들은 동물의 소리 모방과 관계있으며 목소리 노래 예술의 핵심은 이러한 소리 모방이다.

2) 문화시설

띠바 공화국 음악-드라마 극장

띠바 공화국 음악-드라마 극장

1936년에 띠바 민중 공화국의 소비에트 간부회의의 결정에 따라 끼질라 시에 띠바 극장 스튜디오가 설립되었다. 1944년 띠바가 소련에 편입된 이후 직업 민족 극장이 세워졌다.

부랴찌야 공화국
Республика Бурятия

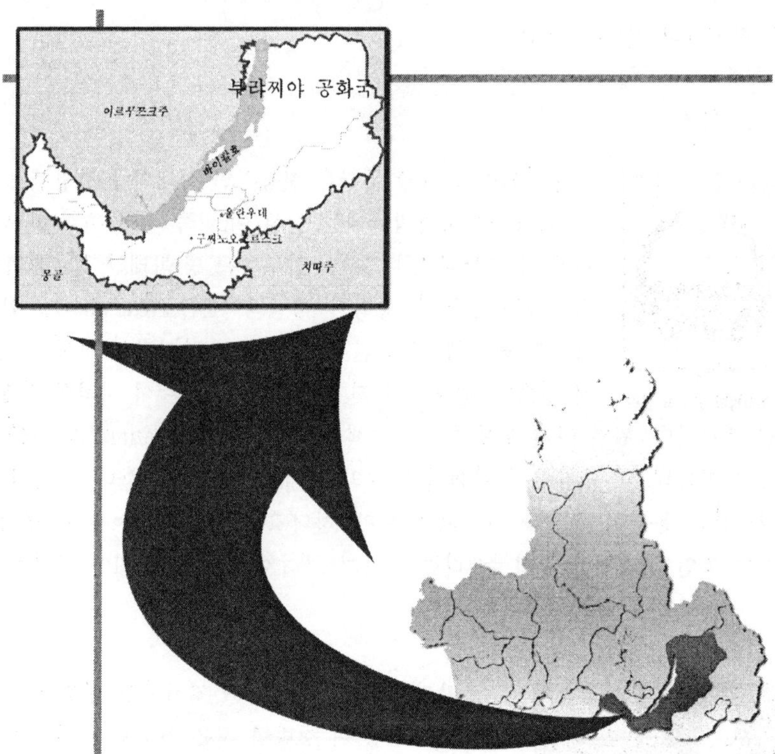

Ⅰ. 개황

1. 기초정보

공화국 성립일: 1992년.
수도: 울란우데(Улан-Удэ)
인구: 1,026,000명 (2001년 현재: 러시아연방 전체의 0.70%; 89개 주체 중 54위)
인구밀도: 2.92명/㎢
면적: 351,300㎢(러시아연방 전체 면적의 2.06%; 89개 주체 중 15위)
소속지구: 시베리아연방지구; 동 시베리아경제지구
한국과의 시차: -1시간

2. 상징

부랴찌야 공화국 문장

부랴찌야 공화국 문장은 전통적인 형태의 문장방패로 되어 있다. 이 문장방패에는 삼색 원(민족 기의 파란-하얀-노란색)이 묘사돼 있다. 원의 상부에는 영생(태양, 달, 화덕)을 의미하는 전통적 상징인 황금색 소옘보(соембо)가 있다. 파랗고 하얀색 띠로 된 원 중앙에는 바이칼의 파도가 새겨져 있으며, 연초록과 진초록의 산 정상은 이 지역의 특징적인 풍경이다. 원의 아래 부분에는 하늘색 리본인 '하다크(хадак)'가 테를 두르고 있는데, 이 리본은 부랴찌야 민족의 환대(歡待)를 상징한다. 하다크 중앙부분은 문장의 기반을 이루고 있으며, 하다크 뒤에는 러시아어와 부랴트어로 쓰인 부랴찌야 공화국이라는 글자가 가려져 있다. 부랴찌야 공화국 문장은 1995년 4월 20일 채택되었다.

부랴찌야 공화국 국기

부랴찌야 공화국 국기는 직사각형 장방형 천으로 되어 있다. 이 장방형 천은 가로로 된 3색 띠로 구성되어 있다. 위 부분은 깃발 높이의 2/4 크기의 파란색 띠가, 중앙에는 높이의 1/4 크기의 하늘색 띠가, 아래 부분에는 높이의 1/4 크기의 노란색 띠가 각각 묘사되어 있다. 부랴찌야의 노란색 전통적인 상징(소욤보)이 파란색 띠의 왼쪽 상단에 놓여 있다. 이 상징은 아래로부터 초승달, 태양, 세 개의 불길이 있는 화덕을 나타낸다. 국기의 가로, 세로 비율은 3:2이다.

파란색은 부랴찌야 민족을 상징하는 색상으로 역사적 뿌리와 문화, 그리고 강인함과 성실함을 상징하고 있다. 하얀색은 높은 도덕적 근원, 행복, 안정, 평온, 평화, 단결, 일체성을 의미한다. 파란색과 하얀색의 결합은 부랴찌야가 러시아연방의 일부분이라는 것을 의미한다. 노란색(황금색)은 민족의 정신적인 근원인 자바이깔리예(Забай калье)에 있는 신앙심이 깊은 부랴찌야인들은 황색과 황금색을 상징으로 하는 북방불교의 한 종파인 라마교를 신봉한다)을 강조하며, 황색은 자비, 인간과 자연의 조화, 정신적인 완성을 의미한다.

부랴트의 소욤보는 세 가지 요소로 이루어져 있다. 그것은 달, 태양, 아래에서 위로 향하는 불이다. 불은 온기, 생명, 빛, 부활, 평안, 화덕을 의미하며 순결함과 가정의 수호자의 상징이기도 하다. 첫 번째 불길은 과거를, 중간 불길은 현대를, 세 번째 불길은 미래 세대를 의미한다. 이와 함께 불길은 역사의 지속성과 계승을 말하고 있다. 삶, 생명력, 빛, 부유함, 풍요의 근원에 대한 관념은 태양과 연관이 있다. 부랴찌야 공화국 국기는 1992년 10월 29일 채택되었다.

3. 주요도시

울란-우데(Улан-Удэ): 인구 370,800명; 북위 51°50′, 동경 107°36′
구씨노오조르스크(Гусиноозёрск): 인구 29,500명; 북위 51°17′, 동경 106°31′
쎄베로바이깔스크(Северобай кальск): 인구 26,500명; 북위 55°39′, 동경 109°19′
(인구: 2002년 현재)

4. 주요 산업 및 농업

공화국의 주요 산업으로 기계제작(용구와 자동화기기, 전기기계, 기중기), 전력공업, 연료공업, 탄광업, 임업, 목재가공업, 셀룰로즈-제지공업, 건축자재산업, 경공업, 식료품공업 등이 발달했으며, 농업부문은 곡물농업, 감자, 야채재배가 전문1고, 낙농업, 목양, 염소 사육업, 양돈, 양계, 양마 등이 발달했다.

Ⅱ. 자연환경

1. 지리적 위치와 구성

부랴찌야 공화국은 21개 행정구, 6개 시, 29개 도시형마을, 219개의 농촌마을로 구성되어 있으며, 동 시베리아 남부, 자바이깔리예(Забай калье)에 위치한다.

이르꾸쯔크(Иркутск)주, 치따(Чита)주, 띠바 공화국, 몽골과 경계를 이룬다.

공화국을 흐르는 주요 하천은 비찜(Витим)강(레나강 지류), 쎌렌가(Селенга), 바르구진(Баргузин), 베르흐냐야 안가라강이며 바이칼호(가장 깊은 곳이 1,620m)가 있다.

수도 울란우데시와 모스크바 간의 거리는 5,532㎞이다.

2. 기후조건

대륙성 혹한기후

1월 평균기온: -24℃

7월 평균기온: 17℃

연강수량: 300㎜

식물 생장 기간: 90일(쎌렌가 강 분지)

식생: 활엽수림과 소나무 숲, 스텝, 영구 동토대 공존

토양: 산악 타이가 토양

삼림분포도: 62%

3. 주요 유용광물

텅스텐, 몰리브덴, 금, 다금속광, 석탄, 갈탄, 인회석, 석영이 섞인 사암 등이 있다.

주요산지:

텅스텐과 몰리브덴: 지진스크(Джидинск).

다금속광: 오제르노예(Озерное), 홀로드닌스크(Холоднинск), 아할릭스크.

인회석: 오슈르꼬프스크(Ошурковск).

석면: 몰로조주노예(Молодежное).

석영모래: 체렘샨스크(Черемшанск).

Ⅲ. 정치시스템

1. 역사

부랴찌야 공화국은 동부 시베리아에서 가장 아름다운 지역 중의 하나다. 부랴찌야의 자연은 여러 모습을 지니고 있고 여기에는 거대한 바이칼 호수와 끝이 없는 타이가 산림지대, 수량이 풍부한 강, 봉우리에 만년설이 덮힌 사얀 산맥을 들 수 있다.

역사가 말해주듯 현대의 부랴찌야 영토 안에는 고대부터 여러 민족이 살았다. 석기시대에 주민들은 사냥과 어로에 종사했다. 청동기시대에 이들은 이미 구리와 청동을 다루기 시작했고 금과 청동으로 장식품과 생활용품을 만들었으며 '금속판 무덤' 문화가 출현했다. 부랴찌야 원주민들은 기원전까지 훈족의 침입을 받았다. 훈족의 오랜 기간 지배아래서 중앙아시아 최초의 통일된 국가가 탄생했는데 이 국가의 유적으로 몇 개의 도시, 촌락, 거대한 무덤 등이 있다. 훈족이 지배하는 영토와 국경을 이루는 북부지역에 니즈네-이볼긴스끄 도시요새를 건설했다. 남쪽지역에는 많은 매장지가 발견되었다. 이들 중의 하나가 까흐따 지역에서 발견되었다.

훈족의 국가가 멸명한 후 많은 종족들이 서로 혼합되어지고 융합되기 시작했다. 이 지역에는 샨비, 꾸리깐, 몽고어를 사용하는 끼다니, 중세초기 몽고족, 퉁구스족 후손들이 살았다. 부랴트 민족과 에벤크 민족은 복잡한 역사적 상황에서 형성되었다. 부랴트 민족은 대몽고족 북아시아 계열 중앙아시아 민족그룹과 연관이 있다. 부랴트 민족은 알타이어족 몽고어 계열 북부그룹속에 있는 부랴찌야어를 사용하고 있다. 부랴찌야어는 서부와 동부지역 방언그룹으로 나누어진다. 부랴찌야에는 몽고어와 러시아어도 널리 퍼져있다. 바이칼 동부의 부랴트족은 1930년까지 고대 몽고문자를 사용했으며 1931년부터는 라틴문자를 기반으로 하는 문자로, 1939년부터는 러시아어 문자를 사용했다. 대다수 부랴트족은 러시아 정교를 믿고 있으며 이들 중 또한 많은 수가 샤머니즘을 수용하고 있다. 바이칼 동쪽의 부랴트족은 많은 수가 불교를 믿고 있다. 부랴트족 가운데 일부는 불교승려로서 유명하며 이들은 학문과 의술, 점성술로 널리 알려져 있다. 다짠에는 매우 독특한 형상을 지난 건축물이 있다. 12세기 중반 러시아에 합병될 때까지 불라가티, 에히리티, 호린찌, 혼고도리와 같은 여러 민족의 융합과정을 통해 부랴트 민족이 형성되었다.

러시아족은 바이칼 동부지역에 3단계에 걸쳐 이주하였다. 17세기에 까자크 개척자가 이주하여 동부 시베리지역에 러시아세력을 공고히 했으며 동부지역으로부터 흘러와 레나강에 합류하는 강에 대한 탐사를 시작했다. 이들의 탐험은 여러 흔적을 남겼다. 같은 세기 다른 시기에 까자크들은 앙가라, 베르흐네우딘스끄, 이르겐스끄, 네르친스크 지역에 요새를 건설했으며 이 요새는 러시아의 주요거점이 되었다. 정교회를 믿는 러시아족 이주자들은 많은 도시와 요새를 건설했는데 그중 하나가 셀렌긴스끄 요새였다.

18-19세기에는 이 지역으로 구교도들이 이주해 왔다. 이들은 가족단위로 이주해와 '가족집단'이라고 불려졌다. 바이칼 동쪽으로 추방된 구교도들은 농사를 지었으며 네르친스크 광산에서 일하는 광부들에게 빵을 공급하는 역할을 했다. 19세기 말부터 20세기 초까지 농민들의 이주가 활발했다. 3단계에 걸친 이주로 이주민들은 자신의 생활문화를 전파했으며 특히 구교도들의 문화는 원주민에 큰 영향을 주었다.

10월 혁명이후 1921년에 극동공화국 소속으로 부랴트-몽고 자치주가 설립되었고 1922년에는 러시아연방 소속으로 몽고-부랴트 자치주가 설립되었다. 1923년에 이 두개의 자치주는 러시아연방 소속 부랴트-몽고 자치소비에트 사회주의공화국으로 통합되었다. 1937년 이 공화국에서 분리된 아긴 부랴트 민족지구가 치따주 소속으로 수립되었으며 이르꾸츠끄주 소속으로 우스찌-오르딘 부랴트 민족지구가 수립되고 올리혼스끄 지역은 분리되어 이르꾸츠끄주 소속이 되었다. 1958년 7월 소연방 최고회의의 결의에 따라 부랴트-몽고 자치공화국은 부랴찌야 자치공화국으로 변경되었다.

1990년 10월 부랴찌야 자치공화국의 최고소비에트는 부랴찌야 소비에트 사회주의공화국의 국가주권에 관한 선언을 공표했다. 공화국에는 두개의 국가언어, 즉 부랴찌야어와 러시아어가 사용된다. 1992년 2월 부랴찌야의 입법기관은 부랴찌야 소비에트 사회주의공화국을 부랴찌야 공화국으로 변경하는 결정을 채택했다.

울란우데는 부랴찌야 공화국의 수도이다. 울란우데는 공화국의 행정, 정치, 경제, 문화의 중심지이며 극동 및 시베리아 지역의 가장 오래된 대규모

도시들 가운데 하나이다. 울란우데는 매우 아름다운 장소에 위치하고 있다. 북쪽과 남쪽은 산으로 둘러싸여 있다. 또한 산에는 침엽수림으로 덮여있고 서쪽으로부터는 이볼긴스끄 계곡이 펼쳐져 있다. 도시에는 바이칼 동쪽으로 흐르는 셀렌가강과 우다강이 흐르고 있다.

2. 정치

1) 정치 일반

부랴찌야 공화국의 집행권력은 공화국 행정부에 의해 실현된다. 공화국의 대통령인 뽀타뽀프(Л. В. Потапов)가 공화국 행정부를 관장한다. 집행권력의 수반은 동시에 부랴찌야 공화국 행정부의 총리가 된다. 현재 공화국의 대통령과 행정부 총리의 권한을 분리하는 문제에 봉착하고 있다. 정부의 모든 장관은 인민후랄의 동의하에 임명된다. 공화국의 시 및 라이온 단위 수장이 선출되는데, 울란-우데시의 경우 수장은 아이다예프(Г. А. Айдаев)이다. 그는 1998년 3월 선거에서 선출되었다.

부랴찌야 공화국의 대의 및 입법기관은 1994년에 개정된 헌법에 따라 공화국 인민후랄(Народный Хурал)이다. 공화국 인민후랄의 의원들은 보통 및 비밀선거에 의해 유권자들로부터 4년 임기로 선출된다. 의원들은 공화국의 법질서를 확립하기 위해 노력하고 있다. 인민후랄은 평의회와 6개의 위원회를 비롯한 여러 기관을 설치, 운영하고 있다. 제2기 공화국 인민후랄 선거는 1998년 6월 21일 실시되었으며, 65명의 대의원이 선출되었다. 그리고 제2기 인민후랄 의장은 세메노프(М. И. Семенов)이다.

2)선거

(1) 부랴찌야 공화국 대통령 선거

1998년 6월 21일 부랴찌야 공화국 대통령선거가 실시되었다. 10명의 후보들이 경쟁한 선거에서 뽀타뽀프가 63.30%를 득표하여 당선되었다.

(2) 러시아연방 국가두마의원 선거

1999년 12월 19일 러시아연방 국가두마의원 선거가 실시되었다. 11명의 후보들이 경쟁한 부랴찌야 공화국에서는 세메노프(Б. Ц. Семенов)가 경쟁자를 15% 상회하는 지지표를 획득하여 당선되었다.

정당별 투표에서 주요정당들이 획득한 득표율은 다음과 같다.

정당	득표율(%)
단결	25.46
지리놉스끼 블록	7.01
조국-전러시아	10.05
러시아공산당	27.06
우파연합	8.36

(3) 러시아연방 대통령 선거

2000년 3월 26일 실시된 러시아연방 대통령선거에서 부랴찌야 공화국의 유권자들이 개별 후보들에게 보여준 지지도는 다음과 같다.

후보	득표율(%)
뿌친	42.16
쥬가노프	40.32
야블린스끼	3.72
지리놉스끼	2.55
뚤레예프	3.77
스꾸라또프	3.3

Ⅳ. 경제 시스템

1. 경제개황

부랴찌야 공화국은 7개의 연방지구 중 시베리아연방지구에 속하고 12개의 러시아 경제지역 중 동시베리아 경제지역에 속한다. 흔히 이 공화국을 '농공업 모범공화국'이라고 일컫는다.

현재 부랴찌야 공화국의 경제는 8개의 경제구역으로 구분되어 질 수 있다. 그 예로 중앙경제지구를 비롯하여 남부, 바이칼연근, 우진스크상부지역, 제진스크, 남서부, 까흐진스크, 북부 등이 그것이다. 각 경제구역은 그 지역마다 특화된 공업단지를 가지고 있다는 것이 특성이다.

중앙지역의 경우는 기계제작, 설비건설, 경공업 및 식품공업, 연료에너지 공업기업의 70%가 위치하고 있다. 남부경제지역에는 연료・에너지 기업이 집중되어 있고 특히 농업이 활발한 지역이다. 바이칼인근 경제지역의 경우는 많은 공장들이 있으며 우유를 생산하는 축산이 활성화되고 있다. 우진스크 상부지역의 경우는 삼림가공이 주된 업종으로 가축사육이 매우 발달되어 있다. 제진스크 경제구역의 경우 가축사육이 주업이며 남서부 경제지역은 요양소지역으로 알려져 있다.[1)]

부랴찌아 공화국의 지역총생산과 1인당 지역총생산을 들어보면 다음과 같다.

부랴찌야 공화국 지역총생산액 추이

항목 \ 년도	1996	1997	1998	1999
지역총생산	9,473	11,269	11,347	18,085
1인당 지역총생산	9,012	10,751	10,876	17,425
지역총생산 지수		102.2	94.1	108.0

http://www.infostat.ru/epub.htm (검색일: 2003.1.10)

1) 부랴찌아 공화국의 공업부문을 현재 담당하여 활동하고 있는 대표적 기업들을 들면 다음과 같다. AOOT 'Улан-Удэнская макаронная фабрика', AOЗT 'Тонкосуконная мануфактура' НТП 'Кварц', AO 'Аквабур', AO 'Улан-Удэнский авиазавод', AO 'Бурятмебель', AO 'Туяна', AO 'Наран-Союз-Сервис'

부랴찌야 공화국의 기업부문의 지표에 있어 총 기업수와 소 기업수 그리고 공업관련 기업수를 연도별 추이로 살펴보면 다음과 같다.

기업수 추이

항목 \ 년도	1997	1998	1999	2000
총기업수(연말)	15,240	15,561	16,097	16,504
소기업수(연말)	5,721	5,193	4,222	4,079
활동기업수	1,108	1,002	952	856

http://www.infostat.ru/epub.htm (검색일: 2003.1.10)

위와 같이 부랴찌야 공화국에는 많은 수의 대기업이 있으며 경제개혁의 결과 각 부문별 생산 증가량도 향상되고 있다. 이 외 부랴찌야 공화국에는 65개의 외국과의 합작기업이 경제활동을 하고 있으며 이러한 합작기업을 통하여 생산을 현대화하고 세계시장에 상품 수출을 통한 비교우위확보의 목적을 가지고 있다.

2. 산업

1) 공업

부랴찌야 공화국의 총 공업생산량은 1999년과 2000년에 각각 86억 8,200만 루블과 115억 7,000만 루블로 아주 가파른 상승세를 나타내고 있다. 공업생산지수에 있어서 1998년에 97로 전년대비 하락을 가져온 이후에 1999년에 증가세가 두드러지고 있다. 그러나 2000년은 전년대비 다시 4% 하락하였다.

부랴찌야 공화국의 공업부문에서 우위를 나타내고 있는 분야는 기계제작, 설비건설, 삼림, 채굴, 항공, 전기공학, 석탄, 삼림가공, 경공업 및 식품공업, 건축자재공업이다. 이러한 많은 부문의 생산품들은 러시아의 각 지역과 외국으로 수출되고 있다.

사회주의 체제에서의 부랴찌야 공화국은 그 산업의 중심에 방위산업과 자원의 채굴 및 가공이 있었지만 현재는 '부랴찌야 공화국의 사회경제발전을 위한 연방 프로그램'에 의해 다양한 부문으로 그 경제활동영역을 넓히고 있다.

부랴찌야 공화국의 공업을 전반적으로 이해하기 위해 공업총량에 대한 지표를 연도별 추이로 보면 다음과 같다.

총 공업생산량 추이

항목 ＼ 년도	1997	1998	1999	2000
총 공업생산량	5,976	5,330	8,682	11,570
공업생산 지수	100.1	97	112	108

http://www.infostat.ru/epub.htm (검색일: 2003.1.10)

부랴찌야 공화국의 공업부문별 구조를 표를 이용하여 살펴보면 다음과 같다.

주요 공업생산부문별 생산비율

생산부문	부랴찌야 공화국 총공업생산 비율
전기전력	27.0%
연료공업	5.7%
철강업	0.6%
비철금속	14.8%
화학·석유화학	0.7%
기계제작·금속가공	22.3%
목재가공, 종이·펄프	9.9%
건재공업	3.4%
경공업	3.1%
식품공업	9.9%
기타	2.6%

http://www.infostat.ru/epub.htm (검색일: 2003.1.10)

위의 부랴찌야 공화국의 공업성장은 정부 계획과 정책에 의해 재정적, 경제적 위기를 극복하며 진행되어가고 있다. 나아가 가까운 미래에 이 지역경제를 더욱 확고히 다져주는 것은 기업 경제활동의 활성화와 안정된 경제성장을 지향하는 사회경제적 개혁의 현실화정도에 의해 좌우된다고 할 수 있다.

2) 농업

부랴찌야 공화국은 많은 숲과 강 등 자연적 조건이 매우 발달해 있어 농업에 매우 유리한 지역이다. 이 지역의 주요한 농작물은 고기를 얻기 위한 축산분야와 고기와 털을 위한 양 사육 분야이다.

부랴찌야 공화국의 농경지는 전체 면적의 9%에 해당하며 이 지역에는 호밀을 비롯하여 사탕수수 등 기본적인 곡물들이 재배되고 있다.

부랴찌야 공화국의 농업생산품은 점진적으로 증가하고 있으며 공화국내의 고기, 우유, 농산품의 수요에 대해 60-80%를 충족시키고 있다.

부랴찌야 공화국의 농업전반을 보기위해 총 농업생산량과, 총 농업생산액 중 작물관련 생산액, 총 농업생산액 중 가축관련 생산액을 연도별 추이로 살펴보면 다음과 같다.

농업생산량 추이

항목 \ 년도	1997	1998	1999	2000
총농업생산액	2,629.3	2,584.4	4,019.5	4,828.5
작물관련 생산액	823.4	902.4	1,223.1	1,588.1
가축관련 생산액	1,805.9	1,682.0	2,796.4	3,240.4
농업생산 지수	105	99.4	99.4	199

http://www.infostat.ru/epub.htm (검색일: 2003.1.10)

부랴찌야 공화국의 총 경지면적에서 재배되는 작물들의 면적비율을 살펴보면 총 파종면적은 2000년을 기준으로 521,700 헥타르이고 이 중 곡물에 해당하는 부분은 361,600 헥타르로 우위를 차지하고 있다. 사료용 작물재배가 22.9%에 해당된다. 이 지역의 자연적 기후적 조건은 감자와 채소의 재배를 위한 모든 조건을 제공하고 있으므로 감자와 채소가 6.9%를 차지하고 그 외 특용작물이 0.3%가 재배되고 있다.

부랴찌야 공화국의 주요 농업생산량은 곡물 179,100 톤, 감자 167,900 톤, 채소 78,300 톤, 가축과 가금류(도살 후 무게) 36,200 톤, 우유 231,200 톤 등이다.

부랴찌야 공화국의 가축사육과 관련해서 2000년 말 사육되는 소는 암소 143,600 마리를 포함하여 총 339,000 두이다. 그리고 돼지의 수도 116,800 마리에 이르고 있다.

3. 자원 등 기타

부랴찌야 공화국의 토양은 매우 다양하며 전체적으로 35,114.3 헥타르이다. 토양의 종류는 밤색, 회색삼림토양, 흑토질 등으로 이루어져 있다. 이 토양의 72%는 농·공용으로 사용되고 있으며 11.2%는 산림지역이다.

부랴찌야 공화국은 모든 종류의 광물들이 분포되어있는 지역이다. 전체적으로 600개 이상의 유용광물 매장지가 있으며 이 중 400개는 정부의 재정에 막대한 기여를 하고 있다.

부랴찌야 공화국은 공업용 석영원료가 많이 매장되어있는 유명한 곳으로 체렘샨스크 매장지에 4억 톤의 석영가루가 집중적으로 매장되어 있고 이 외 동사얀산맥에 많은 석영층들이 이루어져 있다.

몰리브덴의 경우는 러시아 전체 매장량의 37%가 부랴찌야 공화국에 분포되어 있으며 이 중 20%는 품질이 매우 우수한 것으로 알려져 있다. 이 지역의 5개의 복합금광 매장지에 분포되어 있는 아연은 러시아 전체의 48%, 납은 24%에 해당하는 많은 양이다. 또한 이 지역에는 300개의 금광이 있으며 준할빈스크 금광에서는 연간 40만 톤이 채굴되고 있다.

부랴찌야공화국은 1개의 주석매장지와 3개의 베릴륨 매장지, 온석면 매장지 3개, 그리고 기타 비광물 자원인 인회석, 인산, 반동광, 불석 등 기타 많은 자원매장지가 있다.

Ⅳ. 문화시스템

1. 지역정체성

1) 인구

부랴찌야 공화국의 2001년도 인구수는 1,026,000명이다. 평균 인구밀도는 2.92/㎢명이나, 인구가 셀렌가 강을 중심으로 한 중부지방과 시베리아횡단철도 주변에 집중되어, 이 지역의 인구밀도는 6-7/㎢명에 달한다. 1990년부터 사회-경제적 요인에 따라 인구수가 점진적으로 감소하는 경향을 보인다. 그러나 총 인구수는 다른 연방 주체들에 비해서 변동 폭이 아주 적은 안정적인 추세를 보이고 있다.

부랴찌야 공화국 인구변동 추이

연도	1990	1992	1993	1994	1995	1996	1997	1998	1999	2000	2001
인구수 (1,000명)	1,046	1,057	1,054	1,050	1,050	1,050	1,048	1,043	1,038	1,032	1,026

Россий ский статистический ежегодник. М., 2001. С. 83.

인구 자연증가율은 1993년을 기점으로 마이너스 성장률을 보이고 있다. 출생자수의 지속적인 감소와 사망자수의 지속적인 증가는 전체 인구수의 감소로 나타난다.

부랴찌야 공화국 출생자수, 사망자수, 자연증가율

연도	출생자수(명)	사망자수(명)	자연증가율(명)
1990	19,185	9,602	9,583
1992	13,944	10,347	3,597
1993	11,981	12,388	-407
1994	12,327	13,650	-1,323
1995	12,311	12,588	-277
1996	12,159	12,441	-282
1997	11,555	12,111	-556
1998	11,746	11,481	265
1999	11,468	13,114	-1,646
2000	11,654	13,155	-1,501

Россий ский статистический ежегодник. М., 2001. С. 119.

부랴찌야 공화국에서는 1990년대부터 러시아의 전체적인 경제구조 개편에 따라 과거의 농업 중심에서 기업활동 중심으로 경제활동의 중심이 변화되었다. 1999년 현재 자영업 또는 개인적인 경제활동 인구 비율이 12.5%이며, 인구의 62.32%가 도시에 집중되어 있다. 주요 산업은 기계, 공구제작, 임업, 농업 등이다.

부랴찌야 공화국에서도 러시아 전체의 경제위기 시기인 1990년대 중반부터 실업률이 급상승하기 시작했다. 기반 산업이 제조업과 1차 산업이므로 실업률의 증가추세는 당분간 지속될 것으로 보인다.

부랴찌야 공화국 경제활동인구(취업자, 실업자), 실업률

연도	경제활동인구 (1,000명)	취업자수 (1,000명)	실업자수 (1,000명)	실업률(%)
1992	508	479	29	5.7
1993	500	471	29	5.8
1994	495	446	48	9.8
1995	473	401	72	15.1
1996	457	390	66	14.6
1997	443	349	94	21.3
1998	430	336	95	22.0
1999	489	404	85	17.3
2000	491	397	94	19.1

Россий ский статистический ежегодник. М., 2001. С. 139.

2) 민족

부랴찌야 공화국에는 70여 민족이 거주한다. 주요 민족 구성을 보면, 러시아인 70%, 부랴트인 24%, 우끄라이나인 2.2%, 따따르인 1%, 벨라루스인 0.5%, 아르메니아인 0.2%, 독일인 0.2%, 에벤크인 0.2% 등이다.

3) 교육

부랴찌야 공화국은 동시베리아의 과학, 교육의 중심지 중 하나이며, 특히 바이칼 호수의 생태계 보존 문제에 대한 연구가 발달해 있으며, 티베트, 몽골연구와 티베트 의학에 관한 연구수준이 높은 것으로 알려져 있다.

현재 부랴찌야 공화국에는 618개 중등학교, 8개 김나지움, 8개의 특수학

교, 4개의 대학이 있다. 부랴찌야에는 또한 169개 민족학교가 있으며, 각 민족의 역사, 문화, 언어, 전통과 관습에 대한 교육이 실행되고 있다. 현재 운영중인 민족학교로는 부랴트 민족학교, 러시아 민족학교, 에벤크 민족학교, 바이칼동부 카자흐 민족학교, 바이칼동부 구교학교, 동-서양 문화교류 학교 등이 있고, 부랴트-터키 특수학교가 운영되고 있다.

주요 연구소로 동시베리아 국립 공학연구소 분소, 러시아 과학아카데미 시베리아지부 바이칼 자연이용 연구소, 러시아 과학아카데미 시베리아지부 부랴찌야 과학센터, 러시아 과학아카데미 시베리아지부 지질연구소, 러시아 과학아카데미 시베리아지부 몽골학, 불교학, 티베트학 연구소 등이 있다.

2. 지역문화

1) 문화개괄

부랴찌아 공화국의 수도는 울란우데이다. 이 도시는 바이칼 호수의 동쪽에 위치하며 1666년 러시아인에 의해서 건설된 도시이다. 시베리아 철도 기점의 하나로 특히 몽고로 가는 분기점으로 잘 알려져 있다.

이 공화국을 구성하는 소수 민족은 브랴트인, 오로치인 등 한국인과도 닮은 민족들이다. 도시에서 남쪽으로 가면 몽고에서 계속 이어져 온 대평원이 펼쳐져 있다. 초원의 마을 이보르기 마을에 있는 러시아 불교, 라마교의 총본산인 다찬사원과 이보르기 사원은 동양적인 모습의 건물이다.

승려는 다채로운 색깔의 법의를 입고 있어서 보는 사람들의 주의를 끌기에 충분하다. 또한 까자크인들이 남긴 목조 건축인 러시아 정교건물이 있는데 이곳에서는 그 옛날 서유럽과 러시아에서 변경의 땅으로 왔던 사람들의 향수를 느낄 수 있다.

한편 도시 북쪽에는 시베리아의 타이가가 펼쳐진다. 말하자면 울란우데는 초원과 타이가의 경계인 셈이다. 타이가의 맞은편에는 '시베리아의 푸른 진주'라고 불리는 바이칼 호수가 있으며 동쪽 호반에서 바라 볼 수도 있다.

시베리아의 진주로 불리는 바이칼 호수는 세계에서 가장 큰 담수호이며 그 깊이 는 1,742미터이다. 바이칼이란 타타르어로 '풍요로운 호수'라는 뜻이다. 336개의 하천이 흘러들어오지만 흘러나가는 하천은 앙가라 강뿐이다. 면적은 31,500평방미터이며 폭은 48킬로미터이다.

2. 문화시설

민속 박물관

민속 박물관의 건물

이 박물관은 울란우데 시내에서 차로 20분 정도 걸리는 곳에 위치해있다. 이 박물관의 특징은 방대한 공간의 야외 박물관으로서, 우리나라의 공원 개념의 박물관이다. 이곳에서는 옛 부랴찌야 족의 농가를 재현한 곳들과 시베리아 바이칼 호의 무속 신앙에 대한 자료들을 볼 수 있다. 그리고 옛 소수민족들의 텐트 형식의 주거지도 완벽에 가깝게 재현해 놓았기 때문에, 바이칼 일대의 민족들의 삶을 구체적으로 관광할 수 있다. 그리고 특이한 점은 이들의 삶이 우리 한국민족의 삶의 모습과 매우 흡사하다는 것이다.

다찬 사원

부랴찌야 족은 특이하게 라마교를 믿는다. 그래서 러시아에서 이질적인 동양의 불교 수도원을 볼 수 있다. 울란우데 시내에서 차로 40분 정도 가다 보면 라마교의 총본산인 다찬 수도원을 볼 수 있다. 이 수도원은 지금도 승려들이 기거하며 운영하는 수도원으로서, 독특한 라마교 양식의 중앙 건물과 복을 빌고 복을 주는 여러 가지 기구들을 볼 수 있다. 또 라마교의 예배드리는 장면을 직접 목격 할 수도 있다. 예배드리는 곳에는 모자를 쓰고 들어가면 안 되고 촬영도 안 되지만, 소란을 피우지 않는다면 같이 예배를 드릴 수도 있다.

아가-부랴찌야 자치구

Агинский Бурятский Автономный Округ

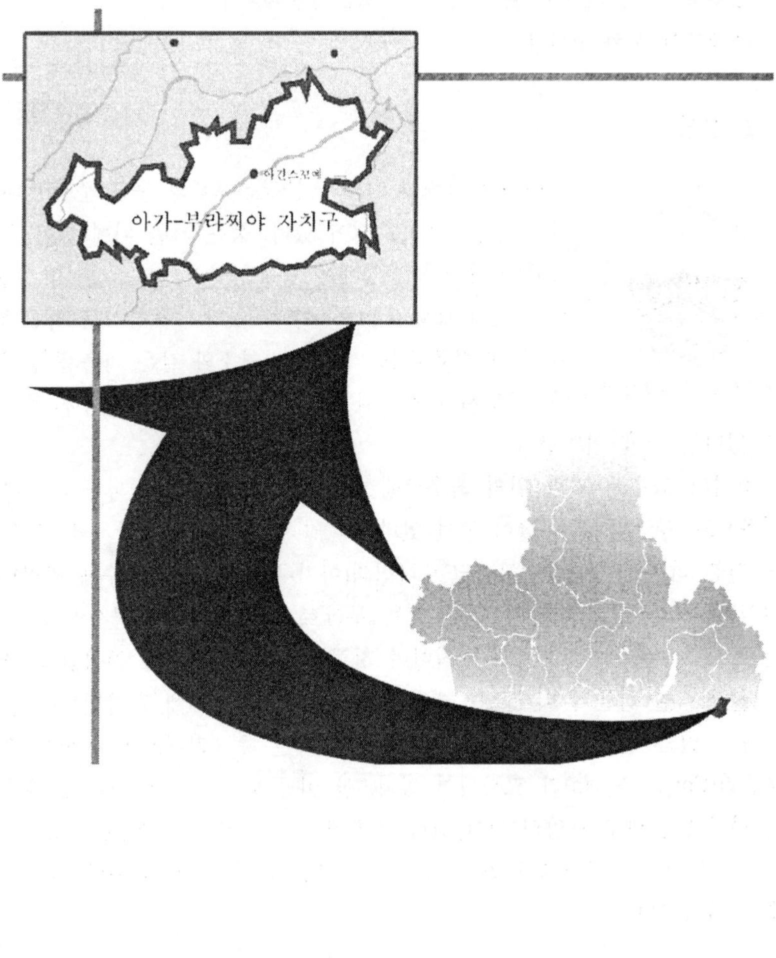

Ⅰ. 개황

1. 기초정보

수도: 아긴스꼬예(Агинское)
인구: 79,000명 (2001년 현재: 러시아연방 전체의 0.05%; 89개 주체 중 84위)
인구밀도: 4.15명/㎢
면적: 19,000㎢(러시아연방 전체 면적의 0.11%; 89개 주체 중 79위)
소속지구: 시베리아연방지구; 동 시베리아경제지구
한국과의 시차: 0시간

2. 상징

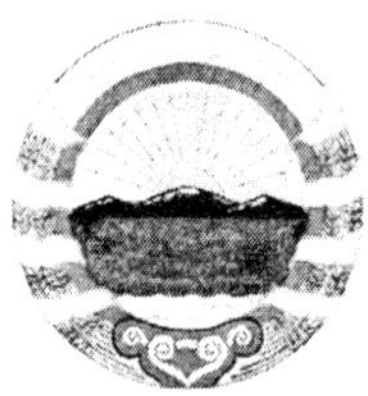

아가-부랴찌야 자치구문장

아가-부랴찌야 자치구 문장은 3색의 둥근 문장방패(하얀-파란-붉은색)로 되어 있다. 붉은 기반 위에 있는 문장방패의 하단부 중앙에는 동물형상의 민족 장식인 '하마르 우갈자(Хамар угалза)'가 있다. 이 장식은 하얀색이며 말, 대형유각수, 낙타, 양, 염소와 같은 가축을 상징한다. 이것은 토착민이 전통적으로 가축 사육업에 종사하고 있다는 것을 의미한다.

장식의 붉은색 기반 위의 좌우측에 문장방패의 하얀색과 파란색을 따라 위쪽으로 황금빛 밀 이삭이 놓여 있다. 이 밀 이삭들은 문장방패와 함께 백색 전통 리본인 민족의 '하다크'로 4번씩(아가-부랴트 종족의 수에 따라) 감겨있다. 백색 전통 리본인 '하다크'는 부랴트 국민의 환대, 생각의 순수함, 다른 모든 국민에 대해서 우호적이며 정성을 다하는 태도와 존경심을 상징한다. 청명한 하늘과 떠오르는 태양의 황금빛 햇살 아래에 토착민들이 신성시하고 있는 산들인 알하나이(Алханай), 하안 우울라(Хаан Уула), 쏙토 우울라(Согто Уула)가 묘사되어 있다. 산 아래에는 초록색 바탕과 파란색과 하얀색의 파도 모양의 띠가 있다. 초록색은 풍요로운 스텝(초원, 목장, 경지)을 나타내며, 파란색과 하얀색의 파도 모양의 띠는 강, 호수와 천연지하수를 의미한다.

문장에는 다섯 가지 색상이 사용되고 있다: 하얀색은 생각의 순수함, 정의, 평안과 화합, 우유로 만든 음식의 색상을, 파란색은 영원함, 자유, 자연의 깨끗함(하늘, 산, 강, 호수), 존경, 평화, 사람들 간의 화합을, 붉은색은 용기, 남성다움, 용맹스러움을, 노란색은 우주의 합일, 생명의 근원인 태양의 구현, 신앙의 색을, 초록색은 조국 땅의 풍요로움, 희망, 기쁨을 각각 상징한다. 아가-부랴찌야 자치구 문장은 1996년 11월 29일 채택되었다.

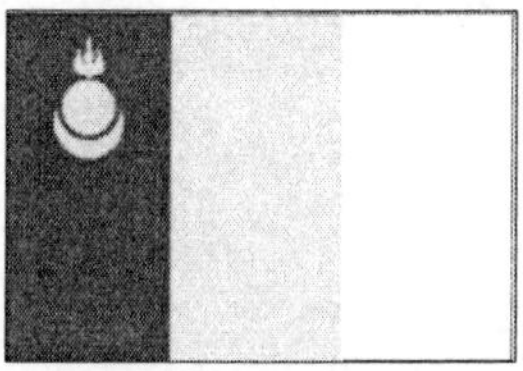

아가-부랴찌야 자치구기

아가-부랴찌야 자치구기는 직사각형의 장방형 천으로 되어 있다. 이 장방형 천에는 크기가 똑같은 띠가 있는데, 왼쪽은 파란색, 중앙은 노란색, 오른쪽은 하얀색으로 되어 있다. 장방형 천의 왼쪽 상단 구석에 상징인 '소욤보'가 놓여 있다.

파란색(후헤:Хухэ)은 영원함, 자유, 자연의 깨끗함, 존경, 호의적인 태도, 평화, 사람들 간의 화합을 상징하고 있다. 그러므로 귀한 손님, 족장들에게는 깊은 존경, 숭배, 축복, 행복, 장수의 표시로 파란 하다크(Хадак:실크로 된 천)를 준다. 먼 옛날에 반목하던 몽골족들이 파란 하다크를 서로 교환하게 되면, 이것은 양측의 화해와 오래도록 혈맹관계로서 평화를 유지하겠다는 것을 의미했다. 노란색(Шара:샤라)은 몽골족에게는 깊은 존경의 의미를 나타내는 것이며 파란색과 결합할 경우, 하늘과 땅, 전 우주의 합일을 상징했다. 하얀색 (싸가안: Сагаан)은 정직, 순수한 생각, 평안, 부유함을 상징하며, 우유로 만든 음식의 색상이기도 하다. 여기서 몽골족들에게 유일한 축제인 '싸가알간(Сагаалган)'이 시작되었으며, 이 축제는 새로운 것, 순결한 것의 근원을 상징하고 있다. 파란 바탕의 왼쪽 상단 구석에는 소욤보가 있다. 이것은 몽골족들에게 불, 뜨거운 불길의 의미를 지니며 이 몽골족들은 생명의 근원, 정화의 상징으로서 불을 숭배하고, 이에 깊은 존경을 표하고 있다. 아가-부랴찌야 자치구기는 2001년 7월 6일 채택되었다.

3. 주요도시

아긴스꼬예(Агинское): 인구 9,700명; 북위 51°7′, 동경 114°32′
(인구: 2002년 현재)

4. 주요 산업 및 농업

자치구의 주요 산업으로 비철금속가공업, 임업, 목재가공업, 식료품공업과 기계제작업, 금속가공업, 건축자재공업이 발달했으며, 농업부문은 축산업과 목양, 모피동물 사육, 낙농업, 밀, 귀리, 보리, 사료작물 재배 등이 발달했다.

Ⅱ. 자연환경

1. 지리적 위치와 구성

아가-부랴찌야 자치구는 3개 행정구, 4개 도시형마을, 34개의 농촌마을로 구성되어 있으며, 남 자바이깔리예 (Забай калье)에 위치하며 치따(Чита)주에 속한다.

주요 하천은 오논(Онон)강(쉴까강의 지류)이다.

수도 아긴스꼬예시와 모스크바 간의 거리는 6,286㎞이다.

2. 기후조건

대륙성 혹한기후

1월 평균기온: -24℃

7월 평균기온: 18℃

연강수량: 400㎜

식물 생장 기간: 80 ~ 90일

식생: 스텝, 활엽수림과 소나무 숲(북서 지역)

토양: 산악 스텝 토양

삼림분포도: 31%

3. 주요 유용광물

볼프람광, 탄탈광 등이 있다.

주요산지:

볼프람광: 스뽀꼬이닌스크.

탄탈광: 오를로프스꼬예.

Ⅲ. 정치시스템

1. 역사

아가-부랴찌야 자치구는 1648년 러시아에 합병되었다. 1653년 베케토프(Бекетов)를 대장으로 하는 까자크 군대가 바이칼 동쪽 인고다강과 치타강에서 멀지 않은 곳에 있는 현재의 치타와 네르친스크의 장소에 최초의 요새를 구축했다. 최초로 러시아족이 인고다강과 치타강이 합류한 지점에 이주한 것은 1687년의 일이다. 1851년까지 이 지역에는 단지 20-30채의 농촌가옥이 서 있었을 뿐이고 유형지로 기능했다.

아긴 부랴트-몽골 민족지구는 1937년에 아긴 아이막 부랴트-몽골 자치공화국을 기반으로 수립되었으며, 역시 그때에 치따주로 이관되었다. 이 지구는 바이칼동쪽지역에서 중앙-남부에 위치하고 있다. 1958년에 아가-부랴찌야 민족지구로 개칭되었고 1977년 소련헌법에 따라 자치구가 되었다.

1992년 구소연방의 국가적 재편과 함께 러시아연방에 직접 예속되는 연방주체의 지위를 얻었다. 1993년 6월 부랴찌야 최고소비에트는 치따주와 이르꾸츠끄주에 자신의 영토를 이관한 것은 불법적임을 인정했지만, 지구 자체를 위해서는 이 결정은 어떤 결과도 가져오지 않았다.

자치구의 경제적 발전의 현재적 단계에서는 지역간 그리고 부문간 관계의 발전과 심화가 가장 첨예한 문제로 제기된다. 자치구 주민들의 물질적 풍요와 노동력의 유지는 러시아 전체 경제의 역동성과 투자능력에 상당부분 의존하고 있다.

2. 정치

1) 정치 일반

집행권력의 최고기관은 자치구 행정부이며 러시아연방의 헌법 및 법률 그리고 자치구의 헌장에 기초하여 집행권력이 실현된다. 집행권력의 행사는 자치구 지사를 중심으로 이루어지는데, 현재 자치구 지사는 2000년 10월 29일 선거에서 재선에 성공한 쟘수예프(Б. Б. Жамсуев)이다.

자치구의 최고 입법권력기관은 아가-부랴찌야 자치구 두마(Агинская

Бурятская окружная Дума)이다. 자치구 두마의 의장은 두가로프(Д. Ц. Дугаров)이다.

2)선거

(1) 아가-부랴찌야 자치구 주지사 선거

2000년 10월 29일 아가-부랴찌야 자치구 지사 선거가 실시되었다. 이 선거에서 좜수예프가 89.34%를 득표하여 당선되었다.

(2) 아가-부랴찌야 자치구 두마의원 선거

제3기 아가-부랴찌야 자치구 두마의원 선거가 2000년 10월 29일 실시되었다. 이 선거에서는 15개의 선거구에서 15명의 의원이 선출되었다. 15명의 의원으로 구성된 두마의 의장으로는 1996년과 동일하게 두가로프가 선출되었다.

(3) 러시아연방 국가두마의원 선거

러시아연방 국가두마의원 선거가 1999년 12월 실시되었다. 4명이 입후보했다. 후보의 정당 소속 및 당선자는 다음과 같다.

후보	소속	당선자
담디노프(Дамдинов Ц.Ц.)	야블로꼬	
코프존(Кобзон И.Д.)	무소속	당선(91.21%)
소도보예프(Содобоев В.А.)	무소속	
모든 후보에 대한 반대		1.71%

(4) 러시아연방 대통령 선거

2000년 3월 26일 러시아연방 대통령선거가 실시되었다. 유권자 73.2%가 투표에 참여했고 개별 후보들이 획득한 득표율은 다음과 같다.

후보	득표율(%)
뿌친	62.8
쥬가노프	26.3
야블린스끼	1.3

지리놉스끼	2.8
뚤레예프	3.1
찌또프	0.8
기타	1.3
모든 후보에 대한 반대	0.6

Ⅳ. 경제 시스템

1. 경제개황

아가-부랴찌야 자치구는 7개의 연방지구 중 시베리아연방지구에 속하고 12개의 러시아 경제지역 중 동시베리아 경제지역에 속한다. 아가-부랴찌야 자치구의 주요 공업부문은 유색야금술, 산림, 목재가공, 식료품업 등의 분야이다. 특히 이 지역은 기계제작과 금속가공, 건재공업의 성장도 높은 수준에 와있다. 그러나 이 지역 내에 대규모의 공업중심지는 없으며 공업의 발전정도는 극히 낮은 편이다.

아가-부랴찌야 자치구의 영토 내에서는 철도와 도로가 주요 운송수단이 되고 있다. 철도의 전체적인 길이는 71km로서 '모고이뚜이' 역은 주요 철도역이 되고 있으며 포장된 도로의 길이는 1,100km로 전체 도로 길이의 84%이다. 이 지역의 운송망은 치타주의 운송인프라의 주요부분이 되고 있다. 아가-부랴찌야 자치구의 남서부 지역에는 시베리아횡단 철도가 경유한다. 육상운송수단과 더불어 안가르강에는 수로도 전개되어 있다.

아가-부랴찌야 자치구의 기업 중에서 가장 큰 기업은 '오를로프 고르노바찌찔니 콤피나트' (Орловский горнобогатительный комбинат)로 약 800명을 고용하고 있는 자원채굴기업이며 다른 기업으로는 직원 100명을 고용하고 있는 삼림관련 기업인 '둘리두르긴스크 세스쁘롬호스' 기업과 고기를 취급하는 회사인 '아긴스크 마사콤비나트' 사가 있는 정도에 불과하다.

아가-부랴찌야 자치구의 총 기업수와 소 기업수 그리고 공업관련 기업수를 연도별 추이로 살펴보면 다음과 같다.

기업수 추이

항목 \ 년도	1997	1998	1999	2000
총기업수(연말)	1,755	1,680	1,552	2,017
소기업수(연말)		573	173	369
활동기업수	14	96	26	114

http://www.infostat.ru/epub.htm (검색일: 2003.1.10)

2. 산업

1) 공업

아가-부랴찌야 자치구의 총 공업생산량은 극히 미진하며 공업생산지수의 경우에는 2000년 현재 1997년의 지수에도 이르지 못하고 있다. 구체적으로 이것을 표를 사용하여 나타내면 다음과 같다.

총 공업생산량 추이

항목 \ 년도	1997	1998	1999	2000
총 공업생산량	34	45	67	127
공업생산 지수	101	93	90	99.7

http://www.infostat.ru/epub.htm (검색일: 2003.1.10)

아가-부랴찌야 자치구의 공업부문별 구조를 살펴보면 유색야금술 등 비철금속의 생산비율이 현저히 높으며 기계제작과 금속가공, 그리고 식품공업이 큰 비중을 차지하고 있다. 다음은 이 지역의 구체적인 공업생산부문별 생산비율을 나타낸 것이다.

주요 공업생산부문별 생산비율

생산부문	아가-부랴찌야 자치구 총공업생산 비율
연료공업	7%
비철금속	28.5%
기계제작·금속가공	15.8%
목재가공, 종이·펄프	7.8%
건재공업	9.5%
경공업	0.1%
제분,곡물,사료	16.1%
기타	1.0%

http://www.infostat.ru/epub.htm (검색일: 2003.1.10)

아가-부랴찌야 자치구의 광물채굴공업의 경우에는 가장 큰 기업으로 '오를로프 고콤'이 있으며 이 기업은 텅스텐의 채굴과 가공을 전문으로 하는 기업이다. 가공공업의 경우에는 빵공장, 과자공장, 소세지 공장, 고기가공공장, 우유공장 등이 있다. 건재공업의 경우에는 석회석, 석고 공장과 산림가공기업들이 활동하고 있다.

2) 농업

아가-부랴찌야 자치구는 전체 자치구면적의 51%에 해당하는 넓은 지역을 농업용 토지로 가지고 있다. 이 중에서 경작용 토지는 28%에 해당한다. 아가-부랴찌야 자치구에서 재배되고 있는 작물은 밀, 귀리, 보리와 사료용 작물이다.

이 지역에서는 특히 가축사육이 번성하고 있으며 털이 가는 양의 사육을 비롯하여 주로 동물의 털을 얻기 위한 사육과 우유 또는 고기를 얻기 위한 목적의 사육이 이루어지고 있다.

아가-부랴찌야 자치구의 총 농업생산량과 총 농업생산액 중 작물관련 생산액, 총 농업생산액 중 가축관련 생산액을 연도별 추이로 살펴보면 다음과 같다.

농업생산량 추이

항목 \ 년도	1997	1998	1999	2000
총농업생산액	316.0	313.5	492.8	605.4
작물관련 생산액	71.3	73.8	100.0	155.5
가축관련 생산액	244.7	239.7	392.8	449.9
농업생산 지수	98	98	96	96

http://www.infostat.ru/epub.htm (검색일: 2003.1.10)

아가-부랴찌야 자치구의 총 파종면적을 보면 2000년을 기준으로 22,500 헥타르이고 여기에 주로 파종되는 작물의 종류를 보면 곡물이 83.5%, 사료용 작물재배가 5.5%, 특용작물이 3.5%, 감자와 채소가 7.5%를 차지하고 있다.

아가-부랴찌야 자치구의 농업생산에 있어 2000년의 주요 품목의 생산량을 살펴보면 곡물 21,600 톤, 감자 11,000 톤, 채소 3,400 톤, 가축과 가금류(도살 후 무게) 6,600 톤, 우유 39,000 톤 등이다.

아가-부랴찌야 자치구의 가축사육과 관련해서 2000년 말 기준으로 사육되는 소는 69,800 두이며 그 중 암소는 27,000 마리, 돼지의 수는 8,100 마리이다.

전체적으로 1999년 대비하여 2000년의 가축사육은 줄어들고 있으며 가축과 조류 등의 도살은 11.3%나 증가하였다. 따라서 우유의 생산량도 35%감소하였고 계란의 경우는 70.3%나 감소하는 현상을 보였다.

3. 자원 등 기타

아가-부랴찌야 자치구에는 다양한 유용지하자원이 분포되어 있다. 그러나 그 양은 상대적으로 적은 규모이다. 가연성 유용지하자원과 무색금속자원과 유색 및 희귀금속자원의 매장지가 발견되었다. 비광산 유용지하자원으로는 인산과 보석원료, 건축자재 등이 알려져 있다. 이 외 몰리브덴, 주석, 구리, 탄탈, 텅스텐, 안티몬 등이 다수 분포되어 있다.

아가-부랴찌야 자치구의 산림자원은 728,200 헥타르로 전체면적의 37%에 해당한다. 산림의 밀도는 평균 30%이며 주종은 시베리아 삼나무, 소나무, 자작나무, 마하레브 벚꽃, 느릅나무 등이다.

이 지역의 동물계는 다양하며 곰과 흑담비, 고슴도치 등이 서생하고 있으며 자치구는 금렵지구를 설정하여 동물계를 보호하고 있다.

주요 수산자원으로 아가-부랴찌야 자치구를 흐르는 강인 아가강을 꼽을 수 있으며 또한 이 지역의 수상 동맥으로 아논강이 손꼽힌다.

V. 문화시스템

1. 지역정체성

1) 인구

아가-부랴찌야 자치구의 2001년 현재 인구수는 79,000명이다. 다른 연방 주체들과는 달리 인구 상황이 안정적이며, 1990년 대비 2001년에는 인구가 2000명 증가하기도 하였다.

아가-부랴찌야 자치구 인구변동 추이

연도	1990	1992	1993	1994	1995	1996	1997	1998	1999	2000	2001
인구수 (1,000명)	77	79	79	80	80	79	79	79	79	79	79

Российский статистический ежегодник. М., 2001. С. 83.

인구 자연증가율은 출생자수의 지속적인 감소와 사망자수의 지속적인 증가로 마이너스 추세를 보인다. 그러나 그 감소폭이 미미하여 전체인구 변동에는 큰 영향을 주지 못한다.

아가-부랴찌야 자치구 출생자수, 사망자수, 자연증가율

연도	출생자수(명)	사망자수(명)	자연증가율(명)
1990	1,868	604	1,264
1992	1,518	655	863
1993	1,435	759	676
1994	1,429	864	565
1995	1,338	738	600
1996	1,174	765	409
1997	1,115	698	417
1998	1,182	722	460
1999	1,163	771	392
2000	1,098	838	260

Российский статистический ежегодник. М., 2001. С. 122.

아가-부랴찌야 자치구의 기본 산업은 비철금속 야금업, 임업, 목재가공업,

식품공업 등이며, 비교적 발달한 분야로는 기계제작, 제철업, 건축자재업을 들 수 있다. 그러나 전체적으로 산업 발전 수준은 극히 미약한 상태이다. 농업부문에서 농업용지는 전체 영토의 51%에 해당하며, 경작지는 그중 28%이고, 밀, 귀리, 보리, 사료용 작물을 주로 재배하며, 전통적인 산업인 목축이 발달해 있다. 러시아의 경제 위기와 농업부문의 쇠락으로 실업률이 높은 상태이다.

아가-부랴찌야 자치구 경제활동인구(취업자, 실업자), 실업률

연도	경제활동인구 (1,000명)	취업자수 (1,000명)	실업자수 (1,000명)	실업률(%)
1992-96	....	....	....	....
1997	27	20	8	28.1
1998	31	20	11	35.2
1999	29	23	6	20.5
2000	32	24	8	25.6

Россий ский статистический ежегодник. М., 2001. С. 139.

2) 민족

아가-부랴찌야 자치구에는 30여 민족이 거주한다. 주요 민족 구성을 보면, 원주민인 부랴트인이 54.9%, 러시아인 40.8%, 에벤크인 0.2% 등으로, 비러시아인이 다수를 점하고 있다.

3) 교육

아가-부랴찌야 자치구에는 현재 주간 48개, 야간 3개의 중등학교가 운영되고 있으며, 김나지움 1개, 특수학교 1개, 취학전아동교육기관 50개, 기숙학교 25개, 고아원 2개와 직업전문학교가 운영되고 있다. 또한 자바이깔리예 국립사범대학, 동시베리아 국립공과대학, 부랴찌야 국립농업아카데미의 분교가 설치되어 있으며, 학술연구기관으로 현대 인문과학연구소 지부와 러시아내에서 유일한 아가 불교연구소가 있다.

2. 지역문화

1) 문화개괄

자치구 구성원은 40개가 넘는 다양한 민족으로 되어 있으며 각각의 민족마다 고유한 역사와 문화, 생활습관을 지니고 있다. 이곳에서는 기존의 것을 보존하는 것만이 아니라 새로운 문화를 창조하려고 노력하고 있다. 자치구 영토 내에는 문화 시설이 체계적으로 조직되어 있으며 문화 시설 관람객 좌석수가 10,742개에 이른다. 자치구의 클럽에서는 콘서트와 콩쿨 등이 개최된다. 해마다 자치구에서는 사가알간이라는 명절을 즐기는데 이는 음력으로 새해를 기념하는 것이다. 원주민들의 기본적 신앙은 불교의 일파인 라마교이다. 러시아 사람들 사이에서는 정교가 확산되어 있다.

부랴트는 많은 재능 있는 문화 예술가들을 낳았는데 인민 예술가인 린호보임(Л. Л. Линховоим), 김 바자르사다예프(Ким Базарсадаев), 두가예프(Д. Дугаев), 바지르 치렌다쉬예프(Базыр Цырендашиев) 등이 그들이다.

자치구에는 러시아 공화국의 문화부 박물관이 운영되어 이 지역의 학문적, 문화 계몽적 센터로서의 역할을 담당하고 있다. 박물관의 전체 면적은 478㎡에 이른다. 박물관에는 부랴트의 물질적 정신적 문화를 보여주는 6천점 이상의 진열품이 전시되어 있다. 또한 이 박물관은 다른 여러 기관들과 협력하고 있고, 유일무이한 고고학적 유적들과 생활용품들로 방문객들의 주의를 끌고 있다. 박물관 연구원들과 가이드들은 아가-부랴찌야 자치구의 역사와 조국전쟁, 부랴트의 문화, 티벳 연구가인 구세이노프와 치비꼬프 등에 관한 다양한 관광코스를 준비해 놓고 있다. 일 년 동안 자치구내 여러 부락에서는 많은 전시회가 열린다.

또한 자치구 영토에는 러시아공화국 문화부 시스템을 활용하는 49개의 독특한 종합 도서관이 운영되고 있다. 아가-부랴찌야 자치구에는 유치원과 탁아시설이 50여 개에 이르며 2000명 정도의 어린이가 이용하고 있다. 이 외에도 49개의 학교와 한 개의 중등 전문학교가 있으며 이들 학교에서 공부하는 학생은 모두 22,671명이다.

1999년 아긴 지역에는 재능 있는 아이들을 위한 김나지움이 개교되었다. 그밖에도 7개의 음악학교와 2개의 예술학교가 있으며, 고등교육기관으로는 연구소 한 개와 두 개의 종합대학의 분교가 있다. 동방-시베리아 국립 공업대학 아긴 분교와 체르니셰프스키 자바이칼 교육 대학 아긴 분교가 그것이다.

2) 문화시설

숲과 다양한 생태환경, 자연과 인간의 조화. 이 모든 것이 대도시의 소음과 소란으로부터 휴식을 취할 수 있는 최적의 조건이 된다. 아가-부랴찌야 자치구의 자연은 다양하고 매혹적이다. 끝없이 펼쳐진 스텝은 무성한 숲으로 바뀌어간다. 자치구의 북서부 지역은 최고봉이 해발 1,663미터에 달하는 알하나이 산맥으로 둘러싸여 있다. 이 지역에는 알하나이 보호지역이 조성 중이며 이 곳에는 토끼와 곰, 여우 등이 서식하며 다양한 품종의 식물들이 자란다. 백 개가 넘는 탄산수 샘이 있는데 이를 기저로 유명한 예방치료기관인 '욱사하이(Уксахай)' 와 '짐까(Зымка)'가 건립되었다. 그곳에서는 휴식을 취할 수 있을 뿐만 아니라 건강을 되찾을 수도 있다.

자치구민은 다양해서 이 지방 역사의 풍요로움과 다채로움을 엿볼 수 있다. 아긴 부락을 찾는 관광객들과 부락민들은 향토 박물관을 주로 방문한다. 방문객들은 5개의 호텔 중 하나를 골라 묵을 수 있다. 학교의 방학 기간에는 자치구내에 38개의 어린이 심신단련 야영 프로그램이 개설되어 매해 2,000여 명의 어린이들이 참여한다.

알따이 공화국
Республика Алтай

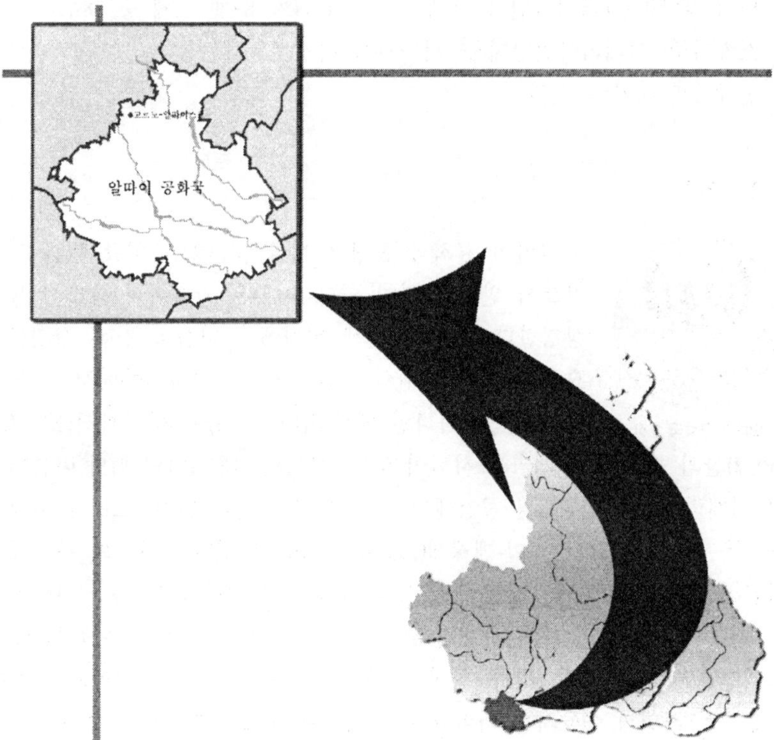

I. 개황

1. 기초정보

공화국 성립일: 1992년.

수도: 고르노-알따이스크(Горно-Алтай ск)

인구: 205,000명 (2001년 현재: 러시아연방 전체의 0.14%; 89개 주체 중 80위)

인구밀도: 2.213명/㎢

면적: 92,600㎢(러시아연방 전체 면적의 0.54%; 89개 주체 중 38위)

소속지구: 시베리아연방지구; 서 시베리아경제지구

한국과의 시차: -3시간

2. 상징

알따이 공화국 문장

알따이 공화국 문장은 황금색의 얇은 띠를 두른 짙은 하늘색 원으로 되어 있다. 이것은 알따이의 파란 하늘을 상징한다. 짙은 하늘색 바탕에는 다음과 같은 상징물이 묘사되어 있다. 원의 상단부에는 중앙아시아에서 가장 높은 산들 중 하나인 벨루히(Белухи)-유치 쓔메라(Юч Сюмера)산의 봉오리 세 개가 묘사되어 있다. 이 산은 대지(하얀색)의 아름다움과 지배력을 상징한다. 원 중앙에는 새의 머리와 황금 날개, 그리고 사자의 몸통을 한 하얀 그리핀 깐-께레제(Кан-Кереде)가 있다(그리핀의 몸통에는 황금색 점이 있고 가슴, 발톱, 그리고 다리의 점과 꼬리 끝은 붉고 파르스름한 색이며 주둥이, 날개의 토대와 끝 부분, 목에 있는 점은 검은색이다). 이 그리핀은 조국의 평안, 평화, 행복, 풍요를 지키는 성스러운 태양의 새이며 짐승, 새, 자연의 수호자를 의미한다. 원의 하단부에는 알따이의 가장 큰 두 개의 강인 비야(Бия)와 까뚜냐(Катуня)를 장식하고 있다. 그 강 사이에 있는 황금색 3각대는 화덕이며, 이것은 조국, 요새, 고향집의 영원함을 상징하는 것이다. 화덕인 3각대 아래에 있는 물결무늬 선은 쩰레쯔호(Телецкий озеро)를 상징한다. 강과 쩰레쯔호의 장식은 옥색과 에메랄드 색으로 되어 있다. 알따이 공화국 문장은 1993년 10월 6일 채택되었다.

알따이 공화국 국기

알따이 공화국 국기는 4 개의 띠가 가로로 묘사돼 있는 장방형 천으로 구성되어 있다. 위 부분은 하얀색이고 아래 부분은 하늘색, 얇은 띠는 백색과 하늘색으로 되어 있다. 알따이 공화국 국기의 두 가지 색상은 러시아연방 국기의 색상과 일치한다. 이것은 알따이 공화국이 러시아연방의 한 주체임을 강조한 것이다. 하늘색 띠는 알따이의 청결함, 하늘, 산, 강, 호수를 상징한다. 하얀 띠는 영원함, 부흥, 사랑, 알따이 공화국 국민의 화합에 대한 열망을 나타낸다. 띠의 비율은 국기 너비의 1/4, 1/25, 1/25이다. 국기 가로, 세로 비율은 3:2이다. 알따이 공화국 국기는 1993년 3월 3일 채택되었다.

3. 주요도시

고르노-알따이스크(Горно-Алтайск): 인구 53,500명; 북위 51°58′, 동경 85°58′ (인구: 2002년 현재)

4. 주요 산업 및 농업

공화국의 주요 산업으로 전기기계공업, 식료품공업(육류업, 버터-치즈제조업, 보리제분업), 경공업, 목재조달업, 목재가공업, 건축자재업 등이 발달했으며, 농업부문은 곡물생산, 감자, 야채 재배가 특화되었다. 낙농업, 목양, 염소사육업, 야크, 마랄, 사슴 등을 방목, 과수재배업, 양봉 등이 발달했다.

Ⅱ. 자연환경

1. 지리적 위치와 구성

알따이 공화국은 10개 행정구, 1개 시, 88개의 농촌마을로 구성되어 있으며, 남서 시베리아와 비야(Бия)강과 까뚜냐(Катуня)강 유역에 위치한다.

알따이 공화국은 까자흐스딴(Казахстан), 알따이 변강주, 하까씨야 공화국, 몽골, 중국과 경계를 이룬다.

주요 하천은 오피강을 이루게 되는 비야, 까뚠강이다.

수도 고르노-알따이스크시와 모스크바 간의 거리는 3,641㎞이다.

2. 기후조건

대륙성 혹한기후

1월 평균기온: -12℃ ~ -32℃

7월 평균기온: 9 ~ 18℃

연강수량: 100(산 사이의 분지) ~ 1000㎜

식물 생장 기간: 70 ~ 85일

식생: 스텝, 타이가

토양: 산악 타이가 토양, 산악 목초지 토양

삼림분포도: 42%

3. 주요 유용광물

철광, 수은, 몰리브덴-볼프람광, 희귀 금속, 금, 대리석, 건축재료 등이 있다.

주요산지:

철광: 홀준스크.

수은: 악따슈스꼬예(Акташское).

시멘트 원료: 마이스코-베르쯔꼬예(Май ско-Бердское).

Ⅲ. 정치시스템

1. 역사

알따이 공화국의 역사는 순탄한 길을 걸어오지 못했다. 고대인들은 석기시대부터 산악-알따이지역에 살았다. 이 지역에 고대인이 살았다는 증거는 유적지에서 발견된 유물들로부터 알 수 있는데 그 시기는 약 2000년 전까지 거슬러 올라간다. 토착민족인 알따이 민족은 자신들의 선조를 훈족으로 여기고 있는데 이들은 알따이 지역에 기원전 3세기 말에서 기원전 2세기 초까지 이주해온 것으로 여겨진다.

6세기에 알따이의 지배자는 고대 터키인으로 이들은 552년에 국가를 건설했으며 그 중심도시는 고르노-알따이스크였다. 이 당시 알따이 지역에는 고대 터키어가 형성되면서 문자가 발전하기 시작했다. 고대 터키어로부터 한국-일본, 퉁구스-만주, 터키-몽골어 그룹이 탄생했다. 일반적으로 알따이는 오늘날의 모든 터키계 민족의 시초로 간주된다. 중세에 들어서 산악-알따이 지역에 대비단길이 열렸다. 이후 이 지역은 칭기스-한에 속하게 되었다. 칭기스-한 제국이 멸망한 후 14세기 말에 알따이는 독립적인 국가가 될 수 있었다.

17세기부터 20세기 초까지 알따이인들은 러시아 국가에 병합되었다. 19세기 중반부터 산악-알따이에 러시아인이 살기 시작하였다. 20세기 초 알따이 공화국 영토에 알따이-고르노 지구가 편입되었는데 알따이-고르노 지구는 특히 농업이 매우 발달하였다. 또한 이 시기에 산악-알따이에는 목재가공과 목재를 물에 띄어 수송하는 작업이 성행하였다.

그러나 가장 발달한 산업은 농업으로 곡식재배와 더불어 동물의 가죽과 털, 우유 등을 생산하였다. 20세기 초는 산업화의 시기로 규정된다. 이때에는 이 지역에 밀가루와 곡식을 가공하는 공장이 문을 열었다. 또한 치즈 및 식용유 생산을 위한 대규모 공장이 운영되었는데 치즈 및 식용유는 러시아 전역뿐만 아니라 외국에도 유명했다. 산악-알따이의 경제수준은 시간이 지남에도 불구하고 큰 변화를 보이지 않았다. 1922년에 오늘날의 알따이 공화국은 오이로트 자치주로 불렸으며 1948년에 가서 산악-알따이 자치주로 변경되었다.

1990년 산악-알따이 인민대의의원회의는 국가주권에 관한 선언을 채택했고 공화국의 지위를 획득했다. 1992년 5월 산악-알따이 자치주는 알따이 공화국으로 개명되었다. 현재 알따이 공화국은 러시아연방에 속해있는 민주적인 국가이다.

2. 정치

1) 정치 일반

알따이 공화국의 최고지도자는 공화국 수반으로서 주바킨(С. И. Зубакин)이다. 공화국 수반은 보통 및 비밀선거로 공화국 유권자들에 의해 4년 임기로 선출된다. 최고 집행기관은 공화국 행정부이다. 알따이 공화국은 자신의 국경을 가지고 있으며, 자신의 영토구성에 따르는 제반 문제를 결정할 권리를 갖고 있다. 알따이 공화국에 파견되고 있는 러시아연방 대통령 전권대표는 삐우노프(В. Е. Пиунов)이다.

공화국의 입법권력은 국회인 엘 꾸룰따이(Эл Курултай)에 의해 실행된다. 엘 쿠룰타이의 의장은 따바예프(Д. И. Табаев)이다. 41명의 의원들이 국회에서 활동하며 이들은 비밀선거에 의해 선출된다. 행정부와 입법부간의 관계는 러시아연방과 알따이 공화국의 헌법 및 기타 법률에 준한다.

2)선거

알따이 공화국에서의 선거는 뜌흐쩨네프(С. С. Тюхтенев)가 의장으로 있는 선거관리위원회의 관장 하에 실시된다.

(1) 알따이 공화국의 수반, 국회-엘 쿠룰타이-의원 선거

1997년 12월 14일, 알따이 공화국의 수반과 국회-엘 쿠룰타이-의원 선거가 실시되었다. 71%의 유권자가 참여한 투표결과, 알따이 공화국의 수반으로는 주바낀이 당선되었다. 국회-엘 쿠룰타이-의원 선거에서는 4년 임기의 의원 41명이 선출되었다.

(2) 러시아연방 국가두마의원 선거

1999년 12월 19일 러시아연방 국가두마의원 선거가 실시되었다. 알따이 공화국의 선거구인 고르노-알따이 선거구에서는 러시아 농민당의 당수인 랍쉰(М. И. Лапшин)이 32.11%를 득표하여 당선되었다.

정당별 투표에서 주요정당들의 득표율은 다음과 같다.

정당	득표율(%)
단결	27.51
지리놉스끼 블록	5.99
조국-전러시아	10.25
러시아공산당	25.63

(3) 러시아연방 대통령 선거

2000년 3월 26일 실시된 러시아연방 대통령선거에서 알따이 공화국 유권자들이 개별 후보에게 보여준 지지율은 다음과 같다.

후보	득표율(%)
뿌친	37.89
쥬가노프	42.72
야블린스끼	2.63
지리놉스끼	3.01
뚤레예프	9.32
모든 후보에 대한 반대	1.2

Ⅳ. 경제시스템

1. 경제개황

알따이 공화국은 7개의 연방지구 중 시베리아연방지구에 속하고 12개의 러시아 경제지역 중 서시베리아 경제지역에 속한다. 알따이 공화국은 규모가 크지 않은 아담한 지역으로 공업발달은 미미하고 농업은 주로 가축사육이 많아 그의 식량인 사료용 작물재배에 기반하고 있다고 할 수 있다.

그러나 알따이 공화국의 상대 경제규모는 왜소하다고 평가된다. 알따이 공화국의 러시아대비 규모를 보면 지역총생산이 0.1%, 공업생산이 0.01%, 농업생산이 약 0.2%를 차지하고 있다. 그리고 소매유통은 0.1%, 자본투자 0.1%에 불과한 지역이다.

알따이 공화국의 특징 중 하나는 치즈에 관한 것이다. 알따이 공화국은 가축사육에 기반하고 있어 양질의 우유를 생산해내고 있고 오래 전부터 축적된 기술로 러시아 각 지역은 물론이거니와 유럽을 비롯한 전 세계에 있어 알따이 공화국의 치즈를 비교우위에 올려두고 있다.

이 치즈의 특징은 알따이 공화국이 산지대에 위치하고 있어 양질의 원료를 통해 공급되므로 깨끗하다는 점과 영양이 풍부하다는 점을 들 수 있다. 세계적으로 유명한 그 상표는 바로 '쉬베이짜리'(швей царский) 치즈이다.

알따이 공화국의 전체상황에 대한 이해를 돕기 위해서 지역총생산이 어떻게 변화되어 왔는지를 살펴보는 것은 매우 중요하다. 알따이 공화국의 지역총생산과 1인당 지역총생산을 들어보면 다음과 같다.

알따이 공화국 지역총생산액 추이

항목 \ 년도	1996	1997	1998	1999
지역총생산	1,259	1,424	1,629	2,568
1인당 지역총생산	6,241	7,042	8,018	12,570
지역총생산 지수		95.6	90.4	104.5

http://www.infostat.ru/epub.htm (검색일: 2003.1.10)

알따이 공화국의 지역총생산 주요구성에 따른 비율을 보면 공업부문이 상대적으로 열위를 점하고 있으며 이것은 여타 지역과 비교해 볼 때 좀 특이한 현상이다. 왜냐하면 공업은 환가되어 평가되면서 농업부문보다 시장 평가에 있어 고평가되는 경향이 있는데 알따이 공화국은 그럼에도 불구하고 공업 규모가 농업에 비해 열위에 있기 때문이다. 그것은 농업이 우위에 있다기 보다는 공업이 상당히 낮은 수준에 있는 것으로 보아야 할 것이다. 농업은 지역대비 총 생산비중이 약 26.8%, 공업은 약 5.5%에 이르고 있다. 기타 건설, 운송, 유통이 각각 5.8%, 0.5%, 9.4%에 이르고 있다.

알따이 공화국의 기업부문의 지표에 있어 총 기업수와 소 기업수 그리고 공업관련 기업수를 연도별 추이로 살펴보면 다음과 같다.

기업수 추이

항목 \ 년도	1997	1998	1999	2000
총기업수(연말)	5,983	7,325	8,659	9,676
소기업수(연말)	1,721	791	1,586	1,402
활동기업수	193	160	263	281

http://www.infostat.ru/epub.htm (검색일: 2003.1.10)

2. 산업

1) 공업

알따이 공화국의 공업은 상대규모가 작다. 그리고 특화된 산업을 두어 불균형 발전에 중점을 두기보다는 여러 산업에 골고루 자원을 배분해 주로 내수충당에 분배해왔다. 몇 가지 기반산업으로 비교우위에 두고 있는 것은 식품공업과 건재공업, 또한 비철금속부문을 들 수 있으며 이것의 비중이 약 80%에 이르고 있다.

알따이 공화국의 공업발달 수준이 낮음에도 불구하고 이 지역에서의 내수에서는 중요한 역할을 하고 있으므로 우선 총 공업생산량을 보면서 전체를 파악할 필요가 있을 것이다. 총 공업생산량과 공업생산지수를 연도별 표로 살펴보면 다음과 같다.

총 공업생산량 추이

항목 \ 년도	1997	1998	1999	2000
총 공업생산량	164	131	244	361
공업생산 지수	88	74	171	107

http://www.infostat.ru/epub.htm (검색일: 2003.1.10)

알따이 공화국의 총 공업생산량에 대한 부문별 구조를 나누고 그래서 어떤 것이 주요한 부문이고 또 그 비율들은 얼마나 되는가를 보는 것은 이것의 공업기여도를 평가하는데 중요한 자료일 것이다. 알따이 공화국은 분산특화형 공업구조를 가지고 있어 몇 개의 산업이 상대우위에 있다. 또 여타 부문들이 어떤 비율을 가지고 있는지 표로 살펴보면 다음과 같다.

주요 공업생산부문별 생산비율

생산부문	알따이 공화국 총공업생산 비율
비철금속	24.6%
화학·석유화학	0.6%
기계제작·금속가공	5.4%
목재가공, 종이·펄프	6.5%
건재공업	21.6%
경공업	5.8%
식품공업	31.5%
기타	4.0%

http://www.infostat.ru/epub.htm (검색일: 2003.1.10)

2) 농업

알따이 공화국의 농업은 산지대의 유리한 자연적 조건으로 인해 여타 부문에 비해 상대적으로 발달해 있고 다른 지역과의 관계에 있어 유입의 관계에 있다고 할 수 있다. 특히 가축사육은 충분하지만 작물재배가 부족해 이 부문의 유입이 많은 상태에 있다.

알따이 공화국은 농지가 그리 많은 편이 아니지만 토양이 기름지기 때문에 양질의 수확을 해내고 있다. 알따이 공화국의 총 경지면적에서 재배되는 작물들의 면적비율을 살펴보면 주요 농산물과 기여도를 파악할 수 있다. 알따이 공화국의 총 파종면적은 2000년을 기준으로 106,6000 헥타르이고 여기에 주로 파종되는 작물 종류를 보면 사료용 작물재배가 76.3%로 거의 모든 파종의 비중을 가지고 있고 곡물이 18.2%, 특용작물이 0.1%, 감자와 채소가 5.4%를 차지하고 있어 상대적으로 낮은 비율을 나타내고 있다.

알따이 공화국의 농업전반을 보기위해 총 농업생산량과, 총농업생산액 중 작물관련 생산액, 총농업생산액 중 가축관련 생산액을 연도별 추이로 살펴보면 다음과 같다.

농업생산량 추이

항목 \ 년도	1997	1998	1999	2000
총농업생산액	690.5	765.4	1,197.0	1,479.3
작물관련 생산액	306.3	282.5	366.2	375.2
가축관련 생산액	384.2	482.9	830.8	1,104.1
농업생산 지수	101	88	110	100.3

http://www.infostat.ru/epub.htm (검색일: 2003.1.10)

알따이 공화국의 농업생산에 있어 주요 생산품목을 2000년 기준으로 총량과 함께 보면 다음과 같다.

곡물-20,400 톤; 감자-37,200 톤; 채소-12,900 톤; 가축과 가금류(도살 후 무게)-12,300 톤; 우유-56,500 톤 등이다.

알따이 공화국은 가축사육이 활발히 이루어지고 있는 지역이다. 알따이 공화국의 가축사육과 관련해서 (2000년 말 기준으로) 사육되고 있는 소는 118,100 두이며, 그 중 암소는 55,000 마리이다. 그리고 돼지의 수도 11,800 마리에 이른다.

3. 자원 등 기타

알따이 공화국은 산지대에 위치하고 있다. 따라서 생태적으로 깨끗한 환경을 가지고 있는 공화국이다. 이 지역은 숲과 강, 호수가 풍부하며 광물자원도 풍부하고 동물 및 식물계도 다양하다.

알따이 공화국에는 20여 종의 다양한 토양이 분포되어 있다. 이 공화국의 유용지하자원의 매장층은 매우 다양하며 유색광물자원으로는 금, 은, 구리, 백금을 포함하여 수은, 아연, 납, 코발크, 망간, 철, 텅스텐이 있다. 비광산자원으로는 대리석, 유색점토, 크리스탈 등이 있다. 현재 이 지역에는 몰리브텐과 텅스텐광에 대한 채굴 및 가공작업과 금광에 대한 작업이 활발히 이루어지고 있으며 장식용 돌과 건축자재의 매장층에 대한 작업도 병행되고 있다. 그러나 주요한 잠재적 원료에 대한 작업은 실제적으로 이루어지고 있지는 않은 실정이다. 알따이 공화국의 에너지자원으로는 석탄, 갈탄, 이탄 등이 있다.

알따이 공화국의 수자원은 매우 풍부하다. 가장 유명한 강들로는 까뚠강, 비야강, 츄야강, 출리쉬만강 등이 있다. 특히 까뚠강의 경우는 수력에너지 자원이 많이 분포되어 있으며 전문가에 의하면 그 강도는 400만 킬로와트에 이른다. 알따이 공화국의 호수는 약 7,000개에 달하며 대부분은 작은 호수로 이루어져 있고 매우 깨끗하고 차갑기로 유명하다. 이들 중 가장 큰 호수는 뗄레쯔크 호수로 관광객들의 휴식처로 사랑받고 있다.

알따이 공화국의 산림은 42,000㎢로 대부분은 침엽수가 주종을 이루고 있으며 가치 있는 종으로 알려져 있다. 알따이 공화국에는 목초지대가 많으며 많은 풀들이 자라고 있고 이들은 매우 우수한 약초로 평가받고 있다.

알따이 공화국의 동물계는 매우 다양하여 고슴도치, 야생곰, 사슴을 포함하여 총 80여종의 포유류와 44종의 어류가 서생하고 있다.

V. 문화시스템

1. 지역정체성

1) 인구

알따이 공화국의 2001년 현재 인구는 205,000명이다. 아래 표에서 볼 수 있듯이, 러시아연방의 다른 주체들과는 달리, 미미하나마 전체 인구수 면에서 증가의 경향을 보인다. 이는 인구의 자연증가와 더불어, 까자흐스탄, 우즈베키스탄, 체첸공화국 등으로부터의 인구유입에 따른 것이다. 2000년도 유입인구 수는 318명이었다.

현재 진행되고 있는 인구 고령화와 청년층의 지속적인 공화국 이탈 현상으로 인해 향후 인구가 감소추세로 돌아설 가능성이 크다.

알따이 공화국 인구변동 추이

연도	1990	1992	1993	1994	1995	1996	1997	1998	1999	2000	2001
인구수 (1,000명)	194	197	197	198	199	201	201	202	203	204	205

Российский статистический ежегодник. М., 2001. С. 83.

인구의 자연증가율은 2000년부터 다시 상승 추세를 보인다. 2000년을 기점으로 출생률이 상승하고 영-유아 사망률은 하락하고 있다. 공화국의 출생자수, 사망자수, 자연증가율은 다음과 같다.

알따이 공화국 출생자수, 사망자수, 자연증가율

연도	출생자수(명)	사망자수(명)	자연증가율(명)
1990	3,753	2,126	1,627
1992	3,263	2,271	992
1993	2,878	2,630	248
1994	2,931	2,875	56
1995	2,853	2,637	216
1996	2,704	2,567	137
1997	2,686	2,547	139
1998	2,923	2,367	556

1999	2,747	2,536	206
2000	2,645	2,097	262

Российский статистический ежегодник. М., 2001. С. 119.

알따이 공화국 경제활동 인구는 공화국 인구의 절반 이상을 차지한다. 경제활동 인구의 30% 이상이 교육, 문화, 스포츠, 보건 분야 등의 정부기관에서 근무하며, 월 평균 임금 수준이 러시아 연방 주체들 가운데서 55위를 차지한다. 최근 청년층의 공화국 이탈이 인구의 고령화 과정을 가속화시키고 있으며, 목축분야 노동력 결핍이 심각한 문제로 대두되고 있다.

알따이 공화국의 경제활동 인구 및 취업률, 실업률은 다음과 같다.

알따이 공화국 경제활동인구(취업자, 실업자), 실업률

연도	경제활동인구 (1,000명)	취업자수 (1,000명)	실업자수 (1,000명)	실업률(%)
1992	86	81	6	6.5
1993	90	81	8	9.3
1994	86	74	12	13.5
1995	87	78	9	9.9
1996	87	76	11	13.2
1997	88	72	16	18.4
1998	84	69	15	18.0
1999	80	65	15	9.1
2000	91	75	16	17.5

Российский статистический ежегодник. М., 2001. С. 139.

2) 민족

알따이 공화국에는 50여 민족이 거주한다. 주요 민족 구성을 보면, 러시아인 60.4%, 원주민인 알따이인 31%, 까자흐인 5.6%, 우끄라이나인 0.9%, 독일인 0.4% 등이다.

3) 교육

알따이 공화국에는 종합대학 1개, 전문학교 5개, 직업학교 7개와 중등학교 205개가 있으며, 학생 총수는 4만 명 이상, 교원 수는 4,200명 이상이다. 공화국의 대학생 비율은 인구 1만 명 당 199명에 이르며, 이 비율은 주변의 다른 연방주체들보다 높은 수치이다. 종합대학인 고르노-알따이 국립대학은 1949년에 개교되었으며, 현재 18개 전공분야를 개설하고 있으며, 학생수가 총 5,300명에 이른다. 공화국 내에는 고르노-알따이 인문과학 연구소를 비롯한 3개의 학술연구소, 시베리아 중앙식물원 분원인 알따이 식물원과 시베리아 원예연구소 산악식물 분소가 위치하고 있다.

2. 지역문화

1) 문화 개괄

고대인들은 아주 오래 전 이미 6세기경부터 고르노-알따이 지방을 거주지로 선택했다. 이러한 사실은 고고학적 발견들로 인해 입증된 바 있다. 공화국 영토 내에는 230개의 문화 유적들이 있으며 이 중 126개는 연방차원의 중요성을 가진 문화유적들이다. 공화국에는 10개의 박물관, 163개의 도서관, 235개의 클럽과 같은 형식의 시설들이 있다.

알타이 공화국의 원주민은 알타이족이다. 공화국은 이 소수 민족 문화의 재건에 많은 관심을 기울이고 있다. 알타이족 문화는 다른 민족 문화의 영향을 받아왔는데 고르노-알타이 지방의 주민들은 대부분 부르하니즘을 믿고 있다. 이 종교는 티벳 불교의 한 갈래이다. 고르노-알타이에는 정교와 불교, 모슬렘과 침례교, 이교 등 다양한 종교를 믿는 민족들이 살고 있다.

공화국 영토 내에는 단 한 개의 극장이 있는데 이 극장은 알타이 극단과 러시아 극단, 이렇게 두 극단으로 구성되어 있다. 알타이 공화국 민족 극장에서 활동하는 민속 앙상블 '알타이'는 러시아와 해외의 여러 도시에서 공연한 바 있다. 고르노-알타이에서 배우로 유명한 사람은 깔낀(А. Г. Калкин)이다. 알타이 공화국 원주민 예술의 민족적 특징은 그들이 고대 스키타이 시베리아의 맹수 양식을 고수하고 있다는 점이다. 알따이인들은 벽에 맹수나 날카로운 뿔을 가진 사슴들의 싸움을 표현하기를 좋아한다.

알따이인들에게는 엘 오이은이라는 민족적 명절이 있는데 이 날 사람들은 산을 지나가며 명절을 축하한다. 이것은 조상들이 남긴 정신적으로 가치 있는 것들의 원천으로의 회귀를 상징한다. 이 지방은 초로스 구르낀 (Г. И. Чор ос Гуркин)과 체발꼬프(Н. И. Чевалков) 같은 유명한 화가들을 길러냈으며, 1926년 여름 고르노-알타이에 머물렀던 화가 료리흐(Н. К. Рерих)는 이 지방의 아름다움에 감동하여 고르노-알타이를 묘사한 몇 장의 유화를 창작했다. 고르노-알타이는 러시아에서 도시화가 주는 부정적 영향을 받지 않은 몇 안 되는 지역 중 하나일 것이다. 고르노-알타이에 사는 사람들은 항상 자연과의 조화 속에서 삶을 영위해왔다.

2) 관광문화

만일 당신에게 휴가가 주어지고 아직 어디로 갈지 정하지 않았다면 알타이로 갈 것을 권한다. 결코 후회하지 않을 것이다. 그림과 같이 아름다운 골짜기, 끊이지 않고 마음을 평온하게 하는 강물 소리, 문명에서 멀리 떨어진 느낌, 그리고 자연과의 합일, 이 모든 것들은 당신으로 하여금 모든 도시의 문제와 근심거리를 잊게 해 줄 것이다.

알타이의 자연을 표현하는 가장 보편화된 표현은 '시베리아의 진주', '시베리아의 스위스'이며, 심지어 '엘도라도'라고도 한다. 마치 '알타이'라는 이름 자체만으로는 부족한 듯 이러한 수식어를 사용한다. '알타이'란 단어는 터키어의 '알탄', 즉 '황금의'란 말에서 생겨났다. 이러한 인상적인 이름은 이 지방이 전설처럼 아름답다는 것에서 붙여진 것이다.

전설과 고대 구비문학의 지방, 산과 숲의 마술 같은 조화는 인간과 자연의 합일을 만들어내고 스트레스를 풀어주며 영혼을 치료한다. 심리치료사들의 말을 빌면 바로 이곳에서 인간의 생체에너지를 복구하는 엄청난 에너지 장이 작용한다는 것이다. 이곳의 기후는 치료적 특성에 있어 크림지방에 뒤지지 않는다.

실제적으로 알타이에서는 일 년 내내 휴식을 즐길 수 있다. 공화국에는 몇 개의 편안한 관광업소가 일하고 있다. 만일 당신이 건강에 문제가 있다면 최신 의료 시설을 갖춘 치료 요양원을 찾을 수도 있다.

체말스까야 골짜기에는 관광객을 위한 복합 치료요양소 '까뜬'이 자리하고 있다. 실제로 이곳에서는 이른 봄과 뜨거운 여름, 긴 가을과 부드럽고 눈이 적은 겨울 등, 모든 계절을 즐길 수 있다.

비교할 수 없이 풍부한 아름다움을 지닌 알따이 산을 바라보면 위대한 러시아 화가인 니꼴라이 료리흐를 더욱 잘 이해할 수 있다. 선명한 색채가 부자연스럽게 여겨지는 그의 그림들은 이곳에서 자연을 그대로 그린 것이다. 이곳에는 그러한 색채와 공기가 있으며 뭔가 이해할 수 없고, 삶의 활력을 높이며, 황홀한 느낌을 일으키는 것이 있다. 관광단지인 '까뜬'에 머문 첫날밤, 여행에서 오는 피로에도 불구하고 그 누구도 잠들지 않는다.

알따이 변강주

Алтай ский Край

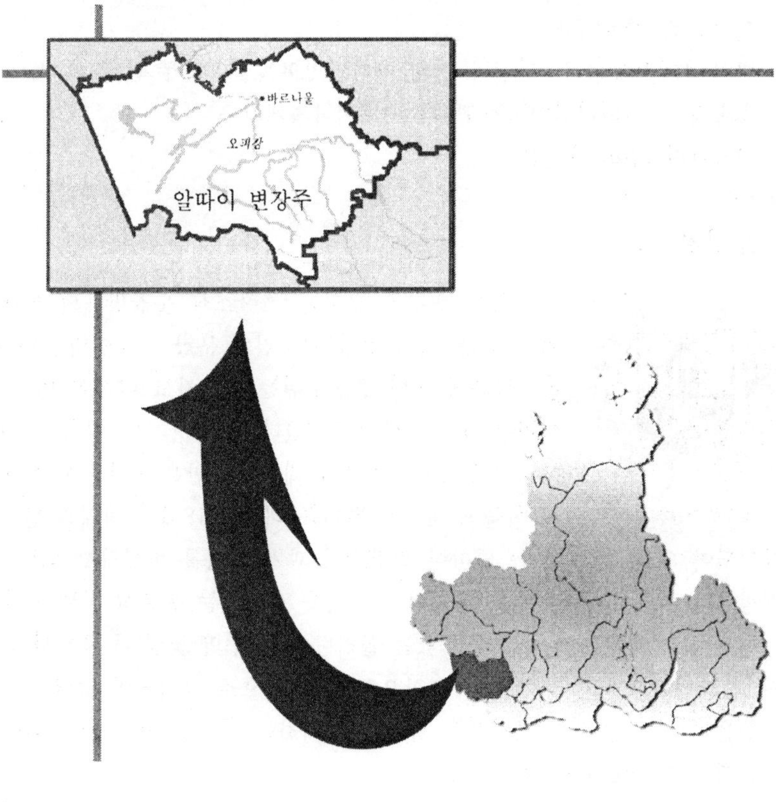

I. 개황

1. 기초정보

변강주 성립일: 1937년 9월 28일.

변강주도: 바르나울(Барнаул)

인구: 2,643,000명 (2001년 현재: 러시아연방 전체의 1.83%; 89개 주체 중 19위)

인구밀도: 15.63명/㎢

면적: 169,100㎢(러시아연방 전체 면적의 0.99%; 89개 주체 중 24위)

소속지구: 시베리아연방지구; 서 시베리아경제지구

한국과의 시차: -3시간

2. 상징

알따이 변강주 문장

알따이 변강주 문장은 프랑스식 문장방패의 형태로 되어 있다. 이 문장방패는 전체 문장의 높이의 8/9이며, 문장방패의 하단 중심부위는 뾰족하고 아래쪽 양측 모서리는 둥그렇게 되어 있다. 문장방패는 같은 크기로 아래위로 양분되어 있는데, 위쪽 반은 위대함을 상징하는 하늘색 바탕에 연기를 내뿜는 18세기 형태의 난로가 묘사되어 있다. 이 난로는 알따이 변강주의 과거 역사를 반영하고 있다. 문장방패의 아래 부분은 덕성, 용기와 용맹성을 상징하는 붉은색 바탕에 에르미따쥐 국립 박물관에 소장되어 있는 꼴리반의 '공주의 꽃병'이 묘사되어 있다. 문장방패의 테두리는 황금 이삭으로 된 화관으로 장식되어 있다. 이 이삭들은 알따이 변강주 경제에서 농업이 차지하는 비중을 보여준다. 화관은 하늘색 리본으로 엮여 있다.

용광로 그림은 1846년에 세워진 바르나울(Барнаул)의 문장에서 나온 난로와 동일한 모양으로 재생한 것이다. 바르나울에는 18세기 중엽부터 구리 제련공장과 은 제련공장이 들어서기 시작했다. 난로는 1828년부터 고르노자보쯔크 알따이 자치구(Горнозаводский Алтайский округ)에서 채굴과 금속가공 산업이 발달했음을 상징하고 있다. '공주의 꽃병'은 '거대한 꼴리반 꽃병'이라는 명칭을 가지고 있는데, 이것은 단단한 돌로 거대한 장식품을 생산하는 꼴리반 공장에서 건축가 멜니꼬프(А. И. Мельников)의 설계에 따라 1831년-1843년에 제작되었다. 이 난로의 높이는 대를 포함해서 257㎝, 큰 지름은 504 ㎝, 작은 지름은 322 ㎝이며, 무게는 19 톤에 달한다. "공주의 꽃병"은 변강주 자연의 풍요로움과 장인들의 예술에 대해 말해주고 있다. 문장에는 변강주의 과거와 현재가 공존하고 있으며, 전통의 진실성과 현대성이 반영되어 있다. 알따이 변강주 문장은 2000년 5월 25일 채택되었다.

알따이 변강주기

알따이 변강주기는 붉고 파란 바탕의 장방형 천으로 되어 있다. 왼쪽 파란 바탕에는 밀 이삭이 묘사되어 있고, 붉은 바탕의 중앙에는 알따이 변강주 문장이 묘사되어 있다. 알따이 변강주기는 2000년 6월 29일 채택되었다.

3. 주요도시

바르나울(Барнаул): 인구 575,600명; 북위 53°21′, 동경 83°45′
비스크(Бий ск): 인구 223,800명; 북위 52°32′, 동경 85°10′
루프쪼프스크(Рубцовск): 인구 160,400명; 북위 51°32′, 동경 81°12′
노보알따이스크(Новоалтай ск): 인구 58,500명; 북위 53°24′, 동경 83°56′
자린스크(Заринск): 인구 53,200명; 북위 53°43′, 동경 84°56′
까멘-나-오비(Камень-на-Оби): 인구 42,900명; 북위 53°48′, 동경 81°19′
슬라프고로트(Славгород): 인구 33,500명; 북위 53°0′, 동경 78°38′
알레이스크(Алей ск): 인구 30,000명; 북위 52°29′, 동경 82°46′
야로보예(Яровое): 인구 21.400명; 북위 52°56′, 동경 78°35′
(인구: 2002년 현재)

4. 주요 산업 및 농업

변강주의 주요 산업으로 기계제작, 금속가공(트랙터 생산, 농기계생산, 열차차량생산, 에너지설비생산, 금속설비생산, 지질조사설비생산), 화학공업, 석유화학(정유)공업(고무타이어 생산, 인공섬유생산, 화학시약 생산), 식료품공업(육류, 버터치즈가공, 제분업), 경공업, 목재가공업 등이 발달했으며, 농업부문은 경작(곡물, 사탕무우, 해바라기, 아마, 사료용곡물 파종), 감자, 야채, 낙농업, 목양, 염소 사육업, 양봉, 모피업 등이 발달했다.

II. 자연환경

1. 지리적 위치와 구성

알따이 변강주는 60개 행정구, 12개 시, 14개 도시형마을, 723개의 농촌마을로 구성되어 있으며, 서 시베리아 남쪽, 오피강 상류에 위치한다.

알따이 변강주는 까자흐스딴(Казахстан), 노보씨비르스크주, 께메로보주, 알따이 공화국과 경계를 이룬다.

주요 하천은 오피강과 그 지류인 비야, 알레이, 차미쉬강 등이며 약 13,000개의 호수가 있고 그중 가장 큰 호수가 꿀룬진스크호이다.

수도 바루나울시와 모스크바 간의 거리는 3,419㎞이다.

2. 기후조건

대륙성 혹한기후

1월 평균기온: -19℃

7월 평균기온: 19℃

연강수량: 150 ~ 200㎜(산악 지역에는 1500 ~ 3000㎜)

식물 생장 기간: 110(산기슭) ~ 130일(꿀룬진스크 평원)

식생: 스텝

토양: 회색 삼림토, 흑토

삼림분포도: 21%

3. 주요 유용광물

다금속광, 수은, 식염, 글라우버염 등이 있다.

주요 산지:

다금속광: 오를로프스크.

수은: 아끄따쉬스크, 차가누진스크.

식염: 부를라.

글라우버염(소다): 꾸추크.

Ⅲ. 정치시스템

1. 역사

러시아족이 오비강 상류와 알타이 지역에 거주하기 시작한 것은 17세기 후반기이다. 알따이 정착은 유목민 부대로부터의 방어를 위해 벨로야르스크 및 비까뚠스크 요새가 세워진 이후 빠르게 진행되었다.

알따이는 금속 채굴로 오래전부터 알려졌다. 18세기-19세기 전반기에 알따이에는 러시아 은의 90%가 채굴되었다. 18세기 후반 무렵에는 알따이 산악지구가 구성되었다. 여기에는 알따이 변강주, 노보씨비르스끄주와 께메로보주, 똠스크가 들어갔고 똠스크주와 동부-까자흐스딴주의 일부가 들어갔다. 19세기 전반기에 알따이는 러시아에서 은 생산은 1위, 구리는 2위, 금은 3위를 차지했으며, 러시아 동부지역에서는 우랄 다음으로 큰 산업지역이 되었다. 그러나 19세기 60-70년대 알따이에서 봉건제적 잔재는 시베리아의 다른 지역들에서보다 상당정도 유지되고 있었다. 광산업은 경제지구의 주요부문으로서 위기선상에 놓이게 되었고 공장들의 손실은 제어할 수 없을 정도로 커졌다. 이 세기의 말경에는 거의 모든 공장이 문을 닫았다.

알따이의 민간산업에서는 금 채굴이 가장 발전했다. 이 부문에서 가장 큰 기업은 '알따이 금 산업'과 '남부-알따이 금 산업'이었다. 이 세기의 말에는 70개의 채굴장이 일을 했다. 19세기 말 알따이의 북부지역을 관통하여 시베리아 철도가 건설되었으며, 1915년경에는 알따이 철도가 건설되었다. 철도건설은 알따이에 새로운 발전계기를 가져다주었는데 이 철도는 노보니꼴라옙스끄, 바르나울, 세미빨라찐스끄를 연결했다. 이 지역에는 또한 새로운 해운교통로도 완성되었다. 스톨리핀의 토지개혁은 알따이로의 인구이주를 가속화시켰고 이는 경제를 발전시키는 계기가 되었다. 알따이 경제의 주요기반은 오랜 세월 동안 곡물류 재배가 주를 이루었다. 이밖에 감자재배를 비롯하여 양봉이 매우 발달했다.

20세기 초 우유채취의 목적으로 가축사육이 시작되었으며 유가공 기술도 발달하기 시작했다. 알따이산 치즈는 서유럽국가로 수출되었다. 알따이 지역에 소비에트정권이 들어선 후 1917년 7월 바르나울을 중심도시로 하는 알따이 현이 수립되었고 이 현은 1925년까지 존재했다. 1925년부터 1937년까지 알따이 영토에 서부-시베리아 변강주가 편입되었고 1937년부터는 알따이 변강주로 재편되었다. 1922년 알따이 변강주 소속으로 오이로트 자치주가 구성되었고 이는 1948년 산악-알따이 자치주로 개칭되었고, 1992년 알따이 공화국으로 분리된다.

1920년대 말 알따이 현의 경제발전은 뚜르께스딴-시베리아간의 철도가 완공됨으로써 그 절정을 이루었다. 중앙아시아의 곡물가공을 위해 바르나울에 바르나울 멜란줴비 공장단지가 건설되었다. 바르나울, 비이스크, 까멘-나-오비 지역에는 대규모 곡물창고가 들어섰고 비이스크와 알레이스크에는 설탕공장이 건설되었다. 또한 비이스크, 루브쪼브스끄, 뽀스뻴리흐에는 육가공공장이 건설되었다.

금속가공과 건설자재 생산 산업이 급속히 발전했으며 교통수단 또한 현대화되었다. 1930년대 말까지 알따이는 시베리아지역에서 대규모 농업-산업지역중의 하나가 되었다. 전쟁기간 동안 알따이에는 러시아 서부지역에서 철수해온 100개의 공장이 들어왔는데, 이중 24개 공장이 소련 전체에서 수위를 차지하는 대규모의 공장이었다. 이 기업들의 소개는 알따이 변강주의 산업발전에 큰 영향을 주는 계기가 되었다. 또한 이 시기에 알따이는 농산물 생산의 중심지가 되었으며 러시아 주요 곡창지대 가운데 하나가 되었다. 전쟁이 끝나고 10년 동안 대량생산을 위한 새로운 기술이 속속 도입되었다. 산업발전 속도는 소련전체 평균 발전 속도보다도 6배나 빨랐다.

전쟁이 끝나고 10년간 이루어진 산업발전은 주로 농업분야에서 이루어졌으며 이는 타산업의 발전에 영향을 주었다. 알따이 변강주에는 미개간지와 방치해둔 경작지가 많았으며 이는 항상 농업에서 문제가 되었다. 이를 해결하기 위해 알따이 변강주는 농업집약화를 시도했고 농기계들이 속속 도입되었다. 1970-1980년대에 각 기업과 분야별 시스템 통합작업이 일어났으며 산업과 학문 간의 교류도 시작되었다.

알따이 변강주는 러시아의 정치구조를 갖는 러시아연방의 주체이다. 1991년까지 변강주 소속으로 있던 고르노-알따이 자치주는 1992년 알따이 공화국으로 개명되면서 러시아연방의 독자적인 주체가 되었다.

2. 정치

1) 정치 일반

집행권력은 알따이 변강주의 행정부에 의해 수행된다. 행정부의 수반은 수리꼬프(А. А. Суриков)이다. 행정부 산하에 30개에 달하는 위원회를 두고 있다. 변강주의 주도는 바르나울시이며, 시의 행정수반은 바바린(В. Н. Бава рин)이다.

알따이 변강주 의회(Законодательное Собрание)는 1994년에 설립되었으며, 1995년 4월 20일 알따이 변강주의 기본법인 헌장을 채택했다. 50명의 의원들 가운데 의장인 나자르축(А. Г. Назарчук)을 비롯한 7명은 상설직으로 근무한다.

2)선거

(1) 알따이 변강주 행정수반, 의회의원 선거

러시아연방 대통령 선거와 함께, 알따이 변강주 지역 유권자들은 동일 변강주의 행정수반 및 의회의원 그리고 지방자치 대의기관의 의원들을 선출했다.

행정수반 선거에서 유권자 71.31%가 투표에 참여했다. 투표결과, 수리꼬프(А. Суриков)가 77.41%를 득표하여 알따이 변강주의 행정수반으로 재선되었다.

바르나울시의 수장을 뽑는 선거에서는 유권자 68.57%가 투표에 참여했으며, 바바린(В. Баварин)이 75.8%를 득표하여 당선되었다.

(2) 러시아연방 국가두마의원 선거

1999년 12월 19일 러시아연방 국가두마의원 선거가 실시되었다. 변강주의 선거구별 당선자는 다음과 같다.

선거구	당선자/득표율
바르나울 선거구	릐즈꼬프(Рыжков В.А.)/33.62
비이스끄 선거구	보론쪼바(Воронцова З.И.)
룹쪼프 선거구	게라시멘코(Герасименко Н.Ф.)
슬라브고로트 선거구	아빠린(Апарин И.В.)

정당별 투표에서 주요정당들의 득표율은 다음과 같다.

바르나울 선거구	
정당	득표율(%)
야블로꼬	8.01
단결	24.74
지리놉스끼 블록	5.62
러시아공산당	26.03
우파연합	12.23

비이스끄 선거구	
정당	득표율(%)
야블로꼬	7.38
단결	22.39
지리놉스끼 블록	7.10
러시아공산당	37.85
우파연합	5.01

룹쪼프 선거구	
정당	득표율(%)
단결	22.16
지리놉스끼 블록	7.81
러시아공산당	41.12
우파연합	5.64

슬라브고로트 선거구	
정당	득표율(%)
단결	23.16
지리놉스끼 블록	7.93
러시아공산당	41.80

(3) 러시아연방 대통령 선거

2000년 3월 26일 실시된 러시아연방 대통령선거에서 투표에 참가한 71.36%의 유권자들이 개별 후보에게 보여준 지지율은 다음과 같다.

후보	득표율(%)
뿌친	44.51
쥬가노프	39.99
야블린스끼	3.47
지리놉스끼	2.78
뚤레예프	2.48
모든 후보에 대한 반대	1.78

Ⅳ. 경제 시스템

1. 경제개황

알따이 변강주는 7개의 연방지구 중 시베리아연방지구에 속하고 12개의 러시아 경제지역 중 서시베리아 경제지역에 속한다. 알따이 변강주는 대규모 자원매장지와 가까이 위치하고 있으며 특히 중공업분야에서 잘 발달된 인프라를 소유하고 있고 풍부한 천연자원을 가지고 있는 매우 유리한 지역이다. 이 공화국은 대규모 공업지역일 뿐만 아니라 질 높은 생산품이 풍부한 대규모 농업지역이기도 하다.

알따이 변강주는 모든 러시아 여타지역에서처럼 1990년대는 경제위기가 찾아왔었다. 그러나 현재 이 지역 경제는 매우 안정된 위치에 있으며 나아가서 경제적으로 매우 전망 있는 지역으로 손꼽히고 있다. 이러한 근거로는 천연자원이 풍부하고 과학적 잠재력이 높다는 점을 들 수 있고 그 외에도 고유한 공학기술과 수준 높은 인적자원을 가지고 있고 또한 노동력도 저렴하다는 것을 들 수 있다.

알따이 변강주의 지역총생산과 1인당 지역총생산을 들어보면 다음과 같다.

알따이 변강주 지역총생산액 추이

항목 \ 년도	1996	1997	1998	1999
지역총생산	20,996	20,801	22,127	34,838
1인당 지역총생산	7,822	7,776	8,293	13,104
지역총생산 지수		89.5	96.6	103.0

http://www.infostat.ru/epub.htm (검색일: 2003.1.10)

알따이 변강주의 공업기업은 총 200개가 있으며 중공업 뿐만 아니라 경공업부문 등에서 폭넓은 활동을 벌이고 있다. 구체적으로 알따이 변강주의 총 기업수와 소 기업수 그리고 공업관련 기업수를 연도별 추이로 살펴보면 다음과 같다.

기업수 추이

항목 \ 년도	1997	1998	1999	2000
총기업수(연말)	39,832	41,645	44,277	45,822
소기업수(연말)	10,340	10,831	10,635	12,070
활동기업수	2,264	2,580	2,274	2,380

http://www.infostat.ru/epub.htm (검색일: 2003.1.10)

현재 알따이 변강주에서 중소기업의 활동은 아주 빠른 속도로 발전하고 있으며 이 지역경제의 안정과 성장을 위한 전제조건으로의 역할을 다하고 있다. 고용된 노동자의 수를 살펴보면 알따이 변강주 전체 인구의 1/4에 해당하며 이를 통해서 노동자에게 일자리를 제공해주는 중요한 역할을 수행하고 있다.

2. 산업

1) 공업

알따이 변강주의 총 공업생산량은 1999년과 2000년에 각각 226억 2,200만 루블과 303억 5,700만 루블로 가파른 상승세를 나타내고 있다. 그러나 2000년에는 공업생산량의 상승폭이 약간 줄고 있다. 그리고 공업생산지수에 있어서는 2000년은 전년대비 8% 하락하였다.

알따이 변강주의 공업에서 주요한 부분은 전기에너지, 기계제작, 화학·석유화학공업, 건재생산, 방직 및 경공업 등이다. 현재 몇 부문에서는 페레스트로이카이후 처음으로 생산량이 증가한 부문도 있다. 생산량이 가장 증가한 부문은 복합사료, 화학과 석유화학부문, 중공업의 부문 중에서 트랙터의 생산 부문이다.

전체적으로 알따이 변강주의 총 공업생산량과 공업생산지수를 연도별 추이로 보면 다음과 같다.

총 공업생산량 추이

항목 \ 년도	1997	1998	1999	2000
총 공업생산량	15,326	14,810	22,622	30,357
공업생산 지수	94	94	118	109

http://www.infostat.ru/epub.htm (검색일: 2003.1.10)

알따이 변강주의 공업생산에서 중요한 역할을 하는 부문은 전기에너지 부문이다. 알따이 변강주는 시베리아 에너지시스템 단체에 속하는 지역으로 가장 규모가 큰 시베리아 수력발전소를 가지고 있다. 구체적인 알따이 변강주의 공업부문별 비율을 살펴보면 다음과 같다.

주요 공업생산부문별 생산비율

생산부문	알따이 변강주 총공업생산 비율
전기전력	15.4%
철강업	8.2%
비철금속	0.3%
화학·석유화학	14.5%
기계제작·금속가공	24.4%
목재가공, 종이·펄프	2.3%
건재공업	3.5%
경공업	0.9%
식품공업	18.8%
기타	11.7%

http://www.infostat.ru/epub.htm (검색일: 2003.1.10)

2) 농업

알따이 변강주는 러시아 지역에 위치한 가장 대규모 농업지역의 하나로 인정받고 있다. 1861년부터 알따이 변강주에는 러시아의 다른 농경지로부터 농민이 이주하여 오기 시작하였다. 1917년에 이르기까지 농가인구와 파종면적이 급격히 증가하기 시작하였다.

현재 알따이 변강주의 농지는 1,100만 헥타르이며 이 중 경작용 토지는 692만 2,100 헥타르이다. 알따이 변강주는 자연적 조건이 매우 발달해 있고 또 토양이 흑토로 구성되어 있어 농업에 유리한 지역이다. 주로 곡물생산이 많아 인근지역에 비해 농업기반이 잘 잡혀있는 지역으로 손꼽힌다.

알따이 변강주의 농업전반을 보기위해 총 농업생산량과 총 농업생산액 중 작물관련 생산액, 총 농업생산액 중 가축관련 생산액을 연도별 추이로 살펴보면 다음과 같다.

농업생산량 추이

항목 \ 년도	1997	1998	1999	2000
총농업생산액	1,205.8	8,654.8	15,840.4	24,427.9
작물관련 생산액	4,132.7	5,137.1	8,530.4	15,155.5
가축관련 생산액	3,073.1	3,517.7	7,310.0	9,272.4
농업생산 지수	77	106	103	122

http://www.infostat.ru/epub.htm (검색일: 2003.1.10)

알따이 변강주의 총 파종면적을 보면 2000년을 기준으로 534만 4,900 헥타르이고 여기에 주로 파종되는 작물의 종류를 보면 곡물이 63.9%, 사료용 작물재배가 27.2%로 큰 파종비중을 가지고 있고 그 외에도 특용작물이 6.8%, 감자와 채소가 2.1%를 차지하고 있어 상대적으로 낮지 않은 비율을 나타내고 있다.

알따이 변강주에서 2000년 기준으로 주요 농산물의 생산량을 보면 다음과 같다.

곡물-4,408,400 톤; 감자-841,600 톤; 채소-204,500 톤; 가축과 가금류(도살 후 무게)-118,200 톤; 우유-1,201,300 톤 등이다.

3. 자원 등 기타

알따이 변강주는 스텝지역과 산림스텝지역에 위치하고 있으며 크지 않은 면적이 소나무 숲으로 분포되어 있다. 산지대의 절반은 숲으로 이루어져 있으며 숲은 습도와 온도의 차이에 따라 매우 다른 모습을 나타내고 있다. 전체적으로 산림의 면적은 600만 헥타르에 해당하며 목재의 보유량은 6억㎥이다.

알따이 변강주에는 유용지하자원이 많이 분포하고 있다. 복합금속 매장층을 비롯하여 식탁염, 석탄, 니켈, 코발트 등의 자원들이 매장되어 있을 뿐만 아니라 벽옥, 반암, 대리석, 화강암이 매장된 독특한 매장지도 있다. 또한 알따이 변강주에는 미네랄수와 식음수, 치료용 천연진흙 등이 매우 풍부하다.

그러나 현재 주요 광물들의 80%는 채굴작업이 이루어지지 않는 실정이다. 이들 자원들은 품질이 매우 우수한 것으로 평가받고 있으며 이 중 구리, 아연, 납과 같은 주요한 금속들이 10% 이상을 차지하고 있다. 이 외에도 알따이 변강주의 석탄 매장량은 17억 5,000만 톤, 갈탄은 16억 5,000만 톤으로 알려져 있다.

알따이 변강주의 동물계 역시 매우 다양하며 현재까지 알타이 산지대에는 북쪽사슴과 툰드라자고새가 서생하고 있다.

알따이 변강주의 수자원을 살펴보면 강들이 매우 촘촘한 그물망을 이루고 있다. 오비강의 북쪽부분에는 2만 개가 넘는 지류들이 있고 그 길이는 6만 km에 달한다.

이 변강주에는 13,000개에 달하는 호수들이 있으며 이들은 대부분 담수이다. 가장 규모가 큰 호수는 꿀룬진스크 호수로 728㎢이며 알따이 변강주의 산지대에는 매우 아름다운 아이스크 호수가 있다.

V. 문화시스템

1. 지역정체성

1) 인구

알따이 변강주의 2001년 현재 인구수는 2,643,000명이다. 1990년대부터 전체 인구수에는 큰 변동이 없지만, 인구 자연증가율이 지속적으로 마이너스를 보이는 상황이다. 자연증가율의 하락에 따른 인구감소 현상은 인구의 사회적 이동으로 보충되고 있다. 예를 들어, 1995년에 유입된 인구수는 총 50,410명이며, 유출된 인구수는 총 45,084명이다.

알따이 변강주 인구변동 추이

연도	1990	1992	1993	1994	1995	1996	1997	1998	1999	2000	2001
인구수 (1,000명)	2,641	2,667	2,683	2,687	2,698	2,691	2,679	2,672	2,665	2,654	2,643

Россий ский статистический ежегодник. М., 2001. С. 83.

인구 자연증가율은 1992년 이래 지속적으로 하락하고 있다. 출생자수의 감소와 사망자수의 증가 현상이 지속되고 있는 것이다. 그러나 인구의 사회적 변동에 따른 유입에 의해 전체 인구수가 큰 폭으로 감소하지는 않고 있다.

알따이 변강주 출생자수, 사망자수, 자연증가율

연도	출생자수(명)	사망자수(명)	자연증가율(명)
1990	34,176	29,329	4,847
1992	27,836	31,427	-3591
1993	24,371	37,527	-13,156
1994	24,642	40,528	-15,886
1995	23,338	39,551	-16,213
1996	22,616	38,394	-15,778
1997	22,514	36,893	-14,379
1998	23,424	34,074	-10,650
1999	23,208	36,686	-13,478
2000	24,674	37,813	-13,139

Россий ский статистический ежегодник. М., 2001. С. 120.

알따이 변강주의 경제활동 인구는 전체 인구의 60%를 차지한다. 알따이 변강주는 거대 자원 산지에 인접한 점, 중공업 인프라가 발전되어 있는 점 등 여러 가지 유리한 경제적 입지를 확보하고 있으나, 90년대 러시아 전체의 경제구조 개편 후, 심각한 경제 악화 상황을 겪었다. 그러나 현재는 안정국면에 접어들고 있으며, 전기에너지, 기계제작, 화학, 석유화학, 건자재 생산, 섬유공업, 식품공업 등이 주력 분야로 발전하고 있다. 특히 급속하게 성장하고 있는 중소기업은 경제성장과 안정에 기여할 것으로 보인다. 현재 경제활동 인구의 4분의 1정도가 중소기업에 근무하고 있다. 따라서 중소기업들의 발달로 고용 안정이 이루어져 실업률이 점차 하락할 것으로 예상된다.

알따이 변강주 경제활동인구(취업자, 실업자), 실업률

연도	경제활동인구 (1,000명)	취업자수 (1,000명)	실업자수 (1,000명)	실업률(%)
1992	1,312	1,248	64	4.9
1993	1,304	1,216	87	6.7
1994	1,248	1,144	104	8.4
1995	1,246	1,107	139	11.1
1996	1,212	1,082	130	10.7
1997	1,208	1,039	168	13.9
1998	1,183	993	190	16.1
1999	1,273	1,114	159	12.5
2000	1,260	1,115	145	11.5

Российский статистический ежегодник. М., 2001. С. 136.

2) 민족

알따이 변강주에는 70여 민족이 거주한다. 주요 민족 구성을 보면, 러시아인 89.5%, 독일인 4.8%, 우끄라이나인 2.9%, 벨라루스인 0.4%, 까자흐인 0.4%, 따따르인 0.3%, 모르드바인 0.3%, 추바슈인 0.2%, 아제르바이잔인 0.1% 등이다.

3) 교육

알따이 변강주는 시베리아의 과학, 교육의 중심지로서 우주과학, 반도체, 건축자재업 분야에서 세계적인 인정을 받고 있다. 지역 내에는 학술단체 19

개, 계획-탐사 조직 3개, 기업 소속 연구 및 기술설계 기관 11개, 분야별 19개 학술연구소가 활동 중에 있으며, 9개 국립대학과 44개 전문대학이 전문 인력을 양성하고 있다. 그 학생수는 29,000명에 달한다. 이들 교육기관에는 외국인을 위한 학부가 설치되어 있으며, 일부 대학에서는 독일어와 영어로 수업을 진행하고 있으며, 미국, 영국, 독일, 프랑스 등의 주요대학들과 긴밀한 협조관계를 이루고 있다.

2. 지역문화

1) 문화개괄

알따이 변강주의 문화는 수세기동안의 풍부한 전통을 가지고 있다. 여기서는 돌 조각 예술이 발달해 있고 예술가들의 작품은 전 세계에 퍼져있다. 게다가 예술가이며, 여행가이며, 고고학자이며, 작가이며, 철학자이며, 정치가이기도 한 니꼴라이 료리흐와 그의 아내의 작품들은 전 세계의 관심을 끌고 있다.

예술가인 구르낀(Г. И. Гуркин)은 알타이 조형예술의 창시자이기도 한데 5천여 점 이상의 작품을 창작했다. 알따이 땅에서 독자적이고 재능 있는 시인, 작가, 예술가들이 많이 배출되었는데 예를 들면 꼬쁘쩰로프(А. Коптелов), 잘리긴(А. Залыгин), 꾸치야크(П. Кучияк) 등이 있으며 배우들로는 졸로뚜힌(В. Золотухин), 사비노바(Е. Савинова), 예브도끼모프(М. Евдокимов), 쩨레호바 (М. Терехова), 숙신(В. Шукшин) 등이 있다.

알타이 국립지지 박물관

작가이며, 연출가이며 배우인 숙신의 이름은 알따이의 문화에서 특별한 지위를 차지하고 있다. 이 변강주에는 문학역사 박물관과 알따이 예술 문화 박물관, 알타이 조형 예술 박물관, 시베리아에서 가장 오래된 지지 박물관, 까자크와 독일 문화 센터, 수공업센터, 필하모니 콘서트 홀 등이 활동 중이다. 이곳에는 일곱 개의 극장과 27개의 박물관, 120개의 예술 박물관, 5개의 변강주 자치 음악 학교, 한 개의 문화 고등 교육기관이 있고 1,720개의 문화궁전과 클럽이 있고 1,504개의 박물관이 있으며 4,000개의 영화관이 있다.

정기적으로 유명한 배우들과 예술가들이 지역을 찾아오며 여러 가지 전시회와 콘서트, 문화 공연이 개최된다. 나아가서 알따이 변강주는 발달된 문화 시설망을 갖추고 있다. 모두 2,689개의 문화 기관, 예술기관, 교육 기관이 있으며 3개의 변강주 도서관과 1,168개의 일반 도서관, 1,334개의 클럽이 있고 4개의 변강주 극장과 2개의 지역자치 극장이 있고 2개의 국립 콘서트 기관과 한 개의 전 러시아 박물관, 세 개의 변강주 박물관, 38개의 지역자치 박물관과 화랑이 있으며 18개의 변강주 자치 문화 휴식 공원이 있으며 한 개의 연방급의 고등 교육기관과 5개의 중등 교육기관과 114개의 어린이 음악 예술학교가 있다.

알따이 변강주에는 전 러시아 역사와 문화 기념물 보존 협회 지부가 활동 중이다. 예를 들면 알따이 변강주의 음악 협회 전 러시아 문화재단 알타이지부가 활동 중이고 유럽, 한국, 폴란드, 알타이, 라트비아와 꾸만족의 민족 문화 센터가 활동 중이다.

2) 문화시설

알따이 변강주의 자연 기후적 환경은 매우 훌륭하며 이 곳은 휴식과 여행과 스포츠를 즐길 수 있는 독특한 역사적 고고학적 기념물들을 가지고 있다. 중앙과 동쪽 알따이 지역에는 시즌 별로 복잡하면서도 재미있는 등반 코스가 조직되어있다. 주민들은 주로 도시간의 분지와 높은 지대에서 시작되는 강의 계곡의 낮은 지대에서 휴식을 가진다.

심한 경사와 급하게 흐르는 알따이 산악의 강들은 배가 통행할 수 없지만 수상 스포츠맨과 여행객들의 커다란 관심을 끌기에 충분하다. 지역의 폭포들은 많은 관광객과 휴양객들을 불러 모으고 있다. 폭포가 가장 많은 곳은 까뚠 산맥이다. 쩰레츠끄 호수 지역과 출리쉬만(Чульшман), 차르쉬(Чарыш), 아누이(Ануй) 강 연안지역에는 많은 폭포가 있다.

떨어져 있는 호수들과 별로 크지 않은 강인 이샤(Иша), 레비지(Лебедь)와 몇 개의 다른 강들은 사람들이 수영할 수 있을 정도로 따뜻하다.

에벤크 자치구
Эвенкский Автономный Округ

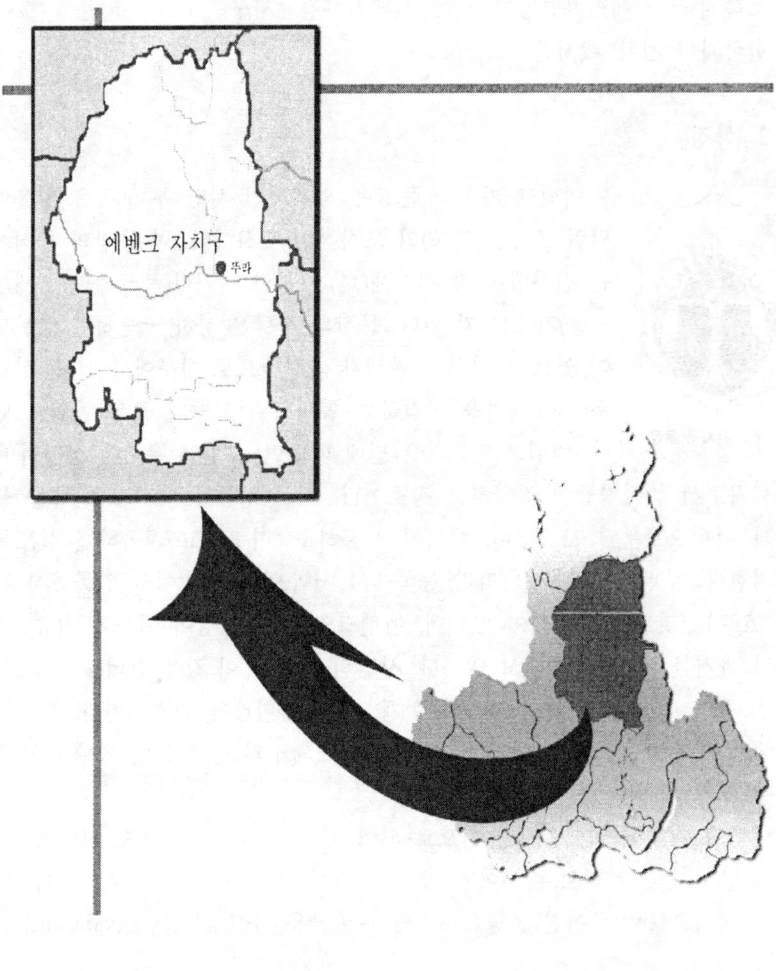

I. 개황

1. 기초정보

수도: 뚜라(Тура)
인구: 18,000명(2001년 현재: 러시아연방 전체의 0.012%; 89개 주체 중 89위)
인구밀도 0.023명/㎢
면적: 767,600㎢(러시아연방 전체 면적의 4.50%; 89개 주체 중 4위)
소속지구: 시베리아연방지구; 동 시베리아경제지구
한국과의 시차: -2시간

2. 상징

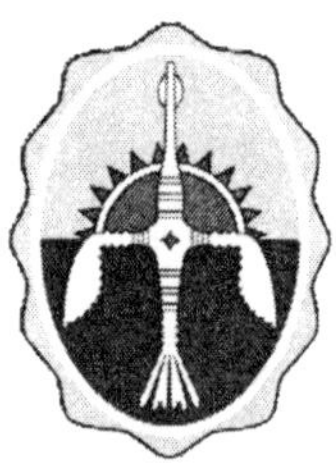
에벤크 자치구 문장

에벤크 자치구 문장은 의례적인 샤만 부벤(작은 방울이 달린 조그만 손북)의 도식적인 묘사이다. 이 문장의 중심에는 신화에 등장하는 새(鳥) - 하얀 가가라(북극해의 물새의 일종)가 그려져 있다. 문장의 바탕은 상하 균등하게 양분되어 있으며, 각각 노란색과 파란색으로 이루어져 있다. 상반부에는 태양을 상징하는 톱니바퀴 모양의 붉은 반원이 있다. 에벤크 인들의 관념에 따르면, 부벤은 우주를 상징하며, 조력자로서의 정령들이 집합하는 장소이다. 이 정령들은 에벤크 민족을 불행과 위험으로부터 보호하며, 매사에 성공하고, 따뜻하고 쾌적하게 살도록 배려한다. 부벤의 가로축을 따라 동쪽에서 서쪽으로, 일출에서 일몰까지 강이 흐르는 것으로 묘사되어 있는데, 에벤크인들은 이 강이 이승과 저승, 현재와 과거를 연결시켜준다고 믿는다. 샤만의 부벤은 이 강을 건너는 도구 역할을 하며, 음악을 통해서 과거와 현재, 그리고 미래를 연결시킨다. 해뜨는 곳에서 해지는 쪽으로 날아가는 가가라 새도 지구의 창조자 및 에벤크 민족의 보호자 역할을 한다.

에벤크 자치구기는 장방형 천으로 되어 있다. 이 천은 하늘색, 하얀색, 짙은 파란색 등 3색 띠로 이루어져 있다. 이 3색 띠의 비율은 27:34:27이다. 백색과 적색으로 이루어진 문양은 8개의 바퀴살을 가진 '꾸말란(кумалан)'을

에벤크 자치구기

상징한다. 하늘색, 하얀색, 파란색은 극지방의 밤을 나타낸다. '꾸말란'은 에벤크의 민족 전통 양탄자이다. 이 자치구기는 1995년 3월 23일에 채택되었다.

3. 주요도시

뚜라(Typa): 인구 4,800명; 북위 64°17′, 동경 100°13′
(인구: 2002년 현재)

4. 주요 산업 및 농업

자치구의 주요 산업으로 전기전력산업, 식료품공업, 산림조달업, 목재가공업, 석유채굴업 등이 발달했으며, 농업부문은 사슴사육업, 어업, 모피 동물사육, 모피업, 축산업, 양돈업 등이 발달했다.

Ⅱ. 자연환경

1. 지리적 위치와 구성

에벤크 자치구는 3개 행정구, 1개 도시형마을, 20개의 농촌마을로 구성되어 있으며, 시베리아 고원에 위치하며 끄라스노야르스크 변강주에 속한다.

주요 하천은 예니쎄이강의 지류인 뽀드까멘나야 뚠구스까, 니주냐야 뚠구스까(Нижняя Тунгуска), 꾸레이까, 꼬뚜이강 등이다.

수도 뚜라(Тура)와 모스크바 간의 거리는 5,738㎞이다.

2. 기후조건

대륙성 혹한기후

1월 평균기온: -26 ~ -36℃

7월 평균기온: 13 ~ 15℃

연강수량: 400㎜

식물 생장 기간: 60(북부 지역) ~ 80일(남부 지역)

식생: 활엽수림성 타이가

토양: 동토 타이가 토양, 산악 타이가 토양

삼림분포도: 63%

3. 주요 유용광물

원유 및 가스 산지가 있으며 원유 채굴을 개시하였다. 인회석, 흑연, 아이슬란드 이석 등이 있다.

주요 산지:

인회석: 예쎄이.

흑연: 노긴스크.

아이슬란드 이석: 꾸르또예, 바브낀스꼬예.

Ⅲ. 정치시스템

1. 역사

에벤크 지역에서 최초로 에벤크(퉁구스) 민족이 목격된 것은 17세기 러시아 까자크들이 시베리아에 진출하면서부터이다. 이 당시 통일된 에벤크 민족은 형성되지 않았다. 이 지역에는 집단적으로 유목생활을 하는 퉁구스계의 종족이 거주했다. 유목생활에 적응하기 위해 생활도구는 가벼웠고 운반하기 쉬웠으며 가옥 또한 자연환경과 사회적 조건에 맞게 독특한 형태로 지어졌다. 그들은 사슴사육과 수렵을 보다 효과적으로 하기 위해 가족단위로 유목생활을 했다. 1638년 바이칼 동쪽의 식민지를 개척하려는 까자크인 대장 뻬르필리예프(Максим Перфильев)가 이 지역에 출현했다. 그는 퉁구스 영토에 온 최초의 까자크였다. 36명의 까자크들과 함께 레나강 및 비치마(Витима)강을 따라 퉁구스 땅까지 온 뻬르필리예프는 무야(Муя)강 하구에 정착했다. 이들 초대받지 않은 손님들은 대담한 행동을 하기 시작했다. 까자크 대장은 퉁구스 종족의 우두머리를 인질로 잡고 그의 친족들 70명과 함께 퉁구스 종족으로부터 세금을 거뒀다. 이때의 세금은 자연생산물로 이루어졌으며 모피류가 주종을 이루었다. 까자크 대장은 포로로부터 이들 종족이 비치마강과 카렌가((Каренги)강 하구에 살며 찌니리(Цынири)강에서 주로 사냥을 한다는 것을 알게 되었다. 또한 이들 종족은 호밀과 보리를 재배하고 은과 모피가 풍부하였으며 쉴카 (Шилке)강에서는 은과 납을 함유한 광맥을 발견하였다. 시간이 흐르는 동안 퉁구스 땅에는 수많은 사람들이 거쳐 갔으며 그들의 문화를 전파했다. 그럼에도 불구하고 에벤크 민족은 자신의 문화와 역사를 잘 보존하였다.

20세기 초에 들어서면서 에벤크에는 큰 변화가 일어났다. 러시아의 혁명은 산업화를 가속화시키고 이주민의 증가를 초래하여 에벤크 주민의 삶에 큰 영향을 주었다. 에벤크 주민들의 생활에 근본적인 변화가 일어났다. 수많은 건물들이 들어서고 에벤크 민족의 주거형태인 이동 천막이 아파트로 대체되었다. 거주지 형태의 변화는 에벤크 생활에 혁명적인 변화를 가져왔다. 단지 집안가구만 바뀐 것이 아니라 생활도구, 옷, 음식 등 전반에 걸쳐 탈바꿈이 일어났다.

북부의 극지역에 있는 주민들에게는 자결 및 정치적 평등에 대한 권리가 보존되었다. 그러나 그들의 사회적, 정치적 후진성 때문에 러시아 국가는 그들에게 많은 후원을 하고 있다. 에벤크는 1930년 12월 15일 자치구가 되었고 끄라스노야르스끄 변강주에 들어갔다. 자치구에는 러시아연방의 평등한 주체로서의 지위가 유지되었다.

2. 정치

1) 정치 일반

에벤크 자치구 행정부가 입법권력 최고기관이다. 행정수반-주지사-인 졸로따레프(Б. Н. Золотарев)가 자치구의 행정을 관장한다. 그는 2001년 4월 8일 선거에서 당선되었다.

(1) 입법부

입법권력은 4년 임기로 유권자들에 의하여 선출되는 23명의 대의원으로 구성되는 자치구 의회 수글란(Суглан)이 담당한다. 의장은 아모소프(А. Е. Амосов)이다.

2)선거

(1) 에벤크 자치구 지사 선거

2001년 4월 8일 집행기관의 수장을 뽑는 선거가 에벤크 자치구 의회-수글란 의원선거와 함께 실시되었다.

집행기관 수장 선거에 입후보한 개별 후보들의 득표율은 다음과 같다.

후보	득표율(%)
바실리예프(Васильев Г.Г.)	2.89
바실리예프(Васильев Е.Я.)	35.08
드루지닌(Дружинин А.И.)	0.47
졸로따례프(Золотарев Б.Н.)	50.64
수쁘랴가(Супряга Н.А.)	0.24
호멘코(Хоменко А.Д.)	1.63
모든 후보에 대한 반대	3.93

졸로따레프(Золотарев Борис Николаевич)가 50.64%를 득표하여 당선되었다.

(2) 에벤크 자치구 의회-수글란 의원선거

2001년 4월 8일 에벤크 자치구 의회 수글란 의원선거가 실시되었다. 소선거구제로 실시된 선거에서 4년 임기를 가진 23명의 의원이 선출되었다. 아모소프(A. E. Амосов)가 의장으로 선출되었다..

(3) 러시아연방 대통령 선거

2000년 3월 26일 실시된 러시아연방 대통령선거에서 에벤크 자치구의 유권자들이 개별 후보들에게 보여준 지지도는 다음과 같다.

후보	득표율(%)
뿌친	61.99
쥬가노프	21.47
야블린스끼	3.13
지리놉스끼	3.49
뚤레예프	4.44
빰필로바	0.96
찌또프	0.66
고보루힌	0.24
스꾸라또프	0.32
뽀드베료스낀	0.22
드좌브라일로프	0.12
모든 후보에 대한 반대	1.81

Ⅳ. 경제 시스템

1. 경제개황

에벤크 자치구는 7개의 연방지구 중 시베리아연방지구에 속하고 12개의 러시아 경제지역 중 동시베리아 경제지역에 속한다. 에벤크 자치구는 끄라스노야르스크 변강주의 한 구성으로서 동시베리아 경제지역에 속해있으며 러시아에서 경제발전 속도가 느린 지역이다. 그래서 경제적 측면에서 대부분의 분야에서 재화와 용역을 대외에 의존하고 있다.

경제통계를 낼 것도 없이 거의 각종 양적 실적이 거의 바닥에 있는 상태이다. 즉 한 경제주체로서의 가치는 거의 없다할 것이다. 에벤크 자치구의 경제 활동 중 주요 분야는 가죽공업과 어업, 짐승사육, 사슴사육이다. 그 외에 가축사육을 포함한 약간의 농업생산이 있을 따름이다.

에벤크 자치구의 전체지표인 지역총생산은 러시아대비 통계가 잡히지 않을 정도로 미미하다. 물론 기업의 수도 통계에 잡히지 않는다. 그리고 공업도 거의 미미하게 잡히고 있고, 농업은 약 0.01%, 그리고 농업은 0.003%, 자본투자는 0.003%, 소매유통은 0.01%에 미치고 있다.

2. 산업

1) 공업

에벤크 자치구의 공업은 통계에도 잡히지 않을 정도로 미미하며 그 나마 활동하고 있는 부문 중에는 연료공업이 77.5%를 차지하고 있다. 이것은 인근지역인 사하공화국과 끄라스야르스크 변강주 등에서의 석유와 가스 등의 지하자원을 가공처리하는 지역 기능적 분업을 담당하고 있기 때문이다. 이 외 전기전력과 식품공업이 규모가 작음에도 불구하고 활동하고 있다.

에벤크 자치구의 공업을 전반적으로 이해하기 위해 공업총량을 연도별 추이로 보면 다음과 같다.

총 공업생산량 추이

항목 \ 년도	1997	1998	1999	2000
총 공업생산량	31	30	20	112
공업생산 지수	94	70	89	147

http://www.infostat.ru/epub.htm (검색일: 2003.1.10)

에벤크 자치구의 공업부문별 구조에 있어 매우 불균형하게 연료공업이 거의 공업에서의 수입원이 되고 있다. 또 여타 부문들이 어떤 비율을 가지고 있는지 표로 살펴보면 다음과 같다.

주요 공업생산부문별 생산비율

생산부문	에벤크 자치구 총공업생산 비율
전기전력	10.4%
연료공업	77.5%
목재가공, 종이·펄프	2.2%
식품공업	9.8%
인쇄산업	0.1%
기타	0.0%

http://www.infostat.ru/epub.htm (검색일: 2003.1.10)

2) 농업

에벤크 자치구의 농업도 거의 바닥수준의 생산량을 기록하고 있으며 그나마 농업은 공업에 비해 의식주에 큰 보탬이 되는 수준을 영위하고 있는 편이다. 지리적으로 사냥이나 사슴사육, 어업이 적합하기 때문에 이것들이 농업에서 주 수입원이 되고 있다.

에벤크 자치구의 농업전반을 보기위해 총 농업생산량과, 총 농업생산액 중 작물관련 생산액, 총 농업생산액 중 가축관련 생산액을 연도별 추이로 살펴보면 다음과 같다.

농업생산량 추이

항목 \ 년도	1997	1998	1999	2000
총농업생산액	35.6	88.9	36.6	54.2
작물관련 생산액	2.0	9.5	13.6	33.7

가축관련 생산액	33.6	79.4	23.0	20.5
농업생산 지수	106	110	30	118

http://www.infostat.ru/epub.htm (검색일: 2003.1.10)

에벤크 자치구의 총 파종면적을 보면 2000년을 기준으로 200 헥타르이고 여기에 주로 파종되는 작물의 종류를 보면 사료용 작물재배가 39.3%이고 감자와 채소가 60.7%로 파종의 종류가 이 정도를 넘지 못하고 있다.

에벤크 자치구의 농업생산물의 생산량을 보면 감자-1,100 톤; 채소-800 톤; 가축과 가금류(도살 후 무게)-100톤; 우유-900톤 등이다.

그리고 사육되는 소의 숫자는 2000년 800마리이고 돼지는 600마리이다.

3. 자원 등 기타

에벤크 자치구는 동시베리아에 위치하고 있으며 북극지구의 1/4에 해당하는 면적을 차지하고 있다.

이 자치구의 대부분의 지역은 북부 및 중부타이가 지대에 놓여 있다. 산악지대 및 산림지대는 회백색토양이며 북서부는 산지툰드라 지대, 남쪽은 수목회백색 토양이다.

에벤크 자치구에는 석유, 가스, 석탄, 철, 금, 구리, 대리석, 다이아몬드 등 막대한 양의 지하자원이 매장되어 있다. 이 지하자원에 대한 채굴작업은 지난 수십 년간 진행되어 왔으나 아직은 일부에 대한 작업만 진행되어 왔을 뿐이다. 향후 석유 및 가스채굴은 이 지역의 경제에 중요한 기여를 할 것으로 평가되고 있다.

이 지역에는 요오드, 마그네슘, 취소 및 다른 성분을 포함한 미네랄수정이 발견되었고 야꾸쯔크에 버금가는 다이아몬드의 매장지도 있는 것으로 추정된다. 또한 북부지역에는 석유매장지와 새로운 석탄 매장지가 있을 것으로 조사되었다.

에벤크 자치구를 경유하는 크고 작은 강들이 많다. 이 외에도 식음용으로 사용할 수 있는 큰 호수들이 많으며 현재 아가타호수, 비비호수, 에세이호수 등은 대규모 천연 담수호로 알려져 있다.

V. 문화시스템

1. 지역정체성

1) 인구

에벤크 자치구는 러시아 연방 주체들 가운데 가장 인구가 적은 곳으로, 2001년 현재 그 수는 18,000명이다. 연간 226일이 영하의 기온이며, 영토의 10분의 1이 동토 툰드라 지대이다. 주요 도시들도 동토지대에 위치하고 있다. 인구밀도는 0.023명/㎢이다.

에벤크 자치구의 인구수도 1990년 이래 지속적으로 감소하고 있다.

에벤크 자치구 인구변동 추이

연도	1990	1992	1993	1994	1995	1996	1997	1998	1999	2000	2001
인구수 (1,000명)	25	25	24	23	21	21	20	20	20	19	18

Россий ский статистический ежегодник. М., 2001. С. 83.

인구 자연증가율은 출생자수의 감소와 사망자수의 증가로 지속적으로 감소하고 있으며, 이는 전체 인구수 감소로 이어지고 있다.

에벤크 자치구 출생자수, 사망자수, 자연증가율

연도	출생자수(명)	사망자수(명)	자연증가율(명)
1990	514	189	325
1992	414	249	165
1993	297	270	27
1994	294	257	37
1995	299	214	85
1996	269	223	46
1997	261	202	59
1998	244	220	24
1999	251	203	48
2000	242	214	28

Россий ский статистический ежегодник. М., 2001. С. 120.

에벤크 자치구의 주요 산업은 전력산업, 식품공업, 목재가공업, 석유채굴, 농업, 어업, 목축업, 사냥, 순록사육 등이며, 석유, 가스 매장지 개발이 이루어지고, 다이아몬드 탐사작업이 이루어지고 있다. 실업률은 다른 연방 주체들과 마찬가지로 1990년대에 점차 상승한 후 2000년을 기점으로 하락하고 있다.

에벤크 자치구 경제활동인구(취업자, 실업자), 실업률

연도	경제활동인구 (1000명)	취업자수 (1000명)	실업자수 (1000명)	실업률(%)
1992-96	....	....	....	....
1997	11	11	0.4	3.4
1998	10	10	1	6.2
1999	11	10	1	6.9
2000	11	11	0.3	3.2

Россий ский статистический ежегодник. М., 2001. С. 139.

2) 민족

에벤크 자치구에는 40여 민족이 거주한다. 주요 민족 구성을 보면, 러시아인이 67.5%, 원주민인 에벤크인과 케트인이 각각 14%, 0.7%, 우끄라이나인 5.3%, 야쿠트인 3.8% 등이다.

3) 교육

에벤크 자치구는 혹한의 기후조건, 도로망의 부족, 산업 중심지에서 먼 거리에 위치한 점 등의 지리, 환경적 이유로 인구가 적고 마을 간의 거리가 아주 멀다. 특히 원주민의 기본적인 생활방식이 유목생활이기 때문에, 이러한 조건에서 아이들이 학교에 다니기가 어려우며, 재정지원이 부족하여 학교는 붕괴위기에 처해있다. 그 외에 교원 및 교재부족 등의 문제도 겪고 있다. 기후의 영향으로 동계에는 장기 휴교를 해야만 하며, 이러한 여러 가지 상황 때문에 대부분의 중등학교는 기숙학교로 운영되고 있다. 자치구내의 음악, 미술, 무용 교육을 받을 수 있는 중등학교는 소수이며, 교육기관들은 자치구 수도인 뚜라시에 집중되어 있다. 이곳에는 음악학교가 있어 음악교육을 받을 수 있으며, 시내의 한 중등학교에서는 구내에 이발소를 설치하고 실과시간에 학생들에게 이발교육을 실시하여 생활에 필요한 기능을 익히도록 하고 있다. 현재 러시아의 석유회사 유코스의 지원으로 에벤크 자치구에서도 4개의 인터넷 교실이 개설되어 인터넷 교육을 실시하고 있다.

최근에는 뚜라시에 끄라스노야르스크 사범대학의 분교를 개교하였고, 여기서 에벤크어를 아는 초등학교 교원들을 양성하고 있다. 자치구에서는 어려운 경제적 환경에도 불구하고 지질학, 민속학 분야의 연구 활동이 이루어지고 있다. 석유, 가스, 석탄, 금의 무한한 매장지인 에벤크 자치구는 다양한 노력을 통해 향후 발전 가능성을 열어가고 있다.

2. 지역문화

1) 문화개괄

러시아의 가장 큰 지역 중의 하나인 예까쩨린부르크에는 상대적으로 크지 않은 에벤크 자치구가 있다. 여기에는 언어, 문화, 종교가 독특한 민족이 살고 있다. 이곳은 아름다운 자연이 있는 자치구이며 여행과 휴양을 위해 안성맞춤인 장소이다. 이 자치구의 인구 밀도는 일인당 35평방미터이다.

오늘날까지 독특한 언어와 종교와 문화를 가진 께또, 엔치 등의 소수민족이 살고 있다. 그리고 이곳에는 이들 민중들이 향유하고 있던 고대의 타이가-툰드라 문화가 보존되어 있다. 예를 들면 샤머니즘, 제식들, 고대 의학, 풍속, 수공업 등이 그것이다. 고대에 이 시베리아 민중에게는 문자가 없었다. 그러나 세계를 인식하고 그 세계를 형상적으로 묘사하며 나아가서 그 형상들을 창조하고자하는 열망은 억제할 수 없이 사람들을 창작으로 이끌었다.

수공업 장인들은 나무와 뼈와 돌, 금속으로 된 세공품 등을 만들었다. 노래와 영웅서사시, 동화, 전설, 신화도 창작되었다. 이러한 창작품들은 북쪽 민중들의 매우 귀중한 문화유산이다. 이것들은 입에서 입으로, 한 세대에서 다음 세대로 전달되어져서 주민들에게 커다란 힘을 주고 있다.

그 작품들에는 민족의 힘과 이상, 그들의 수세기의 억압으로부터 해방되고자하는 열망, 자유롭고 행복한 삶에 대한 열망이 담겨 있다. 북쪽의 구비문학은 독자적이며 특이하다. 민중의 이야기들, 전설, 설화들은 삶의 현명함, 민족적인 특성, 예술적 표현력을 가지고 있다. 이러한 구비문학에는 북쪽의 특성과 소수민족이지만 위대한 민족의 깊은 현명함과 지혜가 잘 표현되어 있다.

모든 사람들이 에벤크 자치구의 자연에 매력을 느낄 수 있지만, 단지 보는 것만이 아니라 이러한 아름다움의 핵심을 뽑아내고 종이와 화폭에 구현하기 위해서는 진정한 예술가가 될 필요가 있다. 이러한 예술가들을 에벤크는 적지 않게 배출했다. 아름다움을 수용하고 표현하는 인간 영혼속의 능력은 자연의 아름다움과 유사하다고 하겠다.

2) 문화시설

툰드라와 타이가 지역의 준엄하고 아름다운 자연과 에벤크땅의 영원한 아름다움은 여행을 좋아하는 사람들을 끌어들이고 있다. 이 지역을 따라 여행하는 것이 많은 여행객들의 열망이다. 이 지역에서는 북방 순록과 숲의 거대한 아름다움이 지역의 긍지이자 첫 번째 방문코스이다.

이곳에는 깨끗하고 순수한 물이 있는 많은 강이 있고 또 만여 개의 호수가 있는데 바이칼 다음으로 크고 깊은 호수인 따이미르(Таймыр), 듀쁘꾼(Дюпкун), 한따이까(Хантай ка)등이 있고 꾸레이까(Курей ка) 와 야둔(Ядун)강에는 러시아에서 가장 큰 폭포가 있다. 학자들에 따르면 이 에벤크 지역은 러시아에서 생태학적으로 가장 깨끗한 곳이다.

옴스크주
Омская Областъ

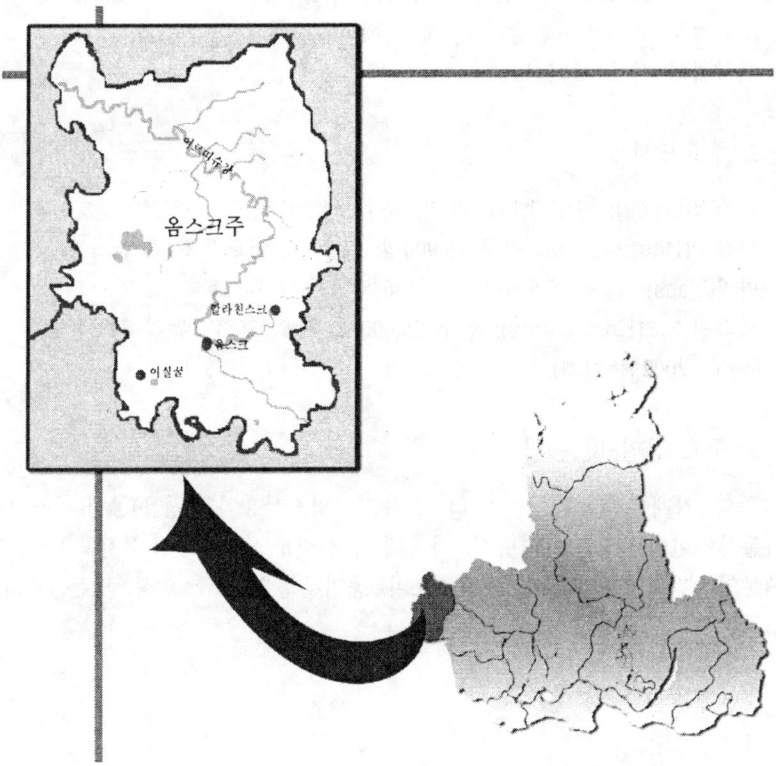

Ⅰ. 개황

1. 기초정보

주 성립일: 1934년 12월 7일.
주도: 옴스크(Омск)
인구: 2,147,000명 (2001년 현재: 러시아연방 전체의 1.48%; 89개 주체 중 25위)
인구밀도: 15.37명/㎢
면적: 139,700㎢(러시아연방 전체 면적의 0.82%; 89개 주체 중 30위)
소속지구: 시베리아연방지구; 서 시베리아경제지구
한국과의 시차: -3시간

2. 주요도시

옴스크(Омск): 인구 1,137,900명; 북위 54°59′, 동경 73°22′
이실꿀(Исилькуль): 인구 26,900명; 북위 54°55′, 동경 71°16′
따라(Тара): 인구 25,600명; 북위 56°54′, 동경 74°21′
깔라친스크(Калачинск): 인구 25,000명; 북위 55°3′, 동경 74°34′
(인구: 2002년 현재)

3. 주요 산업 및 농업

주의 기계제작(기기, 농기계), 석유가공업, 석유화학(정유)공업(인조고무, 자동차타이어), 경공업(면방적, 가죽제품, 신발), 식료품공업(육류, 유제품업, 제분업), 건축자재업 등이 발달했으며, 농업부문은 양금, 양봉, 양돈, 모피산업, 모피동물 사육업 등이 발달했다.

II. 자연환경

1. 지리적 위치와 구성

옴스크주는 32개 행정구, 6개 시, 24개 도시형마을, 360개의 농촌마을로 구성되어 있으며, 서 시베리아 평원 남쪽, 이르띠슈(Иртьш)강 중류에 위치한다.

옴스크주는 까자흐스딴, 뜌멘주, 똠스크주, 노보씨비르스크주와 경계를 이룬다.

주요 하천은 이르띠쉬(Иртьш)강(오피강의 지류), 이쉼(Ишим), 뚜이(Туй), 오샤(Оша), 따라(Тара)강 등이며 남쪽에 특히 많은 염분 호수가 있다.

수도 옴스크시와 모스크바 간의 거리는 2,555㎞이다.

2. 기후조건

온난기후대, 대륙성 기후

1월 평균기온: -20℃

7월 평균기온: 20℃

연강수량: 300 ~ 400㎜

식물 생장 기간: 110(북부 지역) ~ 130일(남부 지역)

식생: 타이가 숲(북부 지역), 삼림과 스텝의 중간 지대 및 스텝 지대(남부 지역)

토양: 흑토, 소택지 토양

삼림분포도: 31%

3. 주요 유용광물

철광석, 니켈광, 동광, 식염, 유황, 석면, 점토, 모래, 이탄, 이회암 등이 있다.

주요 산지:

철광석: 하릴로프스크.

니켈광: 부르끄딸스크.

동광: 가이, 메드노고르스크.

식염: 솔-일레쯔크.

유황: 오렌부르그.

석면: 끼옘바예프스크.

Ⅲ. 정치시스템

1. 역사

16세기 말부터 모스크바 국가에 의해 시베리아 개척작업이 시작되었다. 1581년 까자크 대장 예르막은 자신의 추종자들과 함께 시베리아 제국의 수도를 공격하여 점령했다. 이후 러시아인들은 정복한 땅에 세력을 키워 나갔다. 점령지역에는 도시요새를 건설했는데 여기에는 뜌멘(1586), 또볼스끄(1587), 베레조프(1593), 수르구트(1593), 따라(1594) 등이 포함된다. 북부지역을 점령한 후 러시아인들의 남부지역 진출은 많은 난관에 부딪쳤다. 남부지역 바라빈스크 초원지대는 시베리아 따따르족과 준가르 군대의 침입에 의해 여러 차례 황폐화되었다.

까자크 부대는 우선 오비강 하구에 전진기지를 건설하기로 결정했다. 1607년 칼미끄족의 대사가 러시아 황제에게 러시아 속국으로의 편입과 도시를 세워 알틴왕조의 위협으로부터 보호해 줄 것을 요청했다. 러시아 따르스끼 군대는 오비강과 이르티쉬강 합류지점에 요새도시를 세워야 하는 필요성에 대해 황제에게 편지를 썼다. 1628년 러시아 점령영토를 보호하기 위해 이리티쉬강 상류로부터 옴스크 하구에 요새도시를 세우는 계획이 수립되었다. 따르스끼 군대는 미래의 전략요충지를 지적했다. 1628년 요새도시 건설명령에도 불구하고 칼믜끄족 따르의 공격으로 말미암아 실행되지 않았다. 요새 건설 계획은 마침내 18세기 초 뾰뜨르 I세때 실현되었다. 오래 진행된 전쟁으로 인해 국가의 재정이 바닥을 드러냈다. 황제는 귀금속 매장지를 찾기 위해 군사탐험대를 조직했다.

1714년 5월 22일 뾰뜨르 I세는 부홀리쯔를 대장으로 하는 탐험대를 출발시켰다. 이들은 이르티쉬강 상류에서 사금 산출장소를 찾는 것이 목적이었는데 이 사금산출지는 부하라 상인이 황제에게 알려준 장소였다. 1715년 6월 또볼스크에 도착한 부홀리쯔 군대는 2832명의 주민과 27개의 커다란 보트를 만날 수 있었으며 이들은 이리티쉬강 상류로 전진했다. 10월 초에 군대는 야미세프 호수에 도달했고 이리티쉬강으로부터 6 킬로미터 떨어진 곳에 작은 요새를 짓고 겨울을 보냈다. 준가르 한국은 러시아인들이 야미세프 요새를 짓고 남쪽으로 진군한다는 소식들 듣고 러시아인들을 쫓아내려고 군대를 파견했다. 요새는 곧바로 준가리 군대에 포위되었으며 부홀리쯔 군대는 포위된 상태서 겨울을 지냈다. 준가르 군대와의 충돌, 기아상태에서의 질병 발생으로 군사의 3/4이 사망했고 겨울이 끝날 즈음에 약 700명만이 살아남았다. 이러한 상황은 부홀리쯔로 하여금 하천의 얼음이 녹은 후 이리티쉬강을 따라 하류로 퇴각하게 만들었다. 오비강 하구에 도착하여 군대는 숙영을 했고 부홀리쯔는 또볼스크현 지사에게 파발꾼을 보내어 요새건설에 대한 허락을 받고자 했다. 지사의 명령에 의해 군대와 까자크들이 부홀리쯔를 도와 요새를 건설하려고 오비강 하구에 보내졌다. 마침내 1716년 최초의 옴스크 요새가 건설되기 시작했다. 그 후 1768년 5월에는 오비강 우측 연안에 제2의 옴스크 성곽이 건설되기 시작했다.

1789년 4월에 옴스크에는 통역인들을 양성하기 위한 아시아 학교가 문을 열었으며 1813년에는 까자크 사관학교가 문을 열었다. 사관학교에서 까자크 군인의 배출로 1822년에서 1918년까지 옴스크는 시베리아지역 까자크 군대의 중심지가 되었다.

1823년 11월에 공식적으로 옴스크주가 구성되었다. 곧이어 1829년 1월 옴스크 재건설에 대한 종합계획이 승인되었다. 1856년 옴스크 최초로 인쇄소가 문을 열었으며 1871년에 들어와 옴스크 최초의 신문이 발행되기 시작했다. 1894년 8월 옴스크에 서시베리아 노선 철도운행이 시도되었으며 1896년부터 정기적인 시베리아 철도가 운행되었다.

1914년 옴스크에 1028개의 교역회사와 183개의 공장시설이 있었다. 1920년 1월 옴스크를 중심으로 하는 옴스크현이 설립되었고 1934년 12월 옴스크주로 개칭되었다. 1974년 12월 옴스크 최초의 국립대학교가 설립되었으며 1991년에는 옴스크 예술박물관, 옴스크 도시생활박물관이 건설되었다.

2. 정치

1) 정치 일반

옴스크주의 헌장에 따라, 주지사는 행정부를 영도하는 옴스크주의 최고지도자이다. 30세 이상의 러시아연방 시민이 주지사에 입후보할 수 있으며, 주지사는 주민들에 의해 보통, 평등, 비밀, 직접선거로 선출된다. 임기는 5년이다. 주지사 선거는 1999년 9월에 실시되었고 뽈레좌예프(Л. К. Полежаев)가 당선되었다.

옴스크주의 헌장에 따라 주의회가 상설적인 최고 입법기관이다. 의회는 옴스크주에 거주하는 유권자들에 의해 보통-평등-직접 선거로 선출된다. 5년 임기로 선출되는 30명의 의원으로 구성된다. 주의회의 의원선거는 1998년 3월 22일, 2002년 3월 실시되었다. 주의회 의장으로는 바르나프스끼(В. А. Варнавский)가 다시 선출되었다. 부의장은 라진(А. Ф. Разин)이다.

2)선거

(1) 옴스크주 지사 선거

옴스크주 지사 선거가 1999년 9월 5일 실시되었다. 3명의 후보가 경쟁한 선거에는 유권자 51.25%가 투표에 참여했고, 뽈레좌예프가 57%를 획득하여 주지사로 당선되었다. 개별 후보들의 득표상황은 다음과 같다.

후보	득표율(%)
뽈레자예프(Полежаев Л.К.)	57
자하로프(Захаров А.А.)	3.24
크라베츠(Кравец А.А.)	26.36
모든 후보에 대한 반대	10.05

(2) 옴스크주 의회의원 선거

유권자 46.6%가 투표에 참여한 가운데, 1998년 3월 22일 의회의원 선거가 실시되었다. 선거에서 공산당 소속 후보자들이 선전하여 10개 선거구에서 당선되었다.

(3) 옴스크시 수장 선거

옴스크시의 수장 선거가 2001년 3월 18일 실시되었다. 벨로프(Е. И. Белов)가 58.25%를 득표하여 당선되었다.

(4) 러시아연방 국가두마의원 선거

1999년 12월 19일 러시아연방 국가두마의원 선거가 실시되었고 옴스크주 유권자의 55.5%가 투표에 참여했다.

(5) 러시아연방 대통령선거

2000년 3월 26일 러시아연방 대통령선거에서 옴스크주 유권자 70.7%가 투표에 참여했다. 개별 후보들이 획득한 득표율은 다음과 같다.

후보	득표율(%)
뿌친	38.1
쥬가노프	42.9
야블린스끼	7.3
지리놉스끼	3.3
모든 후보에 대한 반대	2.2

Ⅳ. 경제 시스템

1. 경제개황

옴스크주는 7개의 연방지구 중 시베리아연방지구에 속하고 12개의 러시아 경제지역 중 서시베리아 경제지역에 속한다. 400년 이상의 옴스크주 역사에 있어 이 지역은 가장 가난한 곳에서 현재 경제·문화적으로 러시아에서 가장 규모가 큰 지역으로 변화하였다. 이러한 변화의 요인에는 오스트리아, 벨기에, 불가리아 등의 나라에 버금가는 넓은 영토와 발달된 과학망과 교육수준, 산업구조의 고도화로 효율이 높아진 공업과 농업 등이 큰 역할을 하였다.

또한 이 지역이 러시아에서 가장 큰 경제지역인 서시베리아에 속한다는 점도 이 지역경제에 중요한 의미를 지닌다고 할 수 있다. 아울러 이 지역에는 지하자원의 매장량이 많으므로 경제발전의 주요한 원천이 되고 있다.

옴스크주는 2000년 한 해 동안 경제의 모든 영역에서 많은 발전이 있었다. 특히 전년 대비 공업생산이 증가하였을 뿐만 아니라 화물유통의 양도 증가하였고 소비시장이 매우 활성화되었다. 결과적으로 주정부의 재정수입도 증가하였으며 대외무역수지도 흑자를 기록하였다. 노동자에 대한 실질 임금도 증가하였으며 산업의 모든 부문의 실적이 나아지는 등 이 지역 경제는 매우 활기찬 걸음을 딛고 있다.

옴스크주의 지역총생산과 1인당 지역총생산을 들어보면 다음과 같다.

옴스크주 지역총생산액 추이

항목＼년도	1996	1997	1998	1999
지역총생산	28,534	32,153	29,595	40,591
1인당 지역총생산	13,119	14,775	13,586	18,702
지역총생산 지수		96.3	87.3	100.8

http://www.infostat.ru/epub.htm (검색일: 2003.1.10)

옴스크주의 지역총생산의 주요 구성에 따른 비율을 보면 공업부문이 상대적으로 우위를 점하고 있다. 공업부문에서 성장률이 가장 빠른 부문은 화학과 석유화학부문으로 2000년의 경우 전년대비 34.8%나 성장하였고 기계제작의 경우 25.9%, 경공업은 14.8%, 식품공업은 11.7%, 건축자재산업은 10.8%씩 각각 성장하였다.

다음은 옴스크주의 기업부문의 지표에 있어 총 기업수와 소 기업수 그리고 공업관련 기업수를 연도별 추이로 살펴본 자료이다.

기업수 추이

항목 \ 년도	1997	1998	1999	2000
총기업수(연말)	37,907	38,487	39,692	40,498
소기업수(연말)	8,769	11,965	10,712	10,859
활동기업수	1,813	2,152	2,071	1,923

http://www.infostat.ru/epub.htm (검색일: 2003.1.10)

옴스크주의 대표적인 기업으로는 가장 큰 방위산업체인 뽈료트(Полет)와 운송수단을 생산하는 업체인 '자보드 뜨란스뽈뜨 마쉬노스뜨라예니예(Завод Транспортного машностроение)' 등이 있다. 전기공학제품을 비롯하여 무선전기산업, 공항공기제작, 농업 및 화학기계제작 등의 모든 부문의 대부분 기업은 옴스크에 집중되어 있다. 이 외에도 석유가공업체인 '옴스크네프제오르그신떼스(Омскнефтеоргсинтез)'도 이 지역에 위치한다.

2) 산업

(1) 공업

옴스크주의 총 공업생산량은 1999년과 2000년에 각각 187억 9,900만 루블과 284억 9,400만 루블로 아주 가파른 상승세를 나타내고 있다. 그리고 공업생산지수에 있어서는 1998년에 85로 전년대비 하락을 가져온 이후에 1999년부터 증가세가 두드러짐을 알 수 있다.

옴스크주의 공업을 전반적으로 이해하기 위해 공업총생산량과 공업생산지수를 연도별로 살펴보면 다음과 같다.

총 공업생산량 추이

항목 \ 년도	1997	1998	1999	2000
총 공업생산량	22,458	13,366	18,799	28,494
공업생산 지수	95	85	102	111

http://www.infostat.ru/epub.htm (검색일: 2003.1.10)

옴스크주의 공업부문별 구조는 건축자재, 전기에너지, 석유가공, 경공업, 식품공업, 삼림, 목재가공, 화학·석유화학공업, 기계계작 등의 분야로 나눠진다. 이 중에서 특히 석유가공과 석유공학, 기계제작 및 농업단지의 분야는 이 지역 경제뿐만 아니라 러시아의 전 지역에서 중요한 역할을 하므로 중요한 의미를 가지고 있다.

기계제작의 부문에서 가장 많은 부분을 차지하는 것이 군수용품 단지이다. 그 단지 내에서 생산하고 있는 물품은 헬기, 농업용 트랙터, 새로운 통신수단, 의료기술품, 석유 가스단지를 위한 설비, 냉장고등의 모터, 자동 재봉틀 등 여러 물품들이 그 대상이다.

식품공업부문에서는 우유와 식물성기름, 고기와 고기통조림 부문이 발달하였다.

다음은 옴스크주의 주요공업생산부문의 비율을 나타낸 것이다.

주요 공업생산부문별 생산비율

생산부문	옴스크주 총공업생산 비율
전기전력	17.0%
연료공업	11.8%
철강업	0.5%
비철금속	0.2%
화학·석유화학	17.1%
기계제작·금속가공	14.5%
목재가공, 종이·펄프	0.9%
건재공업	3.8%
경공업	1.2%
식품공업	29.0%
기타	4.0%

http://www.infostat.ru/epub.htm (검색일: 2003.1.10)

2) 농업

옴스크주는 비옥한 토양과 농업에 적합한 기후적 조건 등 자연적 환경이 매우 발달하여 농업의 많은 부문이 발달되어 있다. 옴스크주는 대규모의 농업기업과 농업단지를 가지고 있으며 농업은 지역에서 중요한 위치를 점하고 있는 경제 분야라고 할 수 있다.

옴스크주에는 4개의 농업경제구역이 있는데 스텝, 남부 삼림스텝, 북부삼림스텝, 북부지역 등이 그것들이다. 전체 토지에서 700만 헥타르에 달하는 지역은 비옥한 토지로서, 이 중 400만 헥타르는 경작에 사용되며 100만 헥타르는 사료용 풀베기에 사용된다. 그러나 목장으로 사용되는 면적은 극히 일부에 해당한다. 그리고 115,000 헥타르의 토지는 관개용으로 사용된다.

옴스크주에는 총 389개의 농업기업이 있으며 이 기업은 주식회사나 협동조합 등 다양한 소유형태로 존재하고 있다. 농업개혁의 과정에서 7,563개의 농장부문이 형성되었다. 2000년 현재 옴스크주의 농업기업들은 7만 ~ 75,000 헥타르에서 유지작물을 재배하고 있으며 이것은 전년대비 5 ~ 6배나 증가한 양이다. 또한 기업들은 우유와 이차 원료의 이용에 대한 새롭고 효율적인 기술을 개발하여 생산을 증대시키고 있다.

옴스크주의 농업전반을 보기위해 총 농업생산량과, 총 농업생산액 중 작물관련 생산액, 총 농업생산액 중 가축관련 생산액을 연도별 추이로 살펴보면 다음과 같다.

농업생산량 추이

항목 \ 년도	1997	1998	1999	2000
총농업생산액	7,078.1	6,800.6	11,431.1	15,826.5
작물관련 생산액	3,728.2	2,713.7	5,276.0	7,453.0
가축관련 생산액	3,349.9	4,086.9	6,155.1	8,373.5
농업생산 지수	99.4	79	103	111

http://www.infostat.ru/epub.htm (검색일: 2003.1.10)

농가활동의 가장 기본적인 형태는 곡물재배이다. 이 지역의 곡물생산의 많은 부분이 밀에 집중이 되어 있다. 옴스크주의 총 파종면적을 보면 2000년을 기준으로 2,964,800 헥타르이고 여기에 주로 파종되는 작물 종류를 보면 곡물이 60.0%, 사료용 작물재배가 36.7%이며 특용작물이 1.2%, 감자와 채소가 2.2%를 차지하고 있다.

옴스크주의 농업생산에 있어 2000년의 주요품목의 생산량은 곡물 172만 4,000톤, 감자 579,400톤, 채소 186,500톤, 가축(도살 후 무게) 133,000톤, 우유 807,700톤 등이다.

옴스크주의 가축사육과 관련해서 2000년말기준으로 사육되는 소는

725,000마리이며 그 중 암소는 326,900 마리, 돼지의 수도 489,900 마리에 이르고 있다.

위와 같이 옴스크주의 축산부문은 이 지역 경제를 이끄는 주요 역할을 하며 이 생산품들은 러시아의 다른 지역으로 판매되고 있다. 이 외에도 옴스크주는 양봉산업이 널리 발달되어 있다는 특징을 가지고 있다.

3. 자원 등 기타

옴스크주는 수자원이 풍부한 지역이다. 옴스크주에는 2,000개 이상의 강과 지류가 있고 그 길이는 8,000 킬로미터에 이른다. 이 외에도 1만 6,000개의 호수가 있으며 이들 중의 245개는 담수호이다. 가장 큰 호수로는 살타임 호수가 있다. 또한 이 지역에는 많은 늪과 개천, 저수지 등이 있으며 이들이 차지하는 면적은 350만 헥타르로 전체 면적의 25%를 차지한다.

옴스크주는 삼림지대와 삼림초원지대, 초원지대의 경계에 위치하고 있기 때문에 토양이 매우 다양하다. 북부지역의 경우에는 회색삼림토양 및 이탄늪지 토양이 주종을 이루고 있고 남쪽으로 내려갈수록 흑토질토양으로 변한다. 초원지대는 대부분이 흑토질토양으로 염소지, 함염토양을 많이 발견할 수 있다.

삼림은 옴스크주의 중요한 자원중의 하나이다. 현재 전 면적의 27%에 해당하는 지역이 삼림으로 덮여 있으며 주종을 이루는 것은 삼나무, 소나무, 전나무 등의 침엽수림이다. 활엽수 종으로는 자작나무와 사시나무도 있다. 이러한 나무 외에 식물자원으로는 다양한 종류의 약초들이 있으며 80종 이상으로 보고되어 있다.

옴스크주의 동물계도 다양하며 3,000종이상의 무척추동물들이 있고 250종의 조류, 2,000종 이상의 어류와 5종의 양서류들이 서생하고 있다.

옴스크주는 유용지하자원의 매장량도 풍부한 지역이다. 석고와 도자기원료, 모래, 이탄, 염소침전물, 석회석원료, 광염, 치료용 진흙, 온천수와 미네랄수 등이 풍부하며 북부지역에는 석유와 가스의 매장지도 발견이 되었고 지르콘-티탄가루의 대규모 매장지도 탐사되고 있다.

V. 문화시스템

1. 지역정체성

1) 인구

옴스크주의 2001년 현재 인구수는 2,147,000명이다. 산업과 교통이 발달되어 있으며 농업에 좋은 조건을 갖추고 있는 남부지방에 인구가 집중되어 있다. 인구 자연증가율은 1993년 이후 지속적인 마이너스 성장을 보이고 있으며, 전체 인구수도 작은 폭이나마 지속적으로 감소하고 있다. 1990년대 중반까지는 까자흐스탄, 우즈베키스탄, 끼르기즈 등으로부터 유입되는 인구가 유출되는 인구보다 많았으나, 그 후부터는 유입인구 수가 줄어드는 추세이다.

옴스크주 인구변동 추이

연도	1990	1992	1993	1994	1995	1996	1997	1998	1999	2000	2001
인구수 (1,000명)	2,153	2,171	2,177	2,174	2,181	2,178	2,175	2,180	2,180	2,164	2,147

Россий ский статистический ежегодник. М., 2001. С. 83.

인구 자연증가율은 1993년 이후 지속적인 마이너스 성장을 기록하고 있다. 사망률은 지속적으로 상승하고 있으며, 1989년 대비 1999년의 평균수명이 남자의 경우 3.2년, 여자의 경우 1.3년 감소하였다.

옴스크주 출생자수, 사망자수, 자연증가율

연도	출생자수(명)	사망자수(명)	자연증가율(명)
1990	32,191	20,110	12,081
1992	26,538	22,013	4,525
1993	23,324	25,797	-2,473
1994	22,935	28,126	-5,191
1995	22,313	26,747	-4,434
1996	21,457	26,640	-5,183
1997	19,861	26,600	-6,739
1998	19,960	25,061	-5,101
1999	17,756	27,951	-10,195
2000	18,363	28,713	-10,350

Россий ский статистический ежегодник. М., 2001. С. 121.

옴스크주의 넓은 영토는 공업과 농업 발전의 주요인이 되고 있다. 또한 매장량이 풍부한 각종 지하자원은 경제발전(황토, 모래, 암염, 미네랄워터 등) 동력이 되고 있다. 옴스크주의 북부에서는 석유, 가스 매장지가 개발되고 있고, 지르코늄-티타늄의 거대 매장지도 발견되었다. 1999년 상반기부터는 경제가 지속적으로 발전하기 시작했다. 공업생산량과 화물유통량이 증가하고 있고, 소비시장도 활성화되고 있다. 2000년에는 산업의 모든 부문이 성장했으며, 특히 화학-석유화학산업은 34.8% 성장률을 보였다. 이러한 상황에서 1990년대 후반에 점차 증가하던 실업률은 2000년부터는 하향세를 보이고 있다.

옴스크주 경제활동인구(취업자, 실업자), 실업률

연도	경제활동인구 (1000명)	취업자수 (1000명)	실업자수 (1000명)	실업률(%)
1992	1087	1032	54	5.0
1993	1055	998	57	5.4
1994	1009	933	77	7.6
1995	986	933	54	5.4
1996	996	926	69	7.0
1997	984	852	132	13.4
1998	976	826	150	15.4
1999	1032	882	150	14.5
2000	1040	895	145	13.9

Россий ский статистический ежегодник. М., 2001. С. 139.

2) 민족

옴스크주에는 80여 민족이 거주하고 있다. 주요 민족구성을 보면, 러시아인 80.3%, 독일인 6.3%, 우끄라이나인 4.9%, 까자크인 3.5%, 따따르인 2.3%, 벨라루스인 0.5%, 추바슈인 0.3%, 유태인 0.2%, 에스토니아인 0.2%, 레트인 0.2% 등이다.

3) 교육

옴스크주의 과학적 잠재력의 기반을 이루는 것은 시베리아 농업 연구소를 중심으로 한 농공복합 과학센터이다. 여기에는 11개 연구소와 대학, 9개 농업부문 연구기획 기관, 4개 산학연계 조직들이 포함된다. 농공복합체를 중심으로 연방 및 주정부 차원의 재정지원 하에 연구, 생산 프로젝트가 실행되고 있으며, 최근 수년간 20여 가지 농작물의 높은 생산성과 생물학적 특성을 갖춘 품종개량이 이루어졌다. 특히 채유식물의 생산성 증대를 위한 개발은 큰 의미를 갖는데, 성장속도가 빠르고 채유량이 많은 해바라기 등 채유식물 개발에서 많은 성과를 보였다.

옴스크주의 주요 대학으로는 옴스크 국립대학, 옴스크 국립 공과대학을 비롯한 9개 대학이 있다. 중등 직업-전문학교로는 공과대학, 건축전문학교 등 29개가 설치, 운영되고 있다.

2. 지역문화

1) 문화개괄

옴스크 시베리아강 연안 지역의 문화는 아주 오래전부터 발달했다. 이 문화에는 이 곳에 살았던 훈족과 터키족, 몽골인들의 자취가 남아있다. 시베리아 한국이 붕괴될 무렵, 16세기부터 옴스크 시베리아강 연안 지역에는 카자크 문화가 발전하기 시작하였다. 1924년 혁명 이후 옴스크주에는 전부 6개의 독서 저시실과 39개의 클럽이 있었다. 현재 옴스크주는 시베리아의 공업, 문화 중심지가 되었다. 주의 영토에는 1,311개의 클럽과 문화의 집, 문화 궁전, 1,000여개의 도서관이 있다. 1934년 주가 형성될 무렵부터 새로운 어린이 극장과 젊은이들을 위한 극장, 음악 극장, 서커스, 콘서트 홀 등이 설립되었으며, 스포츠와 콘서트를 위한 건물인 '이르띠쉬(Иртыш)', 복합 문화 스포츠 건물 '푸른 섬' 등이 세워졌다. 또한 주요 문화시설이 7개가 개관되었는데 그 중 하나가 푸쉬킨 기념 주립 학문연구 도서관으로서 옴스크주의 중요한 종합 도서관이다.

주에는 매우 다양한 민족이 살고 있으며 이들은 고유한 민족 문화와 전통을 보존 발전시키고 있다. 지역에는 970개가 넘는 사회적, 정치적, 민족 문화 기관들이 창설되었다. 이들 중 가장 규모가 큰 것들이 러시아 문화 센터와 타타르 바쉬키르 문화 센터, 국제 사회의 카자크 분과인 '까자흐 띨리(Казах-Тили)', 우크라이나 문화 센터인 '쁘로스비따(Просвита)', 독일 문화 단체 '화합'과 '비제르게부르크(Видергебург)', 유태인 문화 단체인 '샬롬(Шалом)', 러시아 레뜨족 단체, 핀란드 문화 센터, 아르메니아 문화 센터 '루이스(Луйс)' 등이다.

옴스크 지방은 재능 있는 사람들을 많이 배출하였다. 이들은 세계문화의 명작들을 창조한 연출가와 화가, 시인, 작가, 가수와 작곡가들이다. 유명한 러시아 화가인 부루벨 미하일 알렉산드로비치(Врубель Михаил Александрович, 1856-1910)와 위대한 러시아 시인 바실리예프 빠벨 니꼴라예비치 (Васильев Павел Николаевич, 1910-1937) 등이 대표적이다.

2) 문화시설

옴스크주에 위치한 32개의 박물관에는 러시아와 세계의 다른 나라들의 박물관이 모방할 수 없는 명작들이 있다. 이곳에는 훌륭한 전시물과 값을 매길 수 없는 예술작품들을 보관하고 있는데 프랑스와 중국, 러시아 공장들에서 생산한 희귀한 도자기들, 파베르줴(К. Фаберже)의 공예품들, 레삔(И. Репин)과 끄람스꼬이(И. Крамской), 바스네쪼프(Васнецов), 브루벨(М. Врубель), 료리흐(Н. Рехих) 등 위대한 화가들의 그림들이 그것이다.

국립 아카데미 드라마 극장

옴스크주의 극장은 음악극장, 인형극장, 국립 아카데미 드라마 극장, 드라마 코미디 극장 등이 대표적이며 이 지방 배우들의 멋진 연기는 수도의 배우들에 뒤지지 않는다.

옴스크주의 예술 독립 단체는 전국적으로 유명한데 그 중 옴스크 러시아 민족 합창단과 주립 필하모니의 심포니 오케스트라, 노래와 댄스 앙상블 '미쩰리짜'는 특히 유명하다. 이들의 창작세계는 오스트레일리아, 영국, 그리스, 이탈리아 등 많은 나라에 알려져 있다.

3)여가문화

옴스크 지방의 풍부하고 다양한 휴식공간은 여가 시간을 보내기에 매우 알맞은 곳이다. 공원과 숲길을 산책할 수도 있고 푸르고 싱그러운 나무 밑에서 선선한 바람을 느끼며 책을 읽으며 앉아 있을 수도 있다. 클럽에서는 가능한 모든 종류의 오락을 맛볼 수 있다. 아름다운 이름의 화려한 간판을 단 수많은 카페에서는 잠시 쉬며 맛있는 음식을 맛볼 수 있다. 저녁 시간도 매우 흥미롭고 다채롭게 보낼 수 있다. 카지노에서는 그 유명한 러시아 룰렛을 즐길 수도 있고, 고풍스러운 레스토랑과 선술집에서 한가롭게 시간을 보낼 수도 있다.

놀랍고 감동을 주는 역사적 공간, 즉 역사적 문화적 유적들을 찾아다니며 시간을 보낼 수도 있다. 동상들은 전 지역을 통틀어 그 수가 17만 여개에 이른다. 18, 19세기에 창작된 유적지들은 도시에 독특한 색채를 띠게 하며 사람들을 잠시나마 과거로 돌아갈 수 있게 만든다. 예를 들어 성니꼴라이 카자크 성당은 1840년에 건설되었다. 현재까지 이 성당에는 시베리아를 최초로 횡단한 예르막(Ермак)의 깃발이 보관되어 있다.

우스찌-오르다 부랴찌야 자치구

Усть-Ордынский Бурятский Автономный Округ

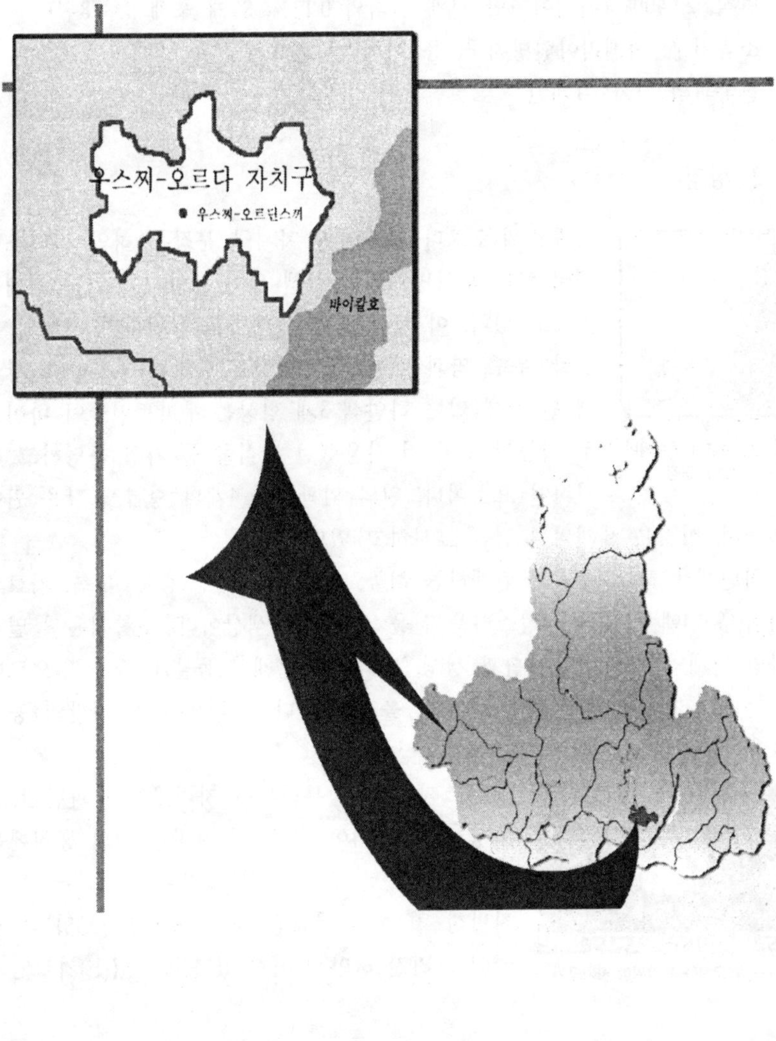

Ⅰ. 개황

1. 기초정보

수도: 우스찌-오르딘스끼(Усть-Ордынский)
인구: 143,000명 (2001년 현재: 러시아연방 전체의 0.98%; 89개 주체 중 83위)
인구밀도: 6.38명/㎢
면적: 22,400㎢(러시아연방 전체 면적의 0.13%; 89개 주체 중 78위)
소속지구: 시베리아연방지구; 동 시베리아경제지구
한국과의 시차: -1시간

2. 상징

우스찌-오르다 부랴찌야 자치구 문장

우스찌-오르다 부랴찌야 자치구 문장은 하얀색과 초록색이 있는 문장방패에 황금색 원이 묘사되어 있는 형태를 가지고 있다. 이 황금색 원은 태양을 상징하며 세계의 완전함, 우주, 땅과 각 종족의 형상을 의미하는 것이다. 황금색 원 안에 있는 하얀색 3개 형상은 부랴트인들이 바이칼로 이동해 오기 전 사용했던 장식물 중 가장 분명하고 특징적인 요소이다. 원의 외곽에는 4개의 황금색 작은 원이 있는데, 이것은 세계의 4 면을 묘사하고 있다.

하얀색은 하늘, 우주가 탄생하는 허공, 우유, 발전적인 충동, 정화, 치료의 의식(儀式)에 사용되는 성스러운 신을 상징하는 색상이다. 초록색은 불멸과 자연 자체의 색상이며 부활과 갱생, 그리고 식물계와 동물계, 우스찌-오르다 부랴찌야 자치구의 산림의 풍요로움을 상징한다. 황금색은 이 지방의 풍요로움, 태양의 색, 행복과 평안의 색상이다.

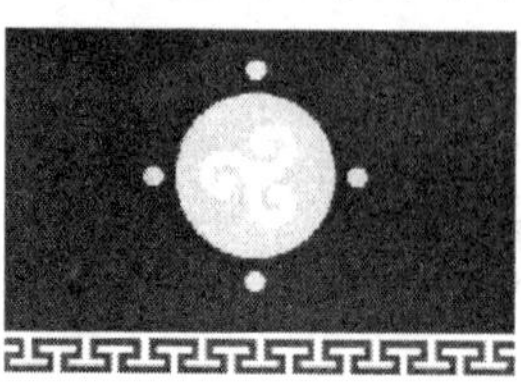
우스찌-오르다 부랴찌야 자치구기

우스찌-오르다 부랴찌야 자치구기는 파란색 장방형 천으로 되어 있다. 이 장방형 천의 중심에는 황금색 원으로 된 문장의 도안이 묘사되어 있다. 장방형 천 아래 부분은 붉은 '만(卍)자모양'의 도안이 그려진 하얀색 띠가 있다. 이 만(卍)자모양의 모티프는 바이칼 연해(Прибайкалье)의 부랴트인들의 생활 장식예술에서 차용된 것이다. 1999년까지 우스찌-오르다 부랴찌야 자치구기의 장방형 천의 기본 색은 초록색이었다.

3. 주요도시

우스찌-오르딘스끼(Усть-Ордынский): 인구 12,800명; 북위 52°49′, 동경 104°44′ (인구: 2002년 현재)

4. 주요 산업 및 농업

자치구의 주요 산업으로 식료품공업, 임업, 목재가공업, 제지업, 기계제작, 금속가공업 등이 발달했으며, 농업부문은 산업, 곡물재배, 특히 밀재배 등이 발달했다.

Ⅱ. 자연환경

1. 지리적 위치와 구성

우스찌-오르다 부랴찌야 자치구는 6개 행정구, 73개의 농촌마을로 구성되어 있으며, 레노-안가르스끼(Лено-Ангарский) 고원의 남쪽부분에 위치하며 이르꾸쯔크주에 속한다.

주요 하천은 안가라(Ангара)강(예니쎄이강의 지류)과 그 지류다.

수도 우스찌-오르딘스끼(Усть-Ордынский)와 모스크바 간의 거리는 5,111㎞이다.

2. 기후조건

대륙성 혹한기후
1월 평균기온: -22℃
7월 평균기온: 17℃
연강수량: 270 ~ 330㎜
식물 생장 기간: 90 ~ 100일
식생: 삼림과 스텝의 중간 지대
토양: 부식성 염분회색토
삼림분포도: 51%

3. 주요 유용광물

석탄, 석고 등이 있다.
주요 산지:
석탄: 하라누뜨스크.
석고: 누꾸뜨스크.

Ⅲ. 정치시스템

1. 역사

부랴찌야 지역에는 이미 오래전부터 우스찌-오르다(Усть-Ордынский) 자치구가 속해 있었으며 여러민족이 살고 있었다. 석기시대에 이들 종족들은 사냥과 물고기 잡이에 종사했다. 청동기 시대에 '판형태의 무덤' 문화가 발생하였으며 이시기 무덤에는 기념비가 세워졌고 초원지대에는 알렌(оленные) 돌이 세워졌다. 청동기시대에 수많은 벽화가 그려졌다. 이미 이시기에 주민들은 구리를 가공할 수 있었고 금과 구리로 된 장식품과 생활도구를 만들었다. 기원전 1세기에는 훈족이 살았고 이들은 중앙아시아 최초의 국가를 세웠다. 훈족이 세운 국가가 멸망한 때에 새로운 민족그룹이 형성되었다. 샤비족, 쿠리간족, 몽고어를 사용하는 키다니족, 퉁구스족 등이 살았다. 이들은 처음에는 부랴트 또는 에벤크족으로 간주되었다.

12세기 중반 경 부랴트 인종에는 여러 개의 독자적인 종족집단이 포함되었다. 가장 인구가 많은 종족은 불라가티, 에히리티, 호린찌, 혼고도리족이었다. 부랴트 민족은 대몽고 계열 북아시아그룹에 속하는 중앙아시아 민족중의 하나다. 부랴트어는 알타이어 계열 몽고어 그룹에 속하는 독자적인 언어이다. 17세기 부랴찌야 영토에 까자크 개척자들이 이주해 왔으며 18-19세기 이 지역 유형지로 구교도 유형수들이 추방되어왔다.

19세기 말과 20세기 초에 바이칼 동쪽 기름진 땅에 농민들이 이주해 왔다. 이주자들의 생활문화는 부랴트 민족의 문화형성에 많은 영향을 주었다. 1930년까지 부랴트인들은 몽골어계통의 문자가 확산되었으며 1931년부터 이 문자는 라틴문자의 영향아래 발전했다. 1939년부터는 러시아어 문자를 도입되었다. 1921년과 1922년에 부랴찌야는 부랴트-몽골 자치주와 몽고-부랴트 자치주로 분리 되었으며 부랴트-몽고 자치주는 극동화국 소속이 되었고 몽고-부랴트 자치주는 러시아연방 공화국 소속으로 되었다. 1923년에 부랴트-몽고 자치주와 몽고-부랴트 자치주는 자치소비에트 사회주의공화국으로 통합되어 러시아연방에 속하게 되었다. 1937년 부랴트-몽고 자치공화국은 치따주에 들어가는 아긴 부랴트 민족지구, 이르꾸츠크주에 들어가는 우스찌-오르딘 부랴트 민족지구와 올혼스끄 라이온으로 해체되었다.

우스찌-오르다 부랴찌야 자치구의 국가언어는 부랴트어와 러시아어이다. 2000년 3월 10일은 우스찌-오르다 자치구로서는 역사적인 날이다. 바로 이날 우스찌-오르다, 아긴 지구, 부랴찌야 공화국의 의회간 연합체가 결성되었다.

2. 정치

1) 정치 일반

우스찌-오르다 부랴찌야 자치구의 국가권력 집행기관은 자치구 행정부이다. 행정부의 구성에는 행정수반과 행정수반에 종속되는 각종 기관 및 공직자가 포함된다. 집행권력의 수장은 자치구 지사이다. 지사는 말레예프(В. Г. Малеев)이다.

우스찌-오르다 부랴찌야 자치구 두마(Усть-Ордынская окружная Дума)가 최고 입법기관이다. 자치구 두마는 19명의 의원으로 구성된다. 자치구 두마는 러시아연방의 헌법과 법률, 자치구의 헌장과 법률에 준하여 자신의 권한을 행사한다. 두마의원 선거는 1996년 12월 6일 실시되었다. 두마에는 4개의 위원회가 조직되어 있다. 두마의 의장은 후따꼬프(Л. А. Хутаков)이다.

우스찌-오르다 부랴찌야 자치구 영토에서의 사법권력은 연방헌법과 법률에 따라 활동하는 연방재판소(일반 재판소, 군사 및 중재 재판소)에 의하여 실행된다. 특별 재판소의 설립은 불허한다. 우스찌-오르다 부랴찌야 자치구에는 시와 라이온의 재판소가 있다. 재판소 및 재판관의 신분은 보장된다.

2)선거

(1) 우스찌-오르다 부랴찌야 자치구 행정수반 선거

2000년 11월 19일 우스찌-오르다 부랴찌야 자치구의 행정수반 선거가 실시되었다. 자치구 유권자의 54%가 투표에 참여했고 투표결과는 다음과 같다.

후보	득표수	득표율
알다로프(Алдаров К.Р.)	14888	32.00
둘베예프(Дульбеев Р.В.)	1351	2.90
말레예프(Малеев В.Г.)	24974	53.67
쉬빠꼬프(Шпаков И.В.)	1041	2.24
모든 후보에 대한 반대	2452	5.27

Ⅳ. 경제 시스템

1. 경제개황

우스찌-오르다 부랴찌야 자치구는 7개의 연방지구 중 시베리아연방지구에 속하고 12개의 러시아 경제지역 중 동시베리아 경제지역에 속한다. 이 지구의 주요한 공업중심지는 일종의 시의 범주에 속하는 우스찌-오르다 지구(마을)이다.

이 지역의 남서부에는 시베리아 횡단철도가 위치하고 있으며 강에는 수로가 잘 발달되어 있다. 또한 1998년 6월부터 외국자본유치를 위한 구체적 계획을 실행하고 있다. 그 방안으로 현재 우스찌-오르다 부랴찌야 자치구는 향후 투자환경을 본질적으로 바꾸어 줄 수 있는 각종 세금 감면에 대한 법제도적 장치를 만들었고 또한 중소기업들의 경제활동을 보장하는 인프라의 구축과 각종 법적 혜택을 마련하고 있다.

우스찌-오르다 부랴찌야 자치구의 지역총생산과 1인당 지역총생산을 들어보면 다음과 같다.

우스찌-오르다 부랴찌야 자치구 지역총생산액 추이

항목 \ 년도	1996	1997	1998	1999
지역총생산	12,830	14,691	15,788	25,577
1인당 지역총생산	7,819	8,991	9,706	15,828
지역총생산 지수		100.8	94.7	107.1

http://www.infostat.ru/epub.htm (검색일: 2003.1.10)

우스찌-오르다 부랴찌야 자치구의 기업부문의 지표에 있어 총 기업수와 소 기업수 그리고 공업관련 기업수를 연도별 추이로 살펴보면 다음과 같다.

기업수 추이

항목 \ 년도	1997	1998	1999	2000
총기업수(연말)	1,595	1,596	1,645	1,796
소기업수(연말)		47	152	94
활동기업수	23	54	79	35

http://www.infostat.ru/epub.htm (검색일: 2003.1.10)

위에서 살펴본 우스찌-오르다 부랴찌야 자치구의 기업들 중에 큰 기업으로는 누구츠카 석고광산기업과 몇 개의 대규모 임업기업이 있으며 특히 아신스크지역에 위치한 주식회사 '쁘리모르스크'(Приморск)는 잘 알려져 있다.

소기업들의 업종을 보면 대부분 유통과 식료품업에 종사하며 그 비중이 52%로 가장 많으며 다음으로 농경 13%, 건축 8%, 서비스업 등의 순서로 비중을 차지하고 있다.

2. 산업

1) 공업

우스찌-오르다 부랴찌야 자치구의 공업에서 주요한 부분은 식품, 임업, 목재가공, 셀룰로즈-종이, 기계제작·금속가공, 채굴 등의 분야이며 경제 전부분에서 가장 우위에 있는 부문은 농업경제이다.

우스찌-오르다 부랴찌야 자치구의 총 공업생산량은 1999년과 2000년에 각각 2억 2,200만 루블과 2억 8,100만 루블로 증가비율은 높지만 여타 지역과의 상대량이 매우 적다. 공업생산지수에 있어서는 1997년 이후 적은 규모이지만 꾸준히 증가하고 있는 것으로 나타났다.

우스찌-오르다 부랴찌야 자치구의 총 공업생산량과 공업생산지수를 연도별 추이로 보면 다음과 같다.

총 공업생산량 추이

항목 \ 년도	1997	1998	1999	2000
총 공업생산량	188	170	222	281
공업생산 지수	78	97	105	109

http://www.infostat.ru/epub.htm (검색일: 2003.1.10)

우스찌-오르다 부랴찌야 자치구의 여타 공업생산 부문들의 비율을 살펴보면 다음과 같다.

주요 공업생산부문별 생산비율

생산부문	우스찌-오르다 부랴찌야 자치구 총공업생산 비율
전기전력	3.9%
연료공업	5.7%
기계제작·금속가공	5.5%
목재가공, 종이·펄프	31.6%
건재공업	4.8%
경공업	1.8%
식품공업	22.1%
제분,곡물,사료	18.2%
기타	6.4%

http://www.infostat.ru/epub.htm (검색일: 2003.1.10)

2) 농업

우스찌-오르다 부랴찌야 자치구의 농업은 이 지역 경제에서 가장 우위에 있는 부분이다. 특화되어있는 부문으로는 곡물의 생산, 야채재배, 고기, 우유, 털 생산 등이다. 이 지역은 인근지역인 이르꾸쯔크주 농산품의 1/3에 해당하는 양을 생산하고 있다. 농업단지로는 총 87개의 기업이 다양한 형태로 분포하여 있기도 하다.

우스찌-오르다 부랴찌야 자치구의 농업전반을 보기위해 총 농업생산량과, 총 농업생산액 중 작물관련 생산액, 총 농업생산액 중 가축관련 생산액을 연도별 추이로 살펴보면 다음과 같다.

농업생산량 추이

항목 \ 년도	1997	1998	1999	2000
총농업생산액	1,422.3	1,410.3	2,242.5	2,337.1
작물관련 생산액	576.9	553.3	954.7	881.7
가축관련 생산액	845.4	857.0	1,287.8	1,455.4
농업생산 지수	97	104	99.1	93

http://www.infostat.ru/epub.htm (검색일: 2003.1.10)

우스찌-오르다 부랴찌야 자치구의 총 파종면적을 보면 2000년을 기준으로 313,000 헥타르이고 여기에 주로 파종되는 작물 종류를 보면 곡물이 54.8%,

사료용 작물재배가 41.0%이고 특용작물이 0.2%, 감자와 채소가 4.0%를 나타내고 있다.

우스찌-오르다 부랴찌야 자치구의 농업생산에 있어 2000년의 주요 생산량은 곡물-158,200 톤, 감자 141,600 톤; 채소 2만 2,500 톤; 가축과 가금류 (도살후 무게)-17,900 톤; 우유 144,100 톤 등이다.

우스찌-오르다 부랴찌야 자치구의 가축사육에서 2000년 기준으로 사육되고 있는 소는 136,400 두이며 그중 암소는 63,600 마리이다. 그리고 돼지의 수도 55,700 마리에 이르고 있다.

3. 자원 등 기타

우스찌-오르다 부랴찌야 자치구는 동시베리아의 남쪽에 위치하며 이르꾸쯔크주 영토에 있는 지역이다. 전체면적은 22,400㎢으로 토양은 보편적으로 나무탄산염 토양이나 작은 계곡등지에서는 흑토질 및 산림토양이 발견되기도 한다.

우스찌-오르다 부랴찌야 자치구에는 초원과 목장지대가 펼쳐져 있으며 산림의 대부분은 활엽수림이다. 이 산림에는 사슴, 흑담비, 족제비, 아메리카사향쥐 등이 서생하고 있다.

이 자치구를 경유하는 앙가르강의 지류로는 잘라리, 오사, 이다, 쿠다강이 있으며 북동부를 경유하는 강은 레나강이다. 이 외에도 우스찌-오르다 부랴찌야 자치구영역을 점유하는 수면은 저수지를 비롯하여 다양한 형태를 띠고 있다.

우스찌-오르다 부랴찌야 자치구의 유용 광물자원 중에 가장 큰 의의를 가지는 것으로는 잘라린스크 매장지의 석고이다. 이 매장지는 누쿠드크지역에 위치하며 여기서 생산되는 석고는 시베리아와 극동지역의 시멘트와 점착성 물질의 생산에 필요한 유일한 원료이다. 이 외에도 다양한 품질과 용도를 가진 점토가 풍부하며 정부의 조사 자료에 의하면 석유와 가스 매장지도 분포하고 있다.

V. 문화시스템

1. 지역정체성

1) 인구

우스찌-오르다 부랴찌야 자치구의 2001년도 인구수는 143,000명이다. 아래 표에 제시된 것처럼, 다른 연방 주체들과는 달리, 1990년대 들어서 인구수가 점진적으로 증가한 후 1997년부터는 거의 변동이 없다.

우스찌-오르다 부랴찌야 자치구 인구변동 추이

연도	1990	1992	1993	1994	1995	1996	1997	1998	1999	2000	2001
인구수 (1,000명)	137	140	142	142	143	142	143	143	143	143	143

Российский статистический ежегодник. М., 2001. С. 83.

인구 자연증가율은 1990년 이후 지속적으로 하락하여 2000년에는 마이너스를 기록하였다. 출생률이 지속적으로 하락하고 사망률이 지속적으로 상승한 결과이다.

우스찌-오르다 부랴찌야 자치구 출생자수, 사망자수, 자연증가율

연도	출생자수(명)	사망자수(명)	자연증가율(명)
1990	3,383	1,325	2,058
1992	2,770	1,560	1,210
1993	2,379	1,742	637
1994	2,385	1,943	442
1995	2,186	1,872	314
1996	2,155	1,704	451
1997	2,010	1,787	223
1998	2,011	1,654	357
1999	2,018	1,923	95
2000	1,932	2,004	-72

Российский статистический ежегодник. М., 2001. С. 121.

우스찌-오르다 부랴찌야 자치구의 주요 산업은 광업(석탄, 석고, 점토), 임

업, 목재가공업, 식품공업 등이다. 1999년 대비 2000년 공업 생산량은 12.8% 증가했으며, 목축업, 농업 등 공업 이외의 부문에서도 생산량이 증가했다. 이러한 생산량 증가는 1999년까지 상승하던 실업률을 2000년부터 하락추세로 전환시킨 배경으로 작용했다.

우스찌-오르다 부랴찌야 자치구 경제활동인구(취업자, 실업자), 실업률

연도	경제활동인구 (1,000명)	취업자수 (1,000명)	실업자수 (1,000명)	실업률(%)
1992-96	....	....	....	....
1997	62	57	5	7.7
1998	52	48	4	8.2
1999	62	55	7	11.8
2000	57	61	6	8.9

Россий ский статистический ежегодник. М., 2001. С. 139.

2) 민족

우스찌-오르다 부랴찌야 자치구에는 40여 민족이 거주한다. 주요 민족 구성을 보면, 러시아인이 56.5%, 원주민인 부랴트인이 36.3%, 따따르인 3.2%, 우끄라이나인 1.7% 등이다.

3) 교육

우스찌-오르다 부랴찌야 자치구에는 243개 중등학교, 10개 음악, 미술, 예술 학교들이 설치되어 있으며, 직업교육과 대학교육을 위해서는 인접한 이르쿠쯔크주로 유학하고 있는 실정이다. 자치구 행정부는 주민의 문화와 교육수준 향상을 위해서, 2000년 상반기에만도 교육부문에 1억2천만 루블의 재정을 할당했을 정도로 큰 노력을 기울이고 있다. 현재 자치구의 주요 문제로 부각되는 것은 부랴트어 연구와 교육이다. 현재 자치구내 98개 중등학교에서만 부랴트어 교육이 이루어지고 있으며, 부랴트족 학생의 58.6%만이 부랴트어 교육을 받고 있다. 현재 자치구 행정부는 이르쿠쯔크의 학자들과 공동으로 부랴트어 교육발전을 위한 프로그램을 개발 중이며, 부랴트어 교재 출판과 교사 양성에도 재정을 지원하고 있다. 이러한 노력의 일환으로 자치구내의 보한시에 부랴트 국립대학 부랴트 어문학부 분교가 설치되었다.

2. 지역문화

1) 문화개괄

우스찌-오르다 부랴찌야 자치구에는 고대부터 역사, 문화, 전통이 풍부한 독자적인 민족인 부랴트인이 살고 있다. 옛날부터 각 촌락에는 예술로 유명한 장인들이 살았고 주조공이나 나무 조각가들도 있었다.

라마교 수도원에는 재능 있는 성상화가들과 조각가들이 활동했었다. 부랴트 장인들은 은과 철, 주석 합금의 세공 기술로 유명하다. 남성과 여성의 필수적인 장식품은 칼인데 이것은 악한 것으로부터 방어하는데 반드시 필요하다. 은 레이스와 상감된 돌은 칼자루와 칼집을 장식하는데 필수적이다.

칼 위에는 얇은 은판으로 된 무늬가 새겨져 있고 그 판 위에는 용, 사자, 박쥐 ,행복의 매듭 등이 장식되어 있다. 사람들에게 용기와 힘과 행운을 주는 해태가 장식되어 있다. 남성 옷의 세 번째 필수품은 여러 무늬로 되어있는 장식물들이다. 여성 부랴트인들은 나이에 맞게 장식품을 착용하고 있다.

부랴트인들에게는 오래 전부터 하나의 종교가 있는데 그것은 샤머니즘이다. 부랴트인들의 샤머니즘은 대대로 민중의 전설과 신화 그리고 자연적 수단이나 목초를 사용하는 고대의 치료 기술을 전달하고 있다. 샤먼의 능력은 헌사의 단계에 따라 정해진다. 그들의 모든 단계는 10단계로 되어 있다. 아홉 번째 헌사는 자린인데 이것은 매우 드물다. 부랴트인 샤먼교의 신자들은 사원을 세우지 않았다. 그들에게 사원은 자연이었다.

그들은 샘 근처에 있는 나무들을 베지 않았고 숲 속의 모든 동물들의 평온을 파괴하지 않았다. 샤먼들을 위해서 신성한 장소가 배정되어 있는데 바이칼 유역에 있는 많은 장소가 그런 곳이다. 18세기 초부터 자치구의 지역에는 티베트 불교가 퍼지기 시작했는데 몽골과 티베트의 라마승들이 이것을 촉진시켰다. 불교의 전파는 이 지역에 티베트와 몽골 민중의 문화를 전달했는데 민중들 사이에 티베트의 의학을 전파시켰다.

의학 학교가 세워지고 그곳에서 고대의 방법들이 다시 정리되었다. 부랴트 자치구에 라마교가 유입됨에 따라 문화 예술의 발전이 있었다. 수도원을 위해서 라마교의 신상들이 만들어졌다. 그 중에 금속으로 된 자비의 여신상 '벨라야 따라(Белая Тара)'는 커다란 의의를 가지는데 모스크바에 있는 국립 동양 민족 예술 박물관에 소장되어 있다.

2) 민속 문화

부랴트인들의 명절은 사가알란-백월(白月)- 축제나 음력으로 새해이다. 사가알란은 불교의 영향과 몽골이교의 영향을 받은 것이다. 새해는 새해 첫날에 아침을 일찍 맞이하는 풍습이 있다. 축제일의 상에는 유제품들이 준비되는데 유제품으로 된 하얀 꽃들은 평안을 의미한다. 장작더미에서 오래된 필요 없는 물건들을 태우고 이것은 과거의 죄와 모든 나쁜 것을 없앤다는 상징적인 의미를 담고 있다. 매년 유월 첫째 일요일에는 수르하르반(сурхарбан)이라는 축제가 있다.

이르꾸쯔크주

Иркутская Область

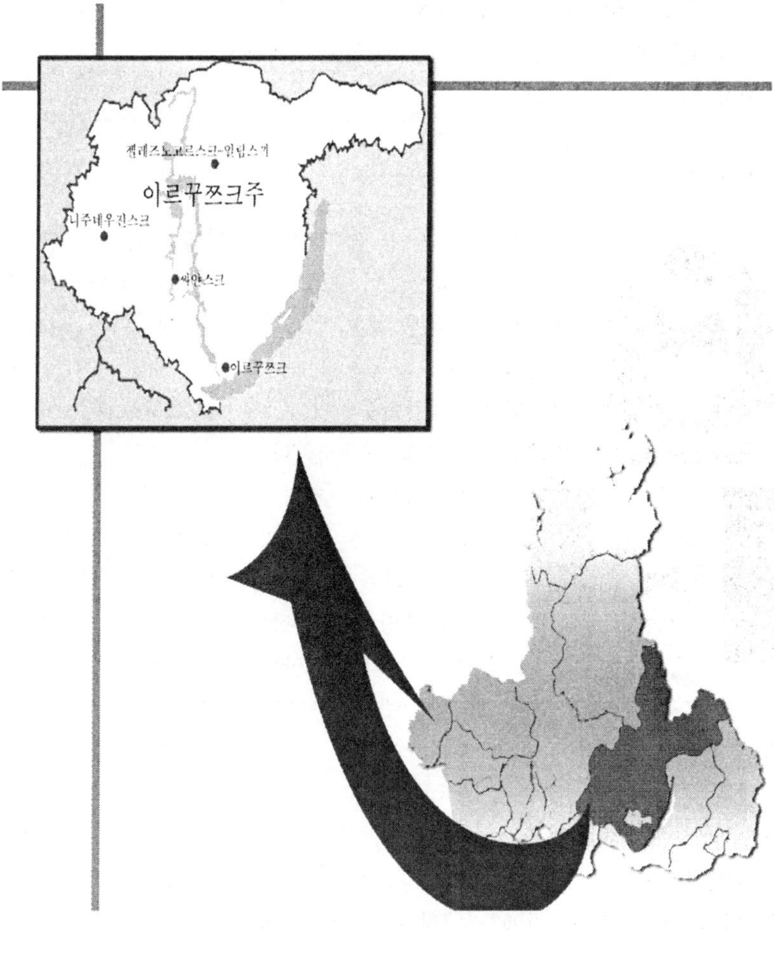

Ⅰ. 개황

1. 기초정보

주 성립일: 1937년 9월 26일.
주도: 이르꾸쯔크(Иркутск)
인구: 2,586,000명 (2001년 현재: 러시아연방 전체의 1.78%; 89개 주체 중 20위)
인구밀도: 3.46명/㎢
면적: 745,500㎢(러시아연방 전체 면적의 4.37%; 89개 주체 중 6위)
소속지구: 시베리아연방지구; 동 시베리아경제지구
한국과의 시차: -1시간

2. 상징

이르꾸쯔크주 문장

이르꾸쯔크주 문장은 은색 바탕에 주홍색 눈을 가진 검은 범이 묘사되어 있는 형상이다. 이 검은 범은 주홍색 담비를 입에 물고 있다. 문장의 색상에서 검은색은 분별력, 겸손, 슬픔을 의미하고, 주홍색(붉은색)은 용기, 남성다움, 대담함을 의미한다. 이르꾸쯔크주 문장은 1997년 7월 16일 채택되었다.

이르꾸쯔크 주기

이르꾸쯔크 주기는 장방형 천으로 되어 있다. 이 장방형 천은 세 개의 수직 띠로 이루어져 있다. 두 개는 파란색이며 가운데 색상은 하얀색이다. 하얀색 중앙에는 문장의 기본 도안이 그려져 있다. 문장의 기본 도안의 주위는 녹색의 서양 삼나무 가지로 장식되어 있고, 그 안에 주홍색 담비를 물고 왼쪽으로 달려가는 범의 형상이 묘사되어 있다. 중간띠의 가로, 세로 비율은 1:2이다.

기의 색상 중 파란색은 물을 상징한다. 즉, 바이칼호와 안가라강 등의 하천을 의미한다. 하얀색은 청순함, 선함, 겸손, 시베리아의 설경을 뜻한다. 서양 삼나무 가지의 녹색은 희망, 기쁨, 동식물계 및 숲의 풍요로움을 상징한다. 이르꾸쯔크 주기는 1997년 7월 16일 채택되었다.

3. 주요도시

이르꾸쯔크(Иркутск): 인구 594,200명; 북위 52°20′, 동경 104°14′
브라쯔크(Братск): 인구 280,800명; 북위 56°18′, 동경 101°43′
안가르스크(Ангарск): 인구 263,400명; 북위 52°34′, 동경 103°55′
우스찌-일림스크(Усть-Илимск): 인구 103,500명; 북위 58°0′, 동경 102°40′
우쏠리예-씨비르스꼬예(Усолье-Сибирское): 인구 102,600명; 북위 52°46′, 동경 103°38′
체렘호보(Черемхово): 인구 68,500명; 북위 53°9′, 동경 103°4′
우스찌-꾸트(Усть-Кут): 인구 56,600명; 북위 56°48′, 동경 105°37′
셸레호보(Шелехово): 인구 53,900명; 북위 52°13′, 동경 104°5′
뚤룬(Тулун): 인구 52.800명; 북위 54°34′, 동경 100°34′
싸얀스크(Саянск): 인구 46,100명; 북위 53°59′, 동경 102°6′
니주네우진스크(Нижнеудинск): 인구 42,200명; 북위 54°54′, 동경 99°1′
따이셰트(Тай шет): 인구 42,000명; 북위 55°56′, 동경 98°0′
지마(Зима): 인구 36,000명; 북위 53°55′, 동경 102°3′
젤레즈노고르스크-일림스끼(Железногорск-Илимский): 인구 32,000명; 북위 56°35′, 동경 104°7′
비호레프까(Вихоревка): 인구 24,400명; 북위 56°5′, 동경 101°15′
슬류잔까(Слюдянка): 인구 20,800명; 북위 51°40′, 동경 103°42′
(인구: 2002년 현재)

4. 주요 산업 및 농업

주의 산업부문에서는 전력산업, 석탄채굴업, 비철/철금속가공업, 화학공업, 석유화학(정유)공업(질소비료, 플라스틱, 합성수지), 기계제작, 목재가공업, 건축자재업 등이 발달했으며, 농업부문은 곡물 및 사료용 곡물재배, 축산업, 양사육업, 양금, 사슴사육업, 모피업, 모피동물사육업 등이 발달했다.

Ⅱ. 자연환경

1. 지리적 위치와 구성

이르꾸쯔크주는 33개 행정구, 22개 시, 60개 도시형마을, 380개의 농촌마을로 구성되어 있으며, 우스찌-오르다 부랴찌야 자치구를 포함하고 동 시베리아에 위치한다.

이르꾸쯔크주는 끄라스노야르스크 변강주, 띠바 공화국, 부랴찌야 공화국, 야꾸찌야(싸하) 공화국, 치따주와 경계를 이룬다.

주요 하천은 레나강과 그 지류인 비찜(Витим)강, 오까강, 예니쎄이강의 지류인 안가라강, 니주냐야 뚠구스까강 등이며 바이칼호가 있다.

수도 이르꾸쯔크시와 모스크바 간 거리는 5,042㎞이다.

2. 기후조건

대륙성 혹한기후

1월 평균기온: -15(남부 지역) ~ -33℃(북부 지역)

7월 평균기온: 17 ~ 19℃

연강수량: 400㎜

식물 생장 기간: 70(북부 지역) ~ 100일(서부와 남부 지역)

식생: 소나무 숲과 활엽수림 숲, 영구 동토지대 공존

토양: 부식성 염분회색토, 회색 삼림토, 산악 타이가 토양

삼림분포도: 79%

3. 주요 유용광물

철광석, 금, 희귀금속, 석탄, 화학원료(식염, 순수석회암, 인회석, 인회토), 운모, 건축원료, 원유 등이 있다.

주요산지:

철광석: 꼬르슈노프스꼬예(Коршуновское), 루드노고르스꼬예(Рудногорское), 까빠예프스꼬예(Капаевское).

식염: 우쏠스꼬예(Усольское), 띠레쯔꼬예(Тыретское), 지민스꼬예(Зиминское).

Ⅲ. 정치시스템

1. 역사

이르꾸쯔크는 시베리아의 다른 도시들처럼 17세기 중반에 형성되기 시작했다. 이르꾸쯔크는 1661년 7월 6일 건설된 도시요새로 출발했으며 이후 1686년에 주민들이 생활하는 도시로 발전하였다. 17세기 초 이르꾸쯔크는 급속히 발전했다. 이 당시 여행객들은 대규모 사원들의 중심지를 이르꾸쯔크에서 발견하였는데 13개의 사원이 있었다. 사원들이 집중적으로 건설된 곳은 시베리아 지역의 도시 중에는 이르꾸쯔크를 제외하면 어떤 곳에도 없었다.

18세기부터 이르꾸쯔크에는 수공업이 발달했으며 석공, 목수, 금은세공기술자, 마구제조업자, 상인 등이 출현했다. 러시아 국가가 동쪽으로 팽창함에 따라 이르꾸쯔크는 예니세이에서 태평양에 이르는 거대한 영토의 수도가 되었으며 러시아 극동지방과 동부 시베리아 땅의 개척과 세력강화에 중요한 역할을 했다. 이르꾸쯔크는 동부 시베리아의 교통요충지 및 교역중심지로서 점차 중요한 지위를 차지하게 되었다. 이르꾸쯔크는 깜차트까, 추꼬트까, 야꾸찌야, 몽고, 알라스카, 중국으로 가는 교역 중심지가 되었다. 이르꾸쯔크는 시베리아현의 5개 지방 가운데 하나가 되었고 1764년에 독자적인 현의 중심이 되었다.

이르꾸쯔크는 동쪽으로 난 창으로 간주되었으며 러시아가 태평양까지 이르는 방대한 영토를 점령하는 통로를 제공했다. 러시아 중앙정부에 의해 극동지방, 야꾸찌야, 몽고, 중국, 알라스카 등으로 가는 탐험대는 모두 이르꾸쯔크에서 조직되었다. 여기에서부터 아무르강 유역의 정주가 시작되었다. 이르꾸쯔크에는 식료품 공급과 베링 탐험대 조직을 위한 전진기지가 조성되었다. 이 탐험대는 교역을 성공적으로 실시하였고 19세기에 알라스카 유역으로부터 일본에 이르는 새로운 땅을 개척했다. 이르꾸쯔크를 통해 러시아대사가 북경에 갔으며 이르꾸쯔크를 경유하는 몽고와 중국에 이르는 교역로가 열렸다. 동부 시베리아에서 거래상들에 의한 대규모 거래는 대부분 이르꾸쯔크 상인들에 의해 행해졌다.

19세기 전반에 이르꾸쯔크는 시베리아의 도시 중 가장 세력이 강했으며 예니세이에서 태평양에 이르는 광대한 영토의 행정 및 문화의 중심지가 되었다. 18세기 말에서 19세기 초까지 이르꾸쯔크는 교역, 수공업, 문화의 중심지로 그 위상을 높여갔다. 중국과의 교역이 증대되었으며 1830년대부터 동부 시베리아에서 금생산 중심지가 되었다. 1803년에 이르꾸쯔크는 시베리아현의 중심도시가 되었고 1822년부터는 동부-시베리아현의 중심지가 되었다. 1898년 최초의 시베리아 횡단열차가 이르꾸쯔크에 도착하여 역사의 한 장을 기록했다. 시베리아철도 건설은 이르꾸쯔크의 발전에 많은 도움을 주었다.

20세기에 일어난 2월 혁명, 10월 혁명, 내전, 2차 세계대전은 이르꾸쯔크에 많은 피해를 가져왔다. 1930년대 말부터 이르꾸쯔크에는 산업화가 시작되었다. 중기계제작공장, 항공기공장, 벽돌 및 쇠찌꺼기 혼합시멘트공장, 차압착공장, 식료품공장 등이 건설되었다. 이르꾸쯔크의 경제발전은 과학, 교육, 문화의 발전을 가져오게 하였다. 동부 시베리아 최초의 고등교육기관인 이르꾸쯔크 국립대학이 1918년에 설립되었으며 역사, 의학, 사범, 금융-경제학과가 분리되어 독립적인 연구소로 발전되었다.

1930년에 광산-금속가공 연구소가 세워졌으며 1934년에는 농업연구소가 설립되었다. 2차 세계대전이 끝난 후 1950년대부터 현대적 공업단지가 조성되는 등 빠른 발전이 시작되었다. 1947년부터 도시에는 궤도전차가 운행되었으며 1972년부터 전기버스가 운행되었다. 1958년부터는 텔레비전 방송국이 세워졌다. 도시에는 대규모 주거단지와 소규모 주거지역이 건설되기 시작하였다. 또한 바이칼, 솔네취니, 유빌레이니, 쁘리모르, 아카데미고로독, 뻬르보마이스끄 같은 새로운 소도시들이 생겨났다.

1997년 이르꾸쯔크주는 60주년을 기념했다.

2. 정치

1) 정치 일반

이르꾸쯔크주에서 집행권력은 시와 라이온, 주 행정부에 있다. 최고 집행기관은 주행정부이다. 주지사는 주행정부를 관장한다. 고보린(Б. А. Говорин)이 주지사이다.

이르꾸쯔크주의 입법권력은 주의회에 의해 실행된다. 법적 기반의 구축과 법적 발전을 위해 주의회는 1995년 2월 10일 러시아연방의 헌법에 따라 주의 기본법인 헌장을 채택했다.

2)선거

(1) 이르꾸쯔크주 지사 선거

이르꾸쯔크주의 행정수반을 선출하는 선거는 1998년에 예정되어 있었다. 그러나 노쥐꼬프(Ю. Ножиков)가 1997년 4월에 사직하면서 1997년 7월 27일 선거가 실시되었다. 7명의 후보가 경쟁한 가운데 고보린이 50% 이상을 득표하여 당선되었다. 후보들의 득표율은 다음과 같다.

후보	득표율(%)
고보린(Б. Говорин)	50
레프첸코(С.Левченко)	18
마쉰스키(В.Машинский)	14
쌰도비(И.Щадовый)	7.2

차기 주지사 선거는 임기가 만료되는 2001년 7-11월에 실시하기로 예정되어 있다.

(2) 이르꾸쯔크 의회의원 선거

2000년 6월 25일 선거가 실시되었다. 44개의 선거구에 161명이 입후보했다. 선거관리위원회의 집계에 따르면, 28개의 선거구에는 25-41%의 저조한 투표율을 보였다. 그리고 16개의 선거구에서는 25%를 밑도는, 17-24.5%의 참가율, 저조한 투표참여로 인해 선거 자체가 성립되지 않았다. 따라서 의회의원 재선거가 2000년 9월 24일 실시되었다. 선거와 함께, 의회의장으로 보롭스꼬이(В. М. Боровской)가 선출되었다.

(3) 이르꾸쯔크시 수장 선거

1997년 11월 23일 이르꾸쯔크주의 중심지인 이르꾸쯔크 시장 선거가 실시되었다. 25.09%의 투표율을 보인 가운데 야꾸봅스끼(В. Якубовский)가 67.14%를 득표하여 당선되었다. 차기 시장 선거는 주지사 선거와 함께 2001년 6 ~ 11월에 예정되어 있다.

(4) 러시아연방 대통령선거

2000년 3월 26일 러시아연방 대통령선거가 실시되었다. 이르꾸쯔크주 유권자의 65.1%가 투표에 참여했고 각 후보가 획득한 득표율은 다음과 같다.

후보	득표율(%)
뿌친	50.1
쥬가노프	33.0
야블린스끼	5.1
지리놉스끼	3.9
뚤레예프	2.4
찌또프	0.9
기타	2.0
모든 후보에 대한 반대	1.7

Ⅳ. 경제 시스템

1. 경제개황

이르꾸쯔크주는 7개의 연방지구 중 시베리아연방지구에 속하고 12개의 러시아 경제지역 중 동시베리아 경제지역에 속한다. 이르꾸쯔크주는 대규모 공업지역으로 동시베리아의 경제뿐만 아니라 러시아 전체에 있어서도 매우 중요한 의미를 가지는 품목을 생산하고 있다. 공업의 발달정도, 천연자원의 개발정도, 공업의 전문화와 집중도 측면에서 이르꾸쯔크주는 기타 시베리아 지역과 극동의 많은 행정단위들의 생산분야를 결정짓는 주요한 역할을 하고 있다.

이르꾸쯔크주의 운송시스템은 육상, 해상, 공중 등 모든 체계가 잘 발달되어 있다. 이 지역에서 가장 중요한 운송수단은 철도로써 시베리아 횡단철도가 경유하는 이 지역에서의 1년 평균 화물의 운송량은 7,000만 톤에 이르고 있다. 자동차도로 시스템도 충분히 보편화되어 있으며 전체의 길이는 1만km에 이른다.

앙가라, 렌, 니제나야 뚠구스까는 수상교통의 건설을 촉진하고 있으며 이 지역의 화물유통량은 전체의 10%에 달한다.

공중운송수단으로는 이르꾸쯔크 공항과 브라뜨스크 공항 등 주요한 두 개의 공항이 국제적인 위상을 가진 곳으로 알려져 있다. 이 공항을 통하여 일본, 중국, 한국, 몽골 등과 다른 몇 개의 유럽의 나라들과 교류관계를 유지하고 있다.

다음은 이르꾸쯔크주의 지역총생산과 1인당 지역총생산을 표시한 것이다.

이르꾸쯔크주 지역총생산액 추이

항목 \ 년도	1996	1997	1998	1999
지역총생산	46,036	53,972	52,823	85,889
1인당 지역총생산	16,496	19,415	19,077	31,163
지역총생산 지수		100.8	90.6	101.0

http://www.infostat.ru/epub.htm (검색일: 2003.1.10)

이르꾸쯔크주에서는 전기에너지, 알루미늄, 다양한 전기제품 및 열 제품, 화학, 석유화학, 삼림가공, 기계제조 등의 품목을 생산한다. 이 지역에서 생산하는 물품들은 전체 러시아 전기에너지의 6.5%, 목재반출 15%, 석탄채굴의 6%, 셀룰로즈 생산의 20%, 마분지10%, 석유가공 9% 등 비율을 차지하고 있다.

이 지역에는 대규모 수력 에너지자원이 집중되어 있고 목재의 비축량은 전체 러시아의 11%에 이르며, 러시아의 기타 지역과의 물품이동이 활발히 이루어지고 있을 뿐 아니라 세계 각국과의 수출입량도 매년 증가하고 있다.

이르꾸쯔크주의 기업부문의 지표에 있어 총 기업수와 소 기업수 그리고 공업관련 기업수를 연도별 추이로 살펴보면 다음과 같다.

기업수 추이

항목 \ 년도	1997	1998	1999	2000
총기업수(연말)	38,827	39,987	43,047	46,041
소기업수(연말)	12,586	12,039	13,334	13,773
활동기업수	2,849	3,104	3,272	3,247

http://www.infostat.ru/epub.htm (검색일: 2003.1.10)

2. 산업

1) 공업

이르꾸쯔크주주의 공업단지는 전체 이 지역의 생산기금 중 45%이상이 집중되어있는 핵심 분야이다. 이렇게 공업을 핵심으로 두고 있는 근거가 될 수 있는 것은 석탄, 철광, 금, 석고, 석영 등 광물연료 자원이 매우 풍부하기 때문이다. 이르꾸쯔크주에서는 특히 석영과 석영가루를 이용한 공업이 집중적으로 발달되어 있으며 주요 공업지역으로는 이르꾸쯔크, 브라뜨스크, 안가르스크, 우스찌 일림스크, 우솔리에 시비르스크와 다른 도시들이 있다.

이르꾸쯔크주의 총 공업생산량은 1999년과 2000년에 각각 691억 2,200만 루블과 879억 8,400만 루블로 가파른 상승세를 나타내고 있다. 그러나 2000년에는 공업생산량의 상승폭이 약간 줄고 있다.

공업생산지수에 있어서는 1998년에는 1997년 대비 큰 폭 증가하였으나 그 이후로는 증가세가 거의 없는 것으로 나타나고 있으며 2000년의 경우는 전년대비 감소하고 있는 추세다. 이러한 현상을 표를 이용하여 나타내면 다음과 같다.

총 공업생산량 추이

항목 \ 년도	1997	1998	1999	2000
총 공업생산량	31,357	31,393	69,122	87,984
공업생산 지수	86	100.1	112	111

http://www.infostat.ru/epub.htm (검색일: 2003.1.10)

이르꾸쯔크의 공업부문별 구조에 있어 발달한 부분은 삼림, 삼림가공과 셀룰로즈-종이공업이며 자원채굴과 연료, 유색야금술, 전기에너지, 기계제작, 화학공업 등이 있다. 구체적으로 그 비율들을 표로 살펴보면 다음과 같다.

주요 공업생산부문별 생산비율

생산부문	이르꾸쯔크주 총공업생산 비율
전기전력	10.7%
연료공업	5.0%
철강업	2.7%
비철금속	27.4%
화학·석유화학	9.8%
기계제작·금속가공	11.5%
목재가공, 종이·펄프	22.5%
건재공업	1.6%
경공업	0.3%
식품공업	6.6%
기타	1.9%

http://www.infostat.ru/epub.htm (검색일: 2003.1.10)

2002년 11월까지 이르꾸쯔크주에서 생산한 각 품목의 생산량을 전년과 비교해 볼 때 증가율이 큰 공업부문은 유리와 자기공업으로 34.9배, 기계제작은 130.5%, 석유채유는 128.2%, 의료공업은 128.5% 등을 기록하였다. 기타 음식료업과 연료, 삼림, 화학 및 석유공업, 건설자재, 전기에너지 등은 전년대비 미미한 상승세를 보이고 있다.

공업품은 러시아의 많은 다른 지역으로 공급되고 있으며 석유가공품과 화학품, 목재가공품 등의 경우에는 외국으로 수출되고 있다.

2) 농업

이르꾸쯔크주의 농지의 면적은 7,750만 헥타르이다. 이렇게 넓은 면적에도 불구하고 사실 농지로 이용되고 있는 면적은 510만 헥타르에 불과하다. 따라서 이 지역 자체의 생산량은 이르꾸쯔크주 주민 전체의 수요의 절반정도의 식료품을 충족시키므로 다른 지역에서 농산물의 부족분을 반입하고 있다. 반입식품의 종류는 고기 42%, 유제품이 17%이고 곡류의 경우는 전체 필요량의 55%를 반입해오고 있다.

이 지역의 농업 분야는 가축사육, 사슴사육, 축산, 어로, 수렵 그리고 곡물재배 등이다. 특히 농산품의 전체량에서 축산에 해당하는 비율은 46%에 이를 정도로 비중이 크다.

이르꾸쯔크의 농업전반을 보기위해 총 농업생산량과, 총 농업생산액 중 작물관련 생산액, 총 농업생산액 중 가축관련 생산액을 연도별 추이로 살펴보면 다음과 같다.

농업생산량 추이

항목 \ 년도	1997	1998	1999	2000
총농업생산액	6,726.3	6,263.7	10,577.6	11,090.0
작물관련 생산액	3,370.2	2,787.3	5,196.1	5,157.1
가축관련 생산액	3,356.1	3,476.4	5,381.5	5,932.9
농업생산 지수	101	98	106	96

http://www.infostat.ru/epub.htm (검색일: 2003.1.10)

이르꾸쯔크주의 총 파종면적을 보면 2000년을 기준으로 102만 900 헥타르이고 여기에 주로 파종되는 작물 종류를 보면 곡물이 54.8%, 사료용 작물재배가 37.3%, 특용작물이 0.4%, 감자와 채소가 7.5%를 차지하고 있다.

2000년의 주요농업생산품의 양은 다음과 같다

곡물-529,000 톤; 감자-935,600 톤, 채소-198,500 톤, 고기와 가금류(도살 후 무게)-73,700 톤, 우유 476,500 톤 등이다.

이르꾸쯔크주의 가축사육과 관련해서 2000년 년말기준으로 소는 419,400 두 이며 그 중 암소는 201,400 마리이다. 그리고 돼지의 수도 296,000 마리에 이르고 있다.

3. 자원 등 기타

이르꾸쯔크주에는 막대한 양의 동력에너지자원과 광원료, 산림 및 수자원이 분포하고 있으며 이 자원들은 이르꾸쯔크주의 경제발전에 지대한 기여를 하고 있다.

이르꾸쯔크주의 6,680만 헥타르에 해당하는 지역은 산림으로 이루어져 있으며 대부분 소나무와 활엽수림으로 이루어져 있다. 또한 이곳에는 담비, 흑담비, 족제비 등의 야생동물들이 풍부하다.

이르꾸쯔크주에서는 스텝식물지역이 보호·유지되고 있다. 또한 목재의 보유량은 83억㎥로 러시아전체 보유량의 11%에 이른다. 전체적으로 식물계를 보면 1,733종의 맥관이 많은 고등식물이 있고 605종의 약초들이 있다.

이르꾸쯔크의 토지의 86%는 숲으로 덮여 있으며 2.2%는 공업생산 및 생산인프라용으로 사용되고 6.6%는 농경의 용도로 사용된다.

이 지역의 동물계는 다양하고 풍부하다. 전체적으로 68종의 포유류가 있고 300종의 조류와 6종의 파충류, 5종의 양서류가 있다. 수산자원은 전체적으로 57종의 어류가 있으며 매년 어획량은 1,000 톤으로 바이칼호수의 어획량의 2/3에 해당하는 많은 양이다.

이르꾸쯔크주는 유용 지하자원이 풍부하다. 이르꾸쯔크주는 광물원료의 보유량 면에서 러시아에서 독특한 몇 개의 지역에 속하는 곳이다. 주요한 광물자원으로는 탄화수소원료, 금, 식탁염, 철, 갈탄, 석탄, 운모 및 백운모 등이 있다. 이 외에도 다이아몬드 매장지도 있는데 다이아몬드와 그 유사물질들은 오카 강과 우디강, 비류스강의 지대에 분포되어 있다. 또한 매년 이 지역에서는 11 톤에 이르는 금이 채굴되고 있다.

석유가스 매장지는 11개가 발견되어 개발되고 있으며 지리적 위치를 근거로 조사한 바에 의하면 석유의 비축량은 19억 6,000만 톤, 가스는 5조 9,600억 톤, 응축액의 경우는 3억 9,000만 톤에 달한다. 이 외에도 이르꾸쯔크주에는 4개의 석유가스 응축액 매장지, 3개의 가스응축액 매장지가 생산준비 중이며 4개는 조사 중에 있다. 이들의 평균 석유비축량은 2억 6,000만 톤이며 천연가스의 경우 1억 1,197억㎥로 알려져 있다.

흑색금속의 그룹으로 철광, 망간광, 티탄광들이 발굴되는 중이며 비광산 유용지하자원의 경우는 다섯 가지 소그룹으로 나누어지고 있다. 그 그룹에 속하는 것으로 첫째로는 채광화학원료를 들 수 있는데 암염의 경우 이르꾸쯔크주는 러시아 전체의 14.2%를 보유하고 있으며 품질 또한 우수한 것으로 알려져 있다. 기타 그룹에 속하는 것으로는 보조 야금술 원료, 보석류, 채광원료, 자연건축자재 등이다.

기타 이르꾸쯔크주의 수자원으로 바이칼 호수가 있다. 바이칼 호수는 지구상의 가장 위대한 장소의 하나로 손꼽히는 곳이다. 전체 면적은 3만 1,5000㎢이며 물의 양은 2만 3,000㎦로 세계 담수 량의 20%에 해당하는 막대한 양을 저장하고 있다. 또한 이르꾸쯔크주에는 세계에서 가장 큰 저수지의 하나인 안가르스크 폭포 저수지가 있으며 이 저수지는 주요한 에너지원이 되고 있다.

V. 문화시스템

1. 지역정체성

1) 인구

이르꾸쯔크주의 2001년 현재 인구는 2,586,000명으로, 90년대 이후 전체 인구수가 지속적으로 감소하고 있다. 2001년 현재 출생률은 9.7명(1천 명당), 사망률 14.3명(1천 명당), 인구유입은 57,800명, 유출은 61,200명으로 인구의 자연적 감소와 사회적 감소가 병행되어 전체 인구가 감소하고 있다. 2001년 현재 인구밀도는 3.46명/㎢이다.

이르꾸쯔크주 인구의 성비는 남자가 48.1%, 여자가 51.9%로 여자가 많은데, 40세까지는 남자가 많고, 40세 이후의 인구에서는 여자가 많다. 이는 평균수명의 차이 때문이다.(남자 54.7세, 여자 68.9세) 그리고 1950년대 초와 1970년대에 있었던 청년층의 대량 유입으로 주내의 고령인구 비중은 러시아 전체의 비중보다 낮다. 러시아 연방 국가통계위원회의 예측에 의하면, 2010년까지 주의 인구는 0.03% 감소할 예정이며, 출생률은 인구 1천 명 당 13.4명으로 상승할 것이며, 사망률도 인구 1천 명 당 15.3명까지 상승할 것이다.

이르꾸쯔크주 인구변동 추이

연도	1990	1992	1993	1994	1995	1996	1997	1998	1999	2000	2001
인구수 (1,000명)	2,656	2,676	2,675	2,664	2,656	2,647	2,637	1,625	1,615	2,599	2,586

Россий ский статистический ежегодник. М., 2001. С. 83.

인구 자연증가율은 출생률 하락과 사망률 상승으로 지속적인 마이너스 성장을 보이고 있다. 사망률 상승의 주원인으로 고령인구 비율의 상승과 경제위기로 인한 생활수준과 보건의료 수준의 하락이 꼽히고 있다.

이르꾸쯔크주 출생자수, 사망자수, 자연증가율

연도	출생자수(명)	사망자수(명)	자연증가율(명)
1990	41,819	26,530	15,289

1992	32,359	30,239	2,120
1993	28,536	36,436	-7,900
1994	29,005	39,987	-10,982
1995	27,583	39,065	-11,482
1996	27,118	35,533	-8,415
1997	25,736	33,331	-7,595
1998	26,159	33,243	-7,084
1999	24,705	37,363	-12,658
2000	26,130	38,825	-12,695

Россий ский статистический ежегодник. М., 2001. С. 120.

이르꾸쯔크주에서도 다른 연방주체에서와 마찬가지로 90년대 들어 실업률이 상승하는 경향을 보였으나, 2000년도를 기점으로 하강세를 띠기 시작했다. 이르꾸쯔크주의 경제활동인구 및 취업률, 실업률은 다음과 같다.

이르꾸쯔크주 경제활동인구(취업자, 실업자), 실업률

연도	경제활동인구 (1,000명)	취업자수 (1,000명)	실업자수 (1,000명)	실업률(%)
1992	1,481	1,412	68	4.6
1993	1,449	1,359	91	6.2
1994	1,357	1,245	112	8.3
1995	1,360	1,239	121	8.9
1996	1,376	1,222	154	11.2
1997*	1,231	1,049	182	14.8
1998	1,188	1,023	165	13.9
1999	1,293	1,100	193	14.9
2000	1,339	1,185	154	11.5

* 1996년까지의 수치는 우스찌-오르다 부랴찌야 자치구의 수치가 포함된 통계이며, 1997년부터의 수치는 이르꾸쯔크주만의 통계이다.

Россий ский статистический ежегодник. М., 2001. С. 139.

2) 민족

이르꾸쯔크주에는 100여 민족이 거주한다. 주요 민족구성을 보면, 러시아인 88.5%, 우끄라이나인 3.5%, 부랴트인 2.7%, 따따르인 1.4%, 벨라루스인 0.9%, 추바슈인 0.4%, 독일인 0.3%, 모르드바인 0.2%, 유태인 0.2%, 바슈끼르인 0.1%, 에벤크인 0.1% 등이다.

3) 교육

이르꾸쯔크주에서는 13개 국립대학과 14개 국립대학 분교에서 대학교육을 담당하며, 최근 수 년 사이 2개 사립대학과 10개 사립대학 분교가 개교하여 주내의 대학생 수는 113,000명에 달한다. 주 인구 1만 명 당 대학생 수는 400명으로, 이는 러시아연방 전체 평균인 인구 1만 명 당 320명을 훨씬 상회하는 수치이다. 이들 대학에서 교육을 담당하는 교원 수도 5천명 이상에 달한다.

초, 중등 교육기관으로는 취학전아동교육기관 903개, 중등학교 1,102개, 초등직업교육학교 69개가 설치, 운영되고 있으며, 기타 보충교육, 특수교육을 위한 시설이 150여개 개설되어 있다.

연구기관으로는 러시아 과학아카데미 시베리아지부 이르꾸쯔크 과학센터 소속의 9개 연구소, 러시아 의학아카데미 시베리아지부 동시베리아 과학센터의 5개 연구소와 3개의 농업부문 연구소가 있으며, 이들 연구소의 연구 인력은 총 5,000여명에 달한다.

2. 지역문화

1) 문화 개괄

이르꾸쯔크는 처음 방문하는 사람에게도 향수를 불러일으키는 조용한 도시로 시내에는 바이칼 호의 근원을 이루는 앙가라 강이 유유히 흐르고 있다.

'시베리아의 파리'라고 불리기도 하는 이르꾸쯔크시의 풍경은 이렇게 비경의 땅이 있다는 것이 믿어지지 않을 정도로 아름답게 잘 정돈되어 있다.

가로수로 꾸며진 마르크스 거리를 중심으로 벽돌 건물이 이어진다. 골목으로 들어가면 창이 아름다운 목조 주택이 줄지어 있으며 러시아 정교 수도원이 몇 군데 있어서 차분한 분위기를 느끼게 만든다.

이 도시는 제까브리스트(12월당)의 봉기를 일으킨 귀족 장교들의 유배지였다. 제까브리스트 봉기는 1825년 12월 14일 대 나폴레옹 전쟁(1812)에 참가하여 프랑스군을 추격, 서구의 해방자로 파리에 입성하여 거기에서 진보적인 문명에 접히고 자유사상을 흡수한 러시아의 귀족 출신 청년 장교들이 니꼴라이 1세의 자유주의자 탄압에 대항하여 전제 정치와 농노제의 폐지를 내세우고 뻬쩨르부르크의 원로원 광장에서 반정부 혁명을 일으켜 시인 릴예프 등 다섯 명이 처형당하고 당시의 약 백여 명의 청년들이 시베리아로 유형 당했던 자유주의자들의 비밀결사집단의 봉기를 말하는데 이들 구성원들에는 뿌신, 젤비그, 등 푸슈킨의 많은 친구들이 있었다. 이르꾸쯔크는 이들 제까브리스트들의 수십 년간의 유배지 역할을 했다.

이르꾸쯔크시는 앙가라 강을 끼고 둘로 나누어져 있다. 중심가는 오른쪽으로 넓게 펴져 있으며 왼쪽에는 이르꾸쯔크 역과 공장들이 있다. 중심가는 칼 마르크스 거리로 카페와 식료품점, 영화관 등이 줄지어 있고 산책을 즐기는 사람들로 붐빈다.

박물관 등의 명소는 모두 이 일대에 모여 있다. 또 중심가에서 약간 떨어진 곳에 우샤꼬프 지구가 있는데 이곳에는 유명한 즈나멘스키 수도원이 위치하고 있다.

2) 문화시설

지지 박물관

마르크스 거리에 있는 붉은 벽돌 건물로 1층에는 시베리아 동부에 거주하는 소수민족의 그릇, 어린이들의 완구, 민속 의상 등이 전시되어 있다. 이 밖에 세레호프가 탐험에 사용한 짐승가죽으로 만든 카누 등이 전시되어 있다.

제까브리스트 기념박물관

1825년 뻬쩨르부르크에서 일어난 제까브리스트의 봉기에 참가한 귀족들이 이르꾸쯔크로 유배되었다. 그들이 살았던 집이 지금도 보존되어 있는데 당시의 목조 건축 양식을 잘 알 수 있는 곳이기도 하다.

오벨리스크

이것은 시의 주 대로 남쪽 끝에 있는 첨탑비로 시베리아 철도 건설을 최초로 제창한 무라비요프 아무르스키 백작의 기념비이다.

주변은 앙가라 강을 한 눈에 바라 볼 수 있는 소공원으로 되어 있다.

3)유적문화

즈나멘스키 수도원

마르크스 대로를 벗어나서 우샤꼬프 강의 다리를 건너면 바로 나오는 건물이다. 이 곳에는 제까브리스트의 봉기로 처형된 귀족들의 묘들이 있다.

수도원 안에는 성가가 메아리치며 돔은 황금색테두리의 여러 가지 성화로 잘 장식되어있다.

치따주
Читинская Область

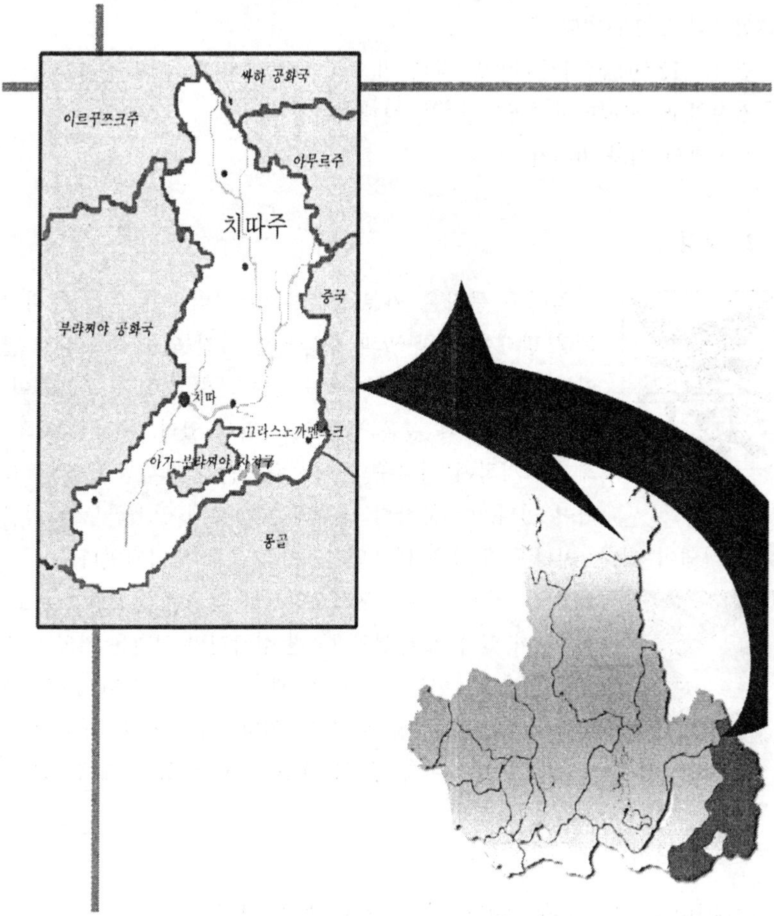

Ⅰ. 개황

1. 기초정보

주 성립일: 1937년 9월 26일.

주도: 치따(Чита)

인구: 1,168,000명 (2001년 현재: 러시아연방 전체의 0.80%; 89개 주체 중 48위)

인구밀도: 2.83명/㎢

면적: 412,500㎢(러시아연방 전체 면적의 2.42%; 89개 주체 중 12위)

소속지구: 시베리아연방지구; 동 시베리아경제지구

한국과의 시차: 0시간

2. 상징

치따주 문장

치따주 문장은 가로, 세로 8:9의 비율인 황금색 바탕의 문장 방패에 은빛 발과 주둥이를 가진 외눈 독수리가 날고 있는 형상이다. 이 외눈 독수리는 은빛 깃털과 화살촉이 달려 있는 화살과 활을 발톱으로 쥐고 있다. 문장 방패의 아래 1/3 지점에 치따주의 행정수도인 치따시의 문장이 묘사되어 있다. 이 문장의 테두리는 선홍색 알렉산드르 리본으로 장식되어 있다. 치따주 문장은 1995년 12월 12일에 채택되었다.

치따 주기

치따 주기는 포크모양으로 삼분된 장방형 천으로 되어 있다. 노란색의 2등변 삼각형의 밑변은 기의 너비와 같고, 높이는 길이의 1/2과 같다. 그리고 나머지는 초록색과 붉은 색으로 되어 있다. 기의 가로, 세로 비율은 3:2이다. 치따 주기는 1995년 12월 21일 채택되었다.

3. 주요도시

치따(Чита): 인구 306,400명; 북위 52°3′, 동경 113°28′

끄라스노까멘스크(Краснокаменск): 인구 53,800명; 북위 50°4′, 동경 118°8′

보르자(Борзя): 인구 30,700명; 북위 50°23′, 동경 116.30′

뻬뜨로프스크-자바이깔스끼(Петровск-Забай кальский): 인구 23,500명; 북위 51°16′, 동경 108°50′

(인구: 2002년 현재)

4. 주요 산업 및 농업

주의 주요 산업으로 비철금속과 흑색금속가공업, 기계제작(자동조립 공장, 산악시설공장), 전기전력산업(치긴스크와 하라노르 국립 지방발전소), 석탄산업, 경공업(양모-나사 콤비나트) 등이 발달했으며, 농업부문에서는 바이칼에서 동쪽에 이르는 거대한 농경지가 있고, 목양, 축산업, 양돈, 양금, 원예업이 발달했으며, 파종지역은 중부, 남부, 남동지역에 집중되어 있고, 북쪽은 사냥 등이 발달했다.

Ⅱ. 자연환경

1. 지리적 위치와 구성

치따주는 31개 행정구, 10개 시, 46개 도시형마을, 363개의 농촌마을로 구성되어 있으며 아가-부랴찌야 자치구를 포함하며 자바이깔리예(Забай калье)에 위치한다.

치따주는 이르꾸쯔크주, 아무르주, 부랴찌야 공화국, 야꾸찌야 공화국, 몽골, 중국과 경계를 이룬다.

주요 하천은 아무르강의 수원인 쉴까강과 아르군강, 레나강의 지류인 비찜강, 올레끄마강, 쎌렌가강의 지류인 힐로크강, 치꼬이강 등이다.

수도 치따시와 모스크바 간의 거리는 6,074㎞이다.

2. 기후조건

대륙성 혹한기후

1월 평균기온: -33 ~ -26℃

7월 평균기온: 17 ~ 24℃

연강수량: 300㎜

식물 생장 기간: 120일(저지대)

식생: 타이가 숲, 스텝(남동부 지역)

토양: 산악 타이가 토양, 염분회색토

삼림분포도: 69%

3. 주요 유용광물

석탄, 갈탄, 철광석, 다금속광, 비철금속, 귀금속, 형석, 다양한 건축자재 등이 있다.

주요산지:

석탄: 치꼬이스크, 꼬다로-우도깐, 부까차차.

갈탄: 체르노프스끼예 꼬삐, 하라노르.

철광석: 차르스크(철 함유 알루미늄), 끄루치닌스크(타탄-자철광), 치네이

스크(바나듐 티탄-자철광), 베레조프스크(갈철광).

다금속광: 아르군, 노보씨로낀스꼬예(Новоширокинское).

동광: 우도깐(Удокан).

금: 발레이(Балей), 다라쑨(Дарасун).

몰리브덴광: 다벤다(Давенда).

주석: 쉐를로프 산.

볼프람-몰리브덴광: 쥐레껜(Жирекен).

Ⅲ. 정치시스템

바이칼 동쪽지역에 대한 개척의 시작은 1653년으로 거슬러 올라가며 이때 까자크 대장 베께또프(Петра Бекетова)가 인고다강과 치따강이 합류하는 지점에서 멀지 않은 곳에, 현재의 치따 및 네르친스크 장소에 첫 번째 요새를 설립했다. 이 두개의 강이 합류한 지점에 최초의 마을이 생겨난 것은 역사기록에 의하면 1687년경으로 기록되어 있다.

1851년까지 치따는 20-30채의 주거지가 있었을 뿐이며 유형지로 이용되었다. 1851년에 자바이칼주가 구성되었고 치따는 도시의 지위를 획득했다. 같은 해에 황제의 지시에 따라 자바이칼 까자크 군대가 설립되었다. 19세기에 주는 금 채굴과 관련된 가장 유명한 노역지구였고 여기로 제까브리스트들이 유형되기도 했다, 제까브리스트들의 치따 유형에 관해서는 1771년에 세워진 미하일-아르한겔스크 교회가 기억하고 있다.

1920-1922년 치따는 멀리 동쪽으로 깜차트카와 사할린까지 관할하던 극동공화국의 수도였다. 1922-1926년 극동주 소속으로 자바이칼 현이 존속되었다. 치따주는 1937년 9월 26일 구성되었다. 주는 극동 변강주로부터 분리되었으며, 역시 이때에 주에 소속되는 아긴 부랴트 자치구가 구성되었다.

20세기 초에 건설된 시베리아철도는 치따를 바이칼 동쪽지역의 교통중심지들 가운데 하나로 변모시켰다. 바이칼-아무르를 잇는 도로는 주의 북부지방을 통과하여 동광산이 있는 우도깐스끄와 연결되고 있다. 주의 군사전략적 의의는 항상 컸다. 설립과 동시에 치따는 자바이칼 까자크 군대의 중심이 되었다. 현재 치따는 군사 및 국경수비의 중심지이기도 하다.

Ⅳ. 경제 시스템

1. 경제개황

치따주는 7개의 연방지구 중 시베리아연방지구에 속하고 12개의 러시아 경제지역 중 동시베리아 경제지역에 속한다. 이 주의 수도는 치따시이며 기계제작, 금속가공, 목재가공 및 식품공업의 중심지로 주요한 기업들이 많이 분포하고 있다.

치따주의 경제에서 철도라는 운송수단은 매우 중요한 의미를 가지고 있다. 시베리아 횡단철도와 바이칼-아무르 철도간선이 지역을 경유하고 있기 때문이다. 자바이칼역의 경계를 지나면 이 철도는 중국과 연결되어진다. 이 철도의 이용은 매년 증가하고 있다.

이 지역의 경제 및 사회발전을 위하여 활발한 투자가 이루어지고 있다. 이와 더불어 풍부한 자원, 상대적으로 발달된 인프라구조, 충분한 고급인력의 보유 등은 치따주 경제의 부흥을 약속할 수 있는 주요 사항들이다.

치따주의 지역총생산과 1인당 지역총생산을 들어보면 다음과 같다.

치따주 지역총생산액 추이

항목 \ 년도	1996	1997	1998	1999
지역총생산	11,573	12,598	13,072	22,161
1인당 지역총생산	8,965	9,829	10,271	17,535
지역총생산 지수		92.3	86.8	109.8

http://www.infostat.ru/epub.htm (검색일: 2003.1.10)

치따주의 기업부문의 지표에 있어 총 기업수와 소 기업수 그리고 공업관련 기업수를 연도별 추이로 살펴보면 다음과 같다.

기업수 추이

항목 \ 년도	1997	1998	1999	2000
총기업수(연말)	14,468	14,861	15,073	16,040
소기업수(연말)	4,322	4,024	3,301	3,095
활동기업수	917	739	658	710

http://www.infostat.ru/epub.htm (검색일: 2003.1.10)

2. 산업

1) 공업

치따주의 총 공업생산량은 1999년과 2000년에 각각 245억 6,100만 루블과 360억 1,000만 루블로 아주 가파른 상승세를 나타내고 있다. 그러나 2000년에는 공업생산량의 상승폭이 약간 줄고 있음을 알 수 있다.

공업생산지수에 있어서는 1998년에 95로 전년대비 하락을 가져온 이후에 1999년에 증가세가 두드러지고 있다. 그러나 2000년은 전년대비 2%만 상승해 상승폭이 줄고 있는 것으로 나타나고 있다.

치따주의 공업을 전반적으로 이해하기 위해 총 공업생산량과 공업생산지수를 연도별 추이로 보면 다음과 같다.

총 공업생산량 추이

항목 \ 년도	1997	1998	1999	2000
총 공업생산량	5,118	4,494	7,044	9,316
공업생산 지수	90	85	115	107

http://www.infostat.ru/epub.htm (검색일: 2003.1.10)

치따주의 공업부문별 구조에 있어 어떤 것이 주요한 부문이고 그 비율들은 얼마나 되는가를 보는 것은 이것의 공업기여도를 평가하는데 중요한 자료일 것이다. 치따주는 비철금속이 중심 산업이며 이와 아울러 전기전력, 연료공업이 차지하는 비율도 상당량이 된다. 구체적으로 살펴보면 다음과 같다.

주요 공업생산부문별 생산비율

생산부문	치따주 총공업생산 비율
전기전력	25.7%
연료공업	12.9%
철강업	0.7%
비철금속	40.3%
화학·석유화학	0.1%
기계제작·금속가공	4.4%
목재가공, 종이·펄프	1.9%
건재공업	2.4%

경공업	0.3%
식품공업	7.2%
제분,곡물,사료	2.2
기타	1.9%

http://www.infostat.ru/epub.htm (검색일: 2003.1.10)

2) 농업

치따주에는 매우 규모가 큰 농업단지가 조성되어 있어 이 지역 내의 주민 수요를 충족시킬 뿐만 아니라 상당량이 수출되고 있다. 특히 작물재배와 가축사육은 치따주의 최우위 분야이며 북부지방에는 사슴의 사육과 모피업이 발달하였다.

치따주의 농업전반을 보기위해 총 농업생산량과, 총 농업생산액 중 작물관련 생산액, 총 농업생산액 중 가축관련 생산액을 연도별 추이로 살펴보면 다음과 같다.

농업생산량 추이

항목 \ 년도	1997	1998	1999	2000
총농업생산액	2,747.6	2,526.1	4,897.1	6,062.0
작물관련 생산액	1,015.7	849.8	1,804.1	2,185.0
가축관련 생산액	1,731.9	1,676.3	3,093.0	3,877.0
농업생산 지수	98	90	100	93

http://www.infostat.ru/epub.htm (검색일: 2003.1.10)

위와 같이 치따주의 농업생산량은 매년 증가하고 있지만 실제적으로 이 부분의 순이익은 많지 않다. 그 이유는 무엇보다도 불안정한 경제상태 때문이라 할 수 있다. 이 지역의 농민들은 경제적인 여건이 더 좋은 지역을 찾아 이주하고 있는 경향이 많이 보여준다. 따라서 주 정부는 이러한 현상을 방지하기 위하여 토지 무상분배와 농가 재정지원을 해주고 농민의 주택건설에 참가하는 등 일련의 부흥책을 마련하고 있다.

치따주의 농경지는 전체면적의 18%로 농업기업에 의해 사용되는 면적은 이 중 90%에 이르며 나머지 부분은 개인이 경영하는 농지와 농장들이다. 파종되는 면적들 중에서 주로 중앙지역과 남부 그리고 동남부지역이 우선적으로 곡물과 채소의 재배에 이용된다. 치따주의 총 파종면적을 보면 2000년을 기준으로 33만 9,600 헥타르이고 여기에 주로 파종되는 작물의 종류를 보면 곡물이 71.6%, 사료용 작물재배가 16.7%, 특용작물이 3.0%, 감자와 채소가 8.7%를 차지하고 있다.

치따주의 농업생산에 있어 2000년의 주요 품목과 생산량은 다음과 같다.

곡물-195,600 톤; 감자-237,000 톤; 채소-59,600 톤; 가축과 가금류(도살 후 무게)-44,700 톤; 우유-289,700 톤 등이다.

치따주의 가축사육과 관련해서 2000년 년말기준으로 길러지고 있는 소는 441,400 두이며 그 중 암소는 182,500 마리이다. 그리고 돼지의 수도 95,300 마리에 이르고 있다. 치따주에서의 가축사육의 목적은 주로 고기와 우유를 얻기 위함이며 언급한 가축 외에도 양의 사육이 중요한 부문으로 행해지고 있다.

3. 자원 등 기타

치따주는 바이칼의 동쪽 후미에 위치하고 있다. 기후는 현저한 대륙성기후이며 건조하고 긴 겨울을 나타내는 것이 특징이다. 치따주는 중앙타이가와 스텝지역에 위치하고 있으며 50%이상의 산지대는 타이가 숲으로 소나무, 삼나무, 자작나무가 분포되어 있다.

치따주의 산림에는 흑담비, 사슴, 담비, 갈곰, 큰사슴 등이 서생하고 있다. 또한 강에는 가치있는 어종인 철갑상어와 각종의 연어류가 서생하고 있다.

치따주의 큰 강으로는 아무르강의 시초인 쉴까강과 아르군강이 있으며 이 지역에는 많은 호수가 있고 미네랄 수가 풍부하다.

유용지하자원도 매우 풍부하며 주요 광물자원으로는 흑색, 유색광물, 귀금속, 희귀금속, 석탄 및 갈탄, 보석류, 미네랄수와 건축자재 생산원료 등이 있다.

주요한 철광산으로는 차르스크 철함유 석영광, 베레조프 갈철광이 있으며 현재 금, 몰리브텐, 납, 아연 매장지에서 활발한 작업이 이루어지고 있다. 또한 비염소 칼륨 비료 생산을 위한 대규모 원료의 매장지가 개발되고 있다. 그리고 치따주의 남부지역에는 불석 보유량이 매우 많다.

치따주에서 가장 전망 있는 매장지로는 알라사츠 점결탄매장지와 차트간진스크 석탄매장지이다.

V. 문화시스템

1. 지역정체성

1) 인구

치따주의 2001년도 인구수는 1,168,000명이다. 다른 연방 주체들에서와 마찬가지로, 1990년대에 지속적으로 인구수가 감소하였다. 출생자수의 감소와 사망자수의 증가, 타 지역으로의 인구유출이 주요인으로 작용한다.

치따주 인구변동 추이

연도	1990	1992	1993	1994	1995	1996	1997	1998	1999	2000	2001
인구수 (1,000명)	1,234	1,247	1,232	1,223	1,216	1,213	1,205	1,195	1,187	1,177	1,168

Россий ский статистический ежегодник. М., 2001. С. 83.

인구 자연증가율은 1993년부터 마이너스 성장을 기록하고 있으며, 시기별로 불규칙한 특성을 보인다. 전체적인 경기가 회복되기 시작한 2000년에는 전년도에 비해 자연 증가율이 다소 상승했다.

치따주 출생자수, 사망자수, 자연증가율

연도	출생자수(명)	사망자수(명)	자연증가율(명)
1990	21,365	11,468	9,897
1992	16,906	12,450	4,456
1993	14,672	15,700	-1,028
1994	14,971	17,618	-2,647
1995	14,520	15,900	-1,380
1996	13,401	15,206	-1,805
1997	13,014	14,707	-1,693
1998	13,720	13,994	-274
1999	12,655	16,419	-3,764
2000	12,839	16,300	-3,461

Россий ский статистический ежегодник. М., 2001. С. 121.

치따주의 주요 산업은 광업(비철금속, 귀금속, 석탄, 철광석, 텅스텐, 금, 대리석, 구리, 티타늄-마그네슘광 등), 야금업, 기계제작(자동차조립, 산악용 설비), 전력생산, 임업 등이며, 1999년에 비해 2000년 상반기에는 공업 생산량이 8.1% 증가했다. 농업부문은 순록, 소, 양 사육과, 호밀, 귀리, 밀 재배가 주를 이룬다. 농업생산량은 광공업에 비해 다소 감소하는 추세에 있다. 실업률은 1990년대 지속적인 상승 추세 후 경기가 회복기로 접어드는 2000년부터 감소추세로 돌아섰다.

치따주 경제활동인구(취업자, 실업자), 실업률

연도	경제활동인구 (1,000명)	취업자수 (1,000명)	실업자수 (1,000명)	실업률(%)
1992	680	651	29	4.3
1993	653	615	38	5.8
1994	610	567	43	7.1
1995	601	546	55	9.2
1996	596	507	89	14.9
1997*	565	463	102	18.05
1998	538	437	106	19.70
1999	537	429	108	20.11
2000	533	462	71	13.32

Российский статистический ежегодник. М., 2001. С. 139.

2) 민족

치따주에는 70여 민족이 거주한다. 주요 민족구성을 보면, 러시아인 88.4%, 부랴트인 4.8%, 우크라이나인 2.8%, 따따르인 0.9%, 벨라루스인 0.7%, 우즈베크인 0.2%, 추바슈인 0.2%, 몰다비아인 0.2%, 바슈키르인 0.2%, 독일인 0.1%, 에벤크인 0.1% 등이다.

3) 교육

치타주에는 22개 중등 직업교육 기관이 있어 15,600명이 직업 교육을 받고 있으며, 대학교육기관으로는 치타 국립 의학아카데미, 치타 국립사범대학, 치타 국립 공과대학 등 6개 대학과 3개 대학분교가 있다.

취학전아동교육기관은 559개가 운영되고 있으며, 초중등학교 738개, 초등직업 학교 31개, 중등직업학교 25개가 설치, 운영되고 있다.

2. 지역문화

1) 문화개괄

치따주의 문화는 상당한 재정적인 어려움을 겪고 있다. 상황이 이러함에도 도시의 문화기관망은 성장을 계속하고 있으며 문화 종사자들도 늘어나고 있다.

문화와 여가센터인 '조국'이 문을 엶에 따라 적지 않은 일이 주어지고 있으며 푸쉬킨 탄생 200주년을 기념하는 행사들이 조직되었다. 그리고 '수정장화'라는 국제 콩쿠르가 개최되었다. 문화유산의 유지는 전통적으로 치따주의 중요한 문화정책 중의 하나였다.

경제적인 어려움에도 불구하고 도시의 문화 기관망은 유지되고 있다. 주민들의 실질적인 월급의 삭감, 물가 상승 등의 복잡한 경제적 상황에서도 문화 영역의 재정적인 보조가 계속되고 있다는 것은 주목할 만한 사실이다.

이러한 상황에서 문화 보존을 위한 새로운 재정적인 수단을 찾는 것은 문화부문에 재정지출의 삭감을 막기 위한 것이며 문예와 학문을 성장시키는 토대를 마련하는 일이다.

바이칼 뒤쪽은 지질학자들에게는 매우 중요한 장소이다. 왜냐하면 이곳에는 원시시대부터 모든 지질학적인 연대가 나타나 있기 때문이다. 오직 이 지역에만 '우도깐스까야 비오다'라는 생물학적 공간이 있는데 이곳에는 지구에서 최초의 산호의 흔적이 발견되었다. 이 지역에서는 고대 동물의 흔적도 연구할 수 있는데 무척추동물에서 더 현대적인 개체에까지 모든 진화의 단계를 연구할 수 있다.

2) 문화시설

치따주 예술 박물관

이 박물관에는 시베리아의 이콘, 18 ~ 20세기 초의 러시아 예술, 20세기의 러시아 예술, 시베리아와 극동의 예술 작품 모음 등이 있다. 이 박물관은

1981년에 문을 열었다.

치따주 지지 박물관

박물관의 전시실에는 자연 과학 자료들과 고고학 유물들, 고 생물학 수집품, 강제 노역과 유형 수집품 등이 전시되어 있다. 이 박물관의 개관 연도는 1895년이다.

제까브리스트 박물관

제까브리스트 박물관

71명의 제까브리스트가 1830부터 1839년까지 뻬뜨로프스크 자보드(현재의 뻬뜨로프스크 자바이깔스크 시)에 유형당했다. 여기에는 10명의 여자 제까브리스트들도 있었다. 그 후 뜨루베츠꼬이 공작부인의 보존된 집에 제까브리스트들의 박물관이 만들어졌다. 박물관은 1980년 10월 10일에 세워졌고 마르골리스의 지도아래 레닌그라드의 역사박물관의 직원들이 작업을 했다. 박물관의 '뻬뜨로 자보드에서 유형중인 제까브리스트', '뻬뜨로 자보드의 제까브리스트들의 아내들'과 같은 테마가 관람객들의 관심을 끌고 있다.

제까브리스트들의 묘지

하까씨야 공화국
Республика Хакасия

Ⅰ. 개황

1. 기초정보

공화국 성립일: 1992년.

- 1991년 - 러시아 연방 소속 하까씨야 소비에트 사회주의 공화국
- 1990년 8월 - 하까씨야 소비에트 사회주의 자치공화국
- 1930년 10월 20일 - 하까씨야 자치주가 끄라스노야르스크 변강주에 소속

수도: 아바깐(Абакан)

인구: 578,000명 (2001년 현재: 러시아연방 전체의 0.40%; 89개 주체 중 71위)

인구밀도 9.33명/㎢

면적: 61,900㎢(러시아연방 전체 면적의 0.36%; 89개 주체 중 49위)

소속지구: 시베리아연방지구; 동시베리아경제지구

한국과의 시차: +2시간

2. 상징

하까씨야 공화국 문장

하까씨야 공화국 문장은 위 부분에 홈이 파져 있는 타원형의 붉은색 문장 방패 형상을 띠고 있다. 이 붉은 문장 방패에는 등에 검은 점이 있고 날개가 달려 있으며 오른쪽 앞발을 들어 올리고 있는 흰 표범이 묘사되어 있다. 문장 방패의 타원형의 방패 주위는 초록색 잎사귀가 달린 자작나무 가지로 장식되어 있다. 방패의 밑 부분에는 하까씨야(ХАКАСИЯ)라고 쓰여 있는 초록색 현판이 있다. 방패 윗부분에는 태양을 상징하는 장식물이 묘사되어 있다. 하까씨야 공화국 문장은 2001년 6월 14일에 채택되었다.

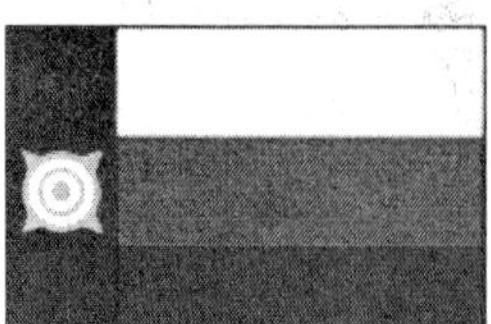
하까씨야 공화국 국기

하까씨야 공화국 국기는 장방형 천으로 되어 있다. 이 장방형 천은 하얀색, 파란색, 붉은 색의 3색 가로 띠와 깃대 쪽의 초록색의 세로 띠로 구성되어 있다. 초록색 띠에는 황금색과 하얀색으로 구성된 태양을 상징하는 장식물이 묘사되어 있다. 국기의

가로, 세로 비율은 3:2이다.

국기의 3색은 러시아연방 국기의 색상과 일치하며 하까씨야 공화국이 러시아연방의 한 주체임을 강조한다. 국기 깃대 주변의 초록색 띠는 고대 하까씨야 국기의 기본 색이며, 조상들과 현대 하까씨야 인들의 연결을 상징한다. 초록색은 영생, 타이가, 봄의 스텝, 초원, 부활, 우정, 하까씨야 국민들의 우애를 상징하는 시베리아의 전통적인 색상이다. 국기에 묘사된 태양의 표식은 하까씨야 지역에서만 볼 수 있는 석조상에서 유래한 것이다. 그것은 하까씨야 땅에 살고 있던 종족들에 대한 수 세대에 걸친 경의를 상징한다. 하까씨야 공화국 국기는 1992년 6월 6일에 채택되었다.

3. 주요도시

아바깐(Абакан): 인구 171,100명; 북위 53°44′, 동경 91°26′
체르노고르스크(Черногорск): 인구 78,700명; 북위 53°50′, 동경 91°13′
싸야노고르스크(Саяногорск): 인구 55,100명; 북위 53°6′, 동경 91°23′
(인구: 2002년 현재)

4. 주요 산업 및 농업

공화국의 주요 산업으로 비철금속가공업, 임업(목재채굴조달, 톱밥재료, 셀룰로즈, 종이, 마분지, 목재섬유, 목재판), 식료품공업, 건축자재, 연료공업(석탄채굴) 등이 발달했으며, 농업부문은 경작, 축산업, 양사육업, 양조업 등이 발달했다.

II. 자연환경

1. 지리적 위치와 구성

하까씨야 공화국은 8개 행정구, 5개 시, 17개 도시형마을, 74개의 농촌마을로 구성되어 있으며, 꼬미-뻬르먀크 자치구를 포함하며 동유럽 평원 북동부, 중부 및 북부 우랄 서 사면에 위치한다.

뻬름주는 스베르들로프스크(Свердловск)주, 끼로프주, 바슈꼬르또스딴 공화국, 우드무르트 공화국, 꼬미 공화국과 경계를 이룬다.

주요 하천은 예니쎄이강과 그 지류인 아바깐강이다.

수도 뻬름시와 모스크바 간 거리는 1,386㎞이다.

2. 기후조건

대륙성 혹한기후

1월 평균기온: -15 ~ -21℃

7월 평균기온: 17 ~ 20℃

연강수량: 300 ~ 700㎜

식물 생장 기간: 110일(분지)

식생: 타이가, 산악 툰드라

토양: 산악 타이가 토양

삼림분포도: 47%

3. 주요 유용광물

원유, 가스, 석탄, 칼리-마그네슘염, 크롬철광, 이탄, 금, 다이아몬드, 모래, 쇄석, 자갈 등이 있다.

주요산지:

칼리-마그네슘염: 베르흐네깜스크(Верхнекамск).

프쎄볼로도-빌벤스크(Всеволодо-Вильвенск).

석탄: 끼젤로프스크(Кизеловск).

Ⅲ. 정치시스템

1. 역사

남부 시베리아지방에 인류가 출현한 것은 기원전 300년경이다. 하까씨야 지역에 현대인의 선조가 출현한 것은 초기 구석기시대로 약 3만4천 년 전의 일이다. 이미 기원전 4세기인 석기시대 말에 신석기인의 생활양식인 사냥과 어로에서 가축사육으로 방향이 발전하는 것이 나타난다.

초기 금속문화는 기원전 5세기 중반에 발생했다. 이 시기 금속가공은 아시아 동부와 북부지방에서 이루어졌다. 청동기시대 말인 기원전 13세기에서 7세기 말에 걸쳐 까라숙문화가 꽃을 피웠는데 이 시기에는 광물채집과 금속가공, 우유채집 목적의 가축사육 등이 성행했다. 기원전 7세기까지 초기 철기시대에 하까시야지역 및 인근 산림지대에는 농경에 종사하는 따가르 문화(기원전 7-3세기)가 발생했으며 이 문화는 스키프-시베리아 문화-역사 공동체로 흡수되었다.

기원전 5세기에서 2세기에 이르는 동안 계급구조가 형성되고 남부시베리아에는 최초의 국가가 발생했다. 고대 중국문헌에는 이때의 민족을 딘린, 국가는 딘린-고라고 불렀다. 남부지역에 사는 민족들의 말에 따르면 딘린 왕국이 있었으며 이들은 무릎까지 오는 모직물을 걸치고 말발굽을 가지고 있었으며 걷는 것을 좋아했다고 한다. 고대 하까씨야인들은 전설의 켄타우루스(半人半馬)를 그렸다. 또한 집은 통나무로 지어졌고 가축우리도 있었다. 농기구들은 정착된 농경생활의 모습을 보여주는 증거가 되고 있다. 따가르스끄 시대에는 신성한 지역으로 여겨지는 살비스크 분지에 매장된 황제와 관련된 무덤건축물들이 깊은 인상을 주고 있다. 가장 큰 무덤은 높이가 25-30미터에 달했고 수톤의 무게가 나가는 돌로 구성된 피라미드는 폭이 20킬로미터, 길이가 30킬로미터에 달했다. 기원전 201년경에 딘린 국가는 훈족의 군대에 의해 멸망했다.

하까스-미누신스크 지역으로 터키어를 사용하는 끼르기즈민족이 들어왔다. 끼르기즈민족은 새로운 민족공동체로 이루어진 군사관료체제의 지배자가 되었으며 왕조체제를 형성하기 시작했다. 기원전 500년경에 하까씨야지역에 새로운 국가가 들어섰으며 중국의 민족들은 이 국가를 까하스, 하까스 등으로 불렀다. 역사학자들은 중세 초에 현재의 하까씨야 땅에 사는 민족을 끼르기즈민족이 아닌 고대 하까시야민족이라고 주장했다. 또한 언어, 고고학, 민족학적인 자료들로 볼 때 현재 하까씨야 공화국의 기원은 6-13세기에 걸쳐 세워진 고대 하까스국가로 보고 있다.

고대 하까스국가는 주변의 호전적인 민족들의 침략에도 불구하고 독립을 지켜나갔다. 세력이 강했던 터키, 위그르족의 까간국가는 여러번 하까씨야를 침략하여 황폐하게 만들었으며 하까씨야에서 수많은 말과 가축, 무기, 장식물, 노예들을 가지고 갔다. 568년에 터키 까간은 비잔틴 황제의 대사에게 헤르히스 및 끼르기즈 민족들로 구성된 포로들을 선물로 주었다. 하까씨야는 침략자에 대응할 연합군을 찾았다. 632년에 예니세이강 연안에 중국대사가 도착했으며 643년에는 이에 상응하여 하까씨야 대사는 중국황제에게 흑담비가죽과 흑담비외투를 선사했다. 648년부터 고대 하까씨야 지배층들과 상인들이 중국을 방문했다. 711년에는 하까씨야 대사가 티베트에 도착했다. 이 무렵 고대 하까씨야는 터키 까간의 침략위협으로 위기에 처해 있었다. 중국과 뜌르게쉬(중앙아시아 터키민족)의 지원을 얻은 하까씨야 정부는 까간에게 고대 하까시야 국가의 완전한 주권보유를 천명했다.

까간(왕)은 하까씨야에 대한 침략을 결정했고 710-711년 겨울에 사얀산맥을 넘어 진격해왔다. 길 안내자는 의식적으로 침략군을 행군하기 힘든 눈이 쌓인 타이가지역으로 안내했으며 나중에 죽임을 당했다. 10여일이 지체된 후 침략군은 눈이 쌓인 길을 피해 먼 곳을 돌아 아나강 상류에 도착했다. 손강 계곡에서 침략군은 하까씨야군을 기습하여 승리을 얻었으며 이 싸움에서 바르스-까간이 사망했다. 침략군들은 자신들의 침입하여 성과을 얻은뒤 황급히 되돌아갔다. 예니세이강 유역 국가는 다시 독립을 얻게 되었고 이미 722-723년에 새로운 중국주재 하까씨야 대사관이 문을 열었으며 새로운 대사에 바르스-까간의 아들이 부임했다. 8세기 40년대 터키는 위그르족에 의해 멸망했으며 위그르족은 745년부터 자신의 국가기반을 세우고 왕조체제를 수립하여 중앙아시아 전체를 지배했다. 위그르족은 띠바 영토를 점령하고 계속적으로 고대 하까씨야를 위협했으며 하까씨야의 외국과 서신왕래 및 상품교역 등을 방해했다.

한편 고대 하까씨야는 계속하여 세력을 키우고 있었다. 9세기 초 고대 하까씨야 국가는 충분히 강해졌으며 하까씨야 지배자는 자신을 까간으로 칭한다고 밝혀 20년 전쟁을 야기했다.

결국 840년에 고대 하까씨야군대는 위그르의 수도인 오르두-발릭을 공격했다. 위그르의 까간은 전투에 임했으나 패하고 말았다. 위그르의 후퇴하는 군대를 추격하는 고대 하까씨야 군대는 이르티쉬강과 아무르강까지 추격했으며 동부 뚜르께스딴 오아시스를 공격했다.

고대 하까씨야는 다양한 농경문화를 가지고 있었다. 그들은 밀, 수수, 보리, 삼, 귀리, 호밀 등과 더불어 과수를 재배했다. 고대 하까씨야 국가의 주민들은 요새형 도시에서 살았다. 역사가들은 중세 하까씨야 국가의 요새도시를 몇 군데 열거하곤 한다. 하까씨야는 폭넓은 교역관계를 유지했는데 동부뚜르께스딴, 아프가니스탄, 중앙아시아, 중국, 티베트로부터 대상들이 들어왔다.

13세기는 사얀-알따이 국가의 독립적인 발전전기가 마련되는 시기였다. 강한 힘을 가진 몽고군대는 징키스칸을 우두머리로 하여 고대 하까씨야 공동체를 침략하여 하까씨야의 독특한 문화를 파괴했다. 하까씨야 주민들은 침략군들에 의해 중국 유안지방 방향으로 내쫓겼다. 14세기 말부터 14세기 초까지 하까씨야 자연환경에 대해서는 알려진 것이 매우 적다. 이 “암흑의 시대”에 관한 매우 흥미로운 사건은 전설에 잘 나타나 있다. 17세기에 하까씨야는 4개의 한국에 의해 분리되어 있었다. 이들 4개의 한국은 러시아자료에 따르면 끼르기즈인에 의해 통일되었다.

최초의 하까스인과 러시아인의 만남은 1604년 똠스크 요새를 에쉬찐스끄 따따르 땅에 건설하면서부터이다. 그후 100년간 하까씨야가 러시아 국가의 재판관할권 안으로 들어오기까지 매우 복잡한 과정을 거쳤다. 최초의 러시아 요새는 타이가 주변지역에 설치되었는데 원래 이 지역은 하까스 땅의 북부지역이었다. 러시아 시베리아군대가 하까스의 땅을 침략하는 데에는 많은 어려움을 겪었으며 이 당시 하까스는 준가르-한국의 지원을 받고 있었다. 13세기 초 시베리아 남부 및 서부의 러시아인 인구증가와 하까스 주민의 일부가 준가르 국가로 넘어가고 중국과 러시아간의 국경이 확정되면서 하까씨야에 러시아 제국의 행정관청 건설과 적극적인 식민지 정책으로 인해 하까스의 독립은 상실되었다.

하까스 지배계층은 러시아 정부와 상호관계를 유지하면서 그들의 경제적 지위를 확보했으며 러시아측과 함께 재판에 참여하고 러시아 정교의 확산을 도왔다. 19세기 중반 미누신스크와 하까스 마을에 학교가 설립되고 하까스인은 글을 배울 수 있게 되었다. 일부 활동가들은 고등교육을 받을 수 있었다. 19세기 말 광산과 공장에 하까스 노동자들이 증가했다. 이들은 러시아인과 함께 정치투쟁에 참가했다. 최초의 러시아 혁명 때 시베리아 민족연합이 조직되었고 이들은 국가두마의 지원 아래 민족해방 프로그램에 참여했다.

1917년 하까씨야지역 역시 다른 러시아지역처럼 비극이 시작되었다. 남시베리아 지역에서 혈족간 전쟁이 벌어져 수천여명이 사망하였다. 미누신스크지역에서는 붉은 군대와 빨치산, 백군, 간섭군 간에 전투가 벌어졌다.

오랫동안 자치를 원하는 하까스 농민과 소비에트정권 간에 갈등이 있었다. 1923년 11월 14일 공산당 최고회의는 우스찌-아바깐을 중심으로 하는 하까스현을 분리하는 결정을 내렸다. 1925년 5월 25일 하까스현을 하까스구로 재편했다. 1930년 10월 20일 공산당 최고회의는 하까스구를 하까스 자치주로 변경시켰다. 산업화 기간에 하까씨야는 산업부분이 철도의 건설과 더불어 성장했다. 농촌경제에는 심각한 변화가 일어고 농민해체라는 비극이 발생했다.

하까씨야에는 문맹을 퇴치하고자 민족교육 시스템이 조직되었다. 1939년에 들어 하까씨야 어린이들은 학교에 다니게 되었다. 아바깐 교육연구소가 설립되고 1944년에 사범대학으로 재조직되었다. 그러나 1920-1930년대의 탄압열풍으로 교육받고 재능 있는 여러 계층의 하까스인들이 억압당했다. 2차 세계대전에서 하까스인들은 많은 피해를 보았다. 전선에서 하까스 인구의 1/5인 57,311명이 전투에 참가했고 18,830명이 사망했다. 1944년에 하까스 언어, 문학, 역사, 학술 연구소가 설립되어 학문발전의 중심지 역할을 하였다. 또한 이때에 하까스 민족중등학교가 개설되고 교사들의 교육을 위한 하까스 사범연구소가 설립되었다. 최근까지 하까씨야에는 현대적인 산업시설이 들어섰다. 1970-1980년대의 에너지, 금속산업의 급속한 발전은 하까씨야의 인구구조를 변화시켰다.

하까씨야에 국가의 주권을 한층 더 확립되는 시기가 도래했다. 1990 ~ 1991년 동안 하까씨야 자치주는 하까씨야 공화국으로 변경되었으며 이는 1993년 개정된 러시아 헌법에 의해 승인 되었다.

2. 정치

1) 정치 일반

(1) 행정부

하까씨야 공화국의 최고 집행기관은 공화국 행정부이며, 행정의 효율성을 위한 각종 전문기관들이 설치되어 있다. 공화국 정부의 수반은 레베드(А. И. Лебедь)

이다. 1995년 5월 25일 하까씨야 공화국 최고소비에트에서 공화국의 기본법인 헌법을 채택했다. 공화국 헌법에 기초하여 공화국 차원의 각종 정책이 추진된다.

(2) 입법부

하까씨야 공화국의 입법기관은 최고소비에트이며, 4년 임기를 가진 75명의 대의원으로 구성된다. 최고소비에트의 의장은 쉬띠가쉐프(В. Н. Штыгашев)이다. 그리고 2001년 12월에 최고소비에트 의장 선거가 다시 실시되었다.

2)선거

(1) 하까씨야 공화국 최고소비에트 대의원 선거

1996년 12월 1일 하까씨야 공화국 최고소비에트 대의원선거가 실시되었다. 이 선거에서 4년 임기를 가진 75명의 대의원이 선출되었다.

(2) 하까씨야 공화국 정부수반 선거

1996년 12월 22일 하까씨야 공화국의 정부수반를 선출하는 선거가 실시되었다. 이 선거에서 레베드가 71.85%를 득표하여 당선되었으며, 2000년 12월에 차기 정부수반 선거가 실시되었다.

(3) 러시아연방 국가두마의원 선거

1999년 12월 19일 제3기 러시아연방 국가두마의원 선거가 실시되었다.

(4) 러시아연방 대통령선거

2000년 3월 26일 러시아연방 대통령선거가 실시되었으며, 하까씨야 공화국의 유권자들이 보여준 각 후보에 대한 지지도는 다음과 같다.

후보	득표율(%)
뿌친	42.45
쥬가노프	36.42
야블린스끼	3.2
지리놉스끼	4.51
뚤레예프	7.58
모든 후보에 대한 반대	1.4

Ⅳ. 경제 시스템

1. 경제개황

하까씨야 공화국은 7개의 연방지구 중 시베리아연방지구에 속하고 12개의 러시아 경제지역 중 동시베리아 경제지역에 속한다. 이 지역에는 대규모의 효율적인 생산단지가 형성되어 있다. 수도인 아바칸시는 기계제작, 금속가공, 목재가공, 식품산업의 중심지이다.

자연환경과 기후적 조건의 우수성, 풍부한 지하자원, 상대적으로 발달한 인프라, 우수한 노동력 등이 향후 이 공화국의 공업발전을 촉진하는 주요 동기가 될 것이다. 하까씨야 공화국은 러시아시장에 값싼 전기에너지와 석탄을 공급하며 기업과 기타 조직들은 45개의 외국기업들과 경제협력을 맺고 있다. 이 공화국에서 수출되는 물품으로는 기계건설, 유색과 흑색 금속과 석탄 등이 있다.

하까씨야 공화국의 지역총생산과 1인당 지역총생산을 들어보면 다음과 같다.

하까씨야 공화국 지역총생산액 추이

항목 \ 년도	1996	1997	1998	1999
지역총생산	6,289	7,868	8,253	14,317
1인당 지역총생산	10,745	13,459	14,139	24,591
지역총생산 지수		100.3	91.3	99.2

http://www.infostat.ru/epub.htm (검색일: 2003.1.10)

하까씨야 공화국의 기업을 살펴보면 이 공화국의 산업을 이끌어가는 주요한 기업들 중에 싸얀스크 알루미늄 공장(Саянский алюминиевый завод)이 있으며 이것은 러시아에서 가장 큰 일차 알루미늄을 생산하는 기업이다. 이 기업에는 현대의 설비가 갖추어져 있으며 러시아에서 환경측면에서도 가장 깨끗한 알루미늄공장이다. 또한 싸얀스크 폴리가(Саянская фольга)는 알루미늄박과 그것을 이용한 포장물질을 만드는 대규모의 공장이다. 이외 몰리브덴(ОАО Молибден)은 러시아에서 가장 큰 몰리브덴 가공기업으로 몰리브덴 응축물, 구리응축물, 철합금 몰리브덴을 생산하는 기업이다.

위의 사례들을 포함하여 하까씨야 공화국내의 총 기업수와 소 기업수 그리고 공업관련 기업수를 연도별 추이로 살펴보면 다음과 같다.

기업수 추이

항목 \ 년도	1997	1998	1999	2000
총기업수(연말)	7,923	8,189	8,420	8,462
소기업수(연말)	1,280	897	1,379	1,522
활동기업수	352	281	396	425

http://www.infostat.ru/epub.htm (검색일: 2003.1.10)

위에서 살펴본 하까씨야 공화국의 기업 중에는 소기업 활동이 상당히 발달되어 있다. 시장에서 이 기업들은 상품과 서비스 제공의 주요한 원천이 되고 있다. 또한 소기업의 생산비중은 하까씨야 공화국의 전체 지역총생산의 15%에 이를 정도로 그 역할이 크며 이 소 기업들은 공화국의 재정수입의 주요한 원천이 되고 있다.

따라서 하까씨야 공화국은 소기업의 활동의 지원 필요성을 강하게 인식하고 있으며 이에 법적인 근거를 명확히 하고 기업통제와 조정부문에 비중을 두고 있다. 또한 소기업의 활동을 지원하는 기금을 조성하고 있으며 소기업 활동 지원과 발전을 전담하는 위원회를 두고 적극적인 지원을 하고 있다.

이와 아울러 정부차원에서 지원할 소기업의 우선 활동분야로 농업생산 및 가공, 식료품의 생산, 생필품, 의약품, 건축자재, 생활편의, 관광서비스 등을 설정하고 있다.

2. 산업

1) 공업

하까씨야 공화국의 총 공업생산량은 1999년과 2000년에 각각 106억 8,800만 루블과 141억 1,400만 루블로 아주 가파른 상승세를 나타내고 있다. 그러나 2000년에는 공업생산량의 상승폭이 약간 줄고 있다.

공업생산지수에 있어서는 1998년에 95로 전년대비 하락을 가져온 이후에 1999년에 증가세가 두드러짐을 알 수 있다. 그러나 2000년은 전년대비 9%만 상승해 상승폭이 줄고 있는 것으로 나타나고 있다.

하까씨야 공화국의 공업을 전반적으로 이해하기 위해 공업총량에 대한 지표를 살펴보는 것은 중요하다. 총 공업생산량과 공업생산지수를 연도별 추이로 보면 다음과 같다.

총 공업생산량 추이

항목 \ 년도	1997	1998	1999	2000
총 공업생산량	5,303	6,204	10,689	14,114
공업생산 지수	99	95	101	110

http://www.infostat.ru/epub.htm (검색일: 2003.1.10)

하까씨야 공화국의 공업에서 가장 중심이 되는 부문은 비철금속으로 총 공업생산량의 53.7%에 달한다. 좀 더 구체적으로 살펴보면 비철금속 공업 중에서 가장 우위를 점하고 있는 부문은 유색야금술로 전체 생산의 30%이상을 차지하고 있다.

그 다음 순위를 점하고 있는 전기전력분야는 사얀코 수센스크 수력발전소와 아인스크 수력발전소 등이 대표적인데 전압의 크기는 35킬로와트 이상이고 전체 전기망의 공급 길이는 3,000km에 달한다. 이 외 여타 부문들의 비율을 살펴보면 다음과 같다.

주요 공업생산부문별 생산비율

생산부문	하까씨야 공화국 총공업생산 비율
전기전력	14.9%
연료공업	4.6%
철강업	1.4%
비철금속	53.7%
화학·석유화학	0.4%
기계제작·금속가공	4.1%
목재가공, 종이·펄프	0.9%
건재공업	2.8%
경공업	3.1%
식품공업	10.8%
기타	3.3%

http://www.infostat.ru/epub.htm (검색일: 2003.1.10)

2) 농업

하까씨야 공화국의 농업은 이 지역의 경제구조에서 상당히 중요한 위치를 차지하고 있다. 하까씨야 공화국의 농경지 면적은 1,427,1000 헥타르이며 전체 공화국인인구중 162,000명이 농업에 종사하고 있다.

이 지역의 기후적인 조건과 토양의 성질은 농업생산성을 향상시키고 있으며 특히 곡물재배, 사료재배 및 다양한 채소와 과일의 재배를 촉진시키고 있다. 이 공화국의 농업에서는 작물재배와 가축사육 등이 고르게 발전되어 있다.

하까씨야 공화국의 농업전반을 보기위해 총 농업생산량과, 총 농업생산액 중 작물관련 생산액, 총 농업생산액 중 가축관련 생산액을 연도별 추이로 살펴보면 다음과 같다.

농업생산량 추이

항목 \ 년도	1997	1998	1999	2000
총농업생산액	1,665.8	1,429.3	2,364.9	3,376.8
작물관련 생산액	1,115.5	801.2	1,070.6	1,580.0
가축관련 생산액	550.3	628.1	1,294.3	1,796.8
농업생산 지수	112	73	102	102

http://www.infostat.ru/epub.htm (검색일: 2003.1.10)

위에서 살펴본 바와 같이 하까씨야 공화국의 농업생산량은 매년 큰 폭으로 증가하고 있다. 구체적으로 하까씨야 공화국의 총 파종면적을 보면 2000년을 기준으로 289,000 헥타르이고 여기에 주로 파종되는 작물의 종류를 보면 곡물이 49.9%, 사료용 작물재배가 41.5%로 절대적인 비중을 차지하며 그 외 특용작물이 0.2%, 감자와 채소가 8.4%를 차지하고 있다. 전체적으로 이 작물재배의 생산량은 증가하고 있으나 기후적인 변화에 따라 생산량의 변동이 심하다는 특징을 가지고 있다.

하까씨야 공화국의 농업생산에 있어 2000년의 주요품목의 생산량을 살펴보면 곡물 109,800 톤, 감자 183,500 톤, 채소 94,600 톤, 가축과 조류(도살 후 무게) 21,700 톤, 우유 1,229,000 톤 등이다.

하까씨야 공화국의 가축사육과 관련해서 2000년 년말기준으로 사육되는 소는 129,500 두이며 그 중 암소는 61,600 마리이다. 그리고 돼지의 수도 46,5000 마리에 이른다. 하까씨야 공화국의 가축사육은 90년대에 빠른 속도로 성장해 왔다. 그러나 현재는 사육되는 가축의 수가 현저히 줄고 있으며 생산되는 돼지고기와 소고기의 양도 줄어들고 있는 실정이다.

하까씨야 공화국의 농업부문의 발전을 위해서는 사육되는 가축 수를 늘리고 토지를 더욱 비옥하게 만들어야 한다. 그리고 농업기업들의 장비를 현대화하고 농경부문의 고급인력을 늘리는 방법이 필요하다.

3. 자원 등 기타

하까씨야 공화국은 상대적으로 면적이 좁은 곳이다. 그럼에도 불구하고 이 공화국은 다양한 천연자원이 풍부하다.

석탄의 경우 하까씨야 공화국의 가장 주요한 연료·에너지 원료이며 미누신스크 석탄매장지 지역에는 150억 톤에 달하는 석탄이 매장되어 있을 것으로 추정되고 있으며 현재 아스끼스크, 베이스크, 이지흐스크, 체르노고르스크 등 4개의 매장지가 발견되어 있다. 이 매장지에 매장된 전체량은 53억 톤이다.

하까씨야 공화국은 채광산업이 발달해 있다. 대표적으로 몰리브덴, 철광, 석탄, 금 등과 기타 비광산 원료들이 풍부하다.

철의 경우 비축량이 상당히 많으며 채굴량은 연간 5억 톤에 달한다. 유색금속의 비축량도 현저히 높은 것으로 알려져 있으며 소르스크 매장지의 채굴량만 하더라도 러시아전체의 70%에 이른다. 이 외에도 50개 이상의 구리 매장지, 구리·몰리브덴 매장지, 연광 및 기타 광산이 있다.

금의 매장량도 월등히 많으며 전문가에 의하면 604.4 톤으로 알려져 있다. 또한 석고의 매장지도 3개가 작업 중에 있으며 이곳들의 매장량도 2억 2,558만 6,000 톤에 이른다. 이 외 건축자재, 벽돌원료, 카르보나트, 자연적 외장용 돌, 석면 등 무수한 지하자원이 있다.

하까씨야 공화국의 석유와 가스는 다양한 밀도로 분포되어 있다. 전체적으로 석유매장량은 2,200만 톤, 가스의 경우는 900억㎥에 이르는 것으로 추정하고 있다. 현재 지역적인 탐사가 이루어지고 있다.

하까씨야 공화국내에는 미네랄호수가 있으며 미네랄지하수, 온천수 그리고 역사 깊은 요양지인 쉬린스크 요양지가 있다. 이곳은 염수 호수인 쉬라 근처에 위치하고 있으며 이 외 치료용 진흙도 풍부한 것으로 알려져 있다.

하까씨야 공화국은 공화국내의 수많은 지하자원을 경제적인 여건상 개발하지 못한 상태에 있다.

V. 문화시스템

1. 지역정체성

1) 인구

하까씨야 공화국의 2001년 현재 인구는 578,000명이다. 인구수는 1990년부터 1997년까지 점진적으로 증가세를 보인 후 1998년부터 차츰 감소하는 추세이다. 1993년 이후 사망률이 출생률을 상회하고 있는데, 이는 인구수 감소의 주요인으로 작용하고 있다.

하까씨야 공화국 인구변동 추이

연도	1990	1992	1993	1994	1995	1996	1997	1998	1999	2000	2001
인구수 (1,000명)	571	579	582	582	583	584	583	582	581	579	578

Россий ский статистический ежегодник. М., 2001. С. 83.

인구 자연증가율은 시기별로 일정치는 않으나 1993년부터 마이너스 증가율을 보이며, 계속해서 사망자수가 출생자수를 상회하고 있다.

하까씨야 공화국 출생자수, 사망자수, 자연증가율

연도	출생자수(명)	사망자수(명)	자연증가율(명)
1990	8,724	6,060	2,664
1992	6,917	6,843	74
1993	6,152	8,387	-2,235
1994	6,129	9,426	-3,207
1995	5,807	8,186	-2,379
1996	5,727	8,093	-2,366
1997	5,309	7,766	-2,457
1998	5,602	7,821	-2,219
1999	5,312	8,304	-2,992
2000	5,634	8,104	-2,470

Россий ский статистический ежегодник. М., 2001. С. 119.

하까씨야 공화국의 주요 산업은 비철금속 야금업과 전력에너지 부문이며,

이들 부문은 각각 전체 공업생산량의 30%, 26%를 차지한다. 그 외에 기계제작, 금속가공, 목재가공, 식품공업이 발달되었고, 현재 석유, 가스 매장지 탐사 작업이 진행 중이다. 중소기업이 많으며, 공화국 정부는 이들 중소기업에 대한 지원을 위해 법률정비, 중소기업 육성 위원회 구성, 지원자금 조성 등 다양한 대책을 마련하고 있다.

실업률은 1990년대에 지속적인 상승추세를 보인 후 2000년을 고비로 하락추세를 보이고 있다.

하까씨야 공화국 경제활동인구(취업자, 실업자), 실업률

연도	경제활동인구 (1,000명)	취업자수 (1,000명)	실업자수 (1,000명)	실업률(%)
1992	286	277	9	3.3
1993	277	265	13	4.6
1994	270	253	17	6.2
1995	271	248	24	8.7
1996	268	237	31	11.6
1997	276	241	36	13.0
1998	246	222	24	9.6
1999	267	225	42	15.7
2000	267	235	33	12.3

Российский статистический ежегодник. М., 2001. С. 139.

2) 민족

하까시야 공화국에는 70여 민족이 거주한다. 주요 민족구성을 보면, 러시아인 79.5%, 원주민인 하까스인 11.1%, 우끄라이나인 2.3%, 독일인 2%, 따따르인 0.8%, 벨라루스인 0.7%, 추바슈인 0.6%, 모르드바인 0.6%, 쇼르인 0.2% 등이다.

3) 교육

하까씨야 공화국의 주요 연구기관으로 하까씨야 언어, 문학, 역사연구소, 하까씨야 농업문제 연구소가 있으며, 주요 대학교육기관으로는 하까씨야 국립대학, 하까씨야 공과대학, 하까씨야 비즈니스 대학이 있다. 그리고 초중등

직업교육기관으로는 하까씨야-터키 단과대, 하까씨야 국립대학 음대, 교육학대학, 의학대학, 하까씨야 공과대학, 하까씨야 농과대학 등이 있다.

공화국내 사얀-알타이 투르쿠연구소에서는 하까씨아어 및 기타 투르크어 지식을 갖춘 교사와 문화, 과학, 비즈니스 인력을 양성한다. 하까씨아 언어, 문학, 역사 연구소는 민족문화 연구의 주도적인 역할을 담당한다. 그러나 공화국내 경제사정 악화로 교육여건은 타 지역에 비해 열악한 편으로, 어려운 여건에 처한 공화국의 교육문제 해결을 위한 다양한 조치와 함께 법령제정에 노력하고 있다.

2. 지역문화

1) 문화개괄

하까씨야 공화국은 끝없는 시베리아의 남쪽에 위치해 있다. 그 면적은 약 육만 이천 평방미터이다. 이 지역의 문화와 역사는 매우 오래되었는데 기원전 7-8세기경의 중국의 연대기에는 하까씨야가 딘린국가로 불리고 있다. 180년 동안의 몽고지배로 수 천년되는 고대 하까씨야 문화가 커다란 손실을 입었다. 하까씨야 공화국은 많은 고대의 역사유물과 독특한 자연 환경을 가진 특이한 장소이다.

이 지역을 고고학의 메카라고 말하는 것이 결코 과장이 아닐 것이다. 삼만년보다 더 오래된 역사적 유물들이 하까씨야땅에서 발견된다. 이 공화국에는 청동기와 그 이전시대의 풍부한 고고학 유물들이 모여 있는데 이것은 남시베리아가 고대 야금술 발전의 중심지였다는 것을 말해주고 있다.

이것에 대해서는 묻혀있던 독특한 얼굴 가면들이 증명하는데 이 가면들은 얼굴의 형태가 반복되고 있다. 이 가면들은 1세기에서 5세기에 살았던 장인들에 의해 만들어졌다고 보아진다.

하까씨야의 여러 가지 형태의 기후와 독특한 풍경덕분에 이 축복받은 지역에서는 역사와 문화의 독특한 기념물들이 많이 창조되었다. 하까씨야 지역에는 18세기의 유물로서 멘기리(менгиры) 라는 선돌이 보존되어 있다.

그것들은 생태학적 경계 지역에 위치하며 인간 유기체에 일정한 영향을 미칠 수 있다. 선돌은 크고 수직으로 서있는 데번기의 사암으로 된 판석인데 높이가 3미터이며 넓이가 1.5미터이다. 이 선돌들을 고대인들은 제식을 위한 장식으로 예를 들면 여러 가지 질병을 고치기 위해서 사용했다.

하까씨야에는 수천 개의 무덤이 산재해있다. 이러한 분묘들은 이전시기의 훌륭하고도 비밀스러운 유물들이다. 4만년이 흐르는 동안 인간의 행위는 하까스코-미누신스크(Хакасско-Минусинск) 분지에서 역사적이고 문화적인 독특한 부조를 만들어냈는데 거기에는 괴상하게 고고학적, 지질학적, 역사적인 대상들이 통합되어 있다.

커다란 살빅스크(Салбыкск) 분묘가 특히 인상적인데 이것은 당시 따따르정부의 부와 강력함의 상징이다. 체보크(Чебок) 성채는 기원전 2천 년 전의 고고 유물로서 유스강 언덕에 위치하고 있다.

2) 문화시설

하까씨야 민족드라마극장

하까씨야의 전통 무용단

이 극장은 1931년에 설립되었다. 극장의 기본적인 방향은 민족적 이미지를 유지하고 발전시키며 구비문학과 종교, 역사적인 사건에 대한 관심을 환기시키며 하까씨야의 연극을 지지하는 것이다.

극장 배우진의 대부분은 쌍뜨 뻬쩨르부르크 아카데미 극장의 졸업생들로 구성되어 있다. 극장의 레퍼토리는 다양하며 폭이 넓다. 외국과 러시아 작가들의 작품을 상연하며 연극은 러시아어로도 하까씨야어로도 한다.

참고문헌

http://www.mojgorod.ru/karacherk_r/index.html

http://wgeo.ru/russia/reg07.shtml

http://wgeo.ru/russia/reg08.shtml

http://socarchive.narod.ru/bibl/polros/Krasnod/geogr-kras.html

http://wgeo.ru/russia/reg23.shtml

http://socarchive.narod.ru/bibl/polros/Dagestan/geogr-dagest.html

http://wgeo.ru/russia/reg05.shtml

http://wgeo.ru/russia/reg61.shtml

http://wgeo.ru/russia/reg34.shtml

http://socarchive.narod.ru/bibl/polros/Sevos_r/geogr-sev.html

http://wgeo.ru/russia/reg15.shtml

http://wgeo.ru/russia/reg26.shtml

http://wgeo.ru/russia/reg01.shtml

http://wgeo.ru/russia/reg47.shtml

http://www.ingushetiya.intergrad.ru/

http://wgeo.ru/russia/reg47.shtml

http://wgeo.ru/russia/reg20.shtml

http://www.intergrad.ru

http://www.gov.ru

http://www.regions.intergrad.ru/

http://wgeo.ru/russia/

http://www.roiip.ru/regions/index.htm

http://www.intergrad.ru/kultura_mus.htm

http://www.gov.ru

http://www.museum.ru

http://www.theatre.ru/

http://ys.mmc.ru/dagestan.html

http://www.towns.ru/main.html

http://www.lenobl.ru/culture

http://www.russianculture.ru/

http://www.bumbinorn.ru/index.php?page=6

Аронов. А. А. Мировая художественная Культура. Россия XX век. М., 1999.

Кононенко. Б. И., Культурология. Альбом схем. М., 1998.

Радугина. А. А. Культурология. М., 1998.

Раковой . М. М. и Рязанцева. И. В., История русского искусства 1-3 М., 1981.

Регионалистика: Учебное пособие для вузов, М, 2000.

Региональная экономика: учебник/под ред. В. И. Видяпина, М. В. Степанова, М., 2002.

Регионы России : Стат. сб. В 2т. Т.2/ Госкомстат России, М., 2001.

Экономика и энергетика регионов Российской Федерации, М., 2001.

연 구 진

● **권 세 은**

모스크바 국립대학교 정치학 박사.
현 경희대학교 외국어대학 러시아어학과 부교수.

주요논저:
『한국과 러시아 관계』(공저, 2001); 『21세기 러시아 정치와 국가전략』(공저, 2001); 「Синергетический подход к описанию трансформации российского общества」(2003); 「지역연구의 패러다임으로서 복잡성에 대한 시론」(2004)

● **공 우 석**

영국 헐대학교(The Univ. of Hull) 지리학 박사.
현 경희대학교 문리과대학 지리학과 교수.

주요논저:
『정보화시대의 국토와 환경』(공저, 2000);『한국의 제4기환경』(공저, 2001); 『경관생태학』(공저, 2001); 『러시아의 지리』(공저, 2002)

● **안 병 용**

모스크바 국립대학교 문학 박사.
현 경희대학교 외국어대학 러시아어학과 부교수.

주요논저:
「현대 러시아드라마 연구」(2001); 「<적자색 섬>에 나타난 작가와 검열의 문제」(2001); 「<위선자들의 까발라>에 표현된 불가꼬프와 몰리에르」(2002); 「한국에서의 러시아문학 수용 연구」(2003)

● **성종환**

한국외국어대학교 문학박사(노어학).
현 경희대학교 비교문화연구소 러시아지역연구팀 책임연구원.

주요논저:
『현대 러시아어 관용구연구』(2001); 「러시아 지역 정체성연구」(2003) 『동방특급열차』(역서, 2003)

● **공영호**
모스크바대학교 노문학 박사.
현 경희대학교 러시아지역연구팀 책임연구원.

주요논저:
「러시아 연방지구문화연구」(2005); 「러시아 지역문화연구방법론」(2004), 「러시아문화연구방법론」(2003)

● **김 성 훈**
모스크바대학교 경제학 박사.
현 경희대 비교문화연구소 러시아지역연구팀 책임연구원.

주요논저:
『이슬람경제의 사상과 적용』(공저, 1999); 「Capital accumulation during the transition period in russian economy」(1999);「복잡시스템에 기초한 지방경제의 분석모델 연구-러시아 7개 지구 연방지구의 예시」(2004)

러시아 지방연구 V : 시베리아연방지구

인 쇄 일 | 2006. 2. 20
발 행 일 | 2006. 2. 27
저 자 | 권 세 은 외
발 행 인 | 김 병 묵
발 행 처 | 경희대학교 출판국
등록번호 | 1977년 11월 8일 제6-5호
주 소 | (130-701) 서울시 동대문구 회기동 1번지
전 화 | (02) 961-0106 / 7
팩 스 | (02) 962-8840
이 메 일 | khup@khup.com
홈페이지 | http://www.khup.com
인 쇄 처 | 한다문화
Tel. (02) 961-7500 Fax. (02) 961-7400
Email. handapp@hanmail.net

ISBN 89-8222-121-2(94980) 정가 18,000원
89-8222-116-6(세트)